Verhaltensmodifikation

Diagnostik · Beratung · Therapie

herausgegeben von

Hanko Bommert
Stefan Schmidtchen

Rainer Sachse
Claudia Maus

Zielorientiertes Handeln in der Gesprächspsychotherapie

Verlag W. Kohlhammer
Stuttgart Berlin Köln

CIP-Titelaufnahme der Deutschen Bibliothek

Sachse, Rainer:
Zielorientiertes Handeln in der Gesprächspsychotherapie / Rainer Sachse ; Claudia Maus. – Stuttgart ; Berlin ; Köln : Kohlhammer, 1991
  (Verhaltensmodifikation)
  ISBN 3-17-010946-4
NE: Maus, Claudia:

Alle Rechte vorbehalten
© 1991 W. Kohlhammer GmbH
Stuttgart Berlin Köln
Verlagsort: Stuttgart
Umschlag: Studio 23
Gesamtherstellung:
W. Kohlhammer Druckerei GmbH + Co. Stuttgart
Printed in Germany

Inhalt

Zielsetzung 9

1	**Einleitung**	**11**
1.1	*Überblick*	11
1.2	*Ein heuristisches Modell des Therapieprozesses*	12
1.2.1	Funktion des Modells	12
1.2.2	Das Modell	15
2	**Therapietheoretische Grundlagen für zielorientiertes Handeln in der Gesprächspsychotherapie**	**20**
2.1	*Darstellung und Diskussion »klassischer Ansätze«*	20
2.2	*Grundkonzepte zielorientierten Handelns in der Gesprächspsychotherapie*	28
2.2.1	Das Zielkonzept	28
2.2.2	Differentielle Psychotherapie und adaptive Indikation	30
2.2.3	Therapiekonzeption und praktisches Handeln: Die Situation der GT	32
2.2.4	Die Therapeut-Klient-Beziehung in einer Konzeption zielorientierten Handelns	33
3	**Das Konzept der Bearbeitung**	**37**
3.1	*Meinen und Verstehen in der Gesprächspsychotherapie*	37
3.2	*Bearbeitungsweisen des Klienten*	48
3.2.1	Der Explizierungsprozeß	48
3.2.2	Bearbeitungsweise-Skala	50
3.3	*Bearbeitungsangebote des Therapeuten*	51
3.4	*Zur Theorie der Explizierung*	54

3.5	*Die Bearbeitungsweise-Skala: Reliabilität und Validität*	57
3.5.1	Bearbeitung und Bearbeitungsweise-Skala	58
3.5.2	Vergleich der Bearbeitungsweise-Skala mit der Skala für Selbstexploration: Präzisierung des Bearbeitungsaspektes	59
3.5.3	Stichprobe und Vorgehen	61
3.5.4	Ergebnisse: Konstruktvalidität	61
3.5.5	Reliabilität	63
3.5.6	Zusammenhang zwischen Bearbeitungsweise und Therapieerfolg .	63
3.5.7	Diskussion	67
4	**Prozeßsteuerung: Die steuernde Wirkung von Bearbeitungsangeboten auf den Explizierungsprozeß des Klienten**	**68**
4.1	*Das Konzept der »Steuerung«*	68
4.2	*Empirische Prüfung: Die Untersuchung von Sachse und Maus (1987)*	70
4.2.1	Reanalyse der Daten: Direkte Prüfung der Steuerungshypothese ..	72
4.2.2	DEL-Analyse mit unabhängigen Daten	72
4.2.3	DEL-Analyse mit nicht unmittelbar folgenden Klienten-Aussagen	73
4.2.4	Diskussion	74
4.3	*Untersuchung zur Steuerungshypothese: Replikation*	75
4.3.1	Zusammenhang mit Focusing-Erfolg	77
4.3.2	Diskussion	79
4.4	*Der Einfluß von Interventionsformen des Therapeuten auf die Steuerungswirkung von Bearbeitungsangeboten*	80
4.4.1	Interventionsformen des Therapeuten	80
4.4.2	Statistisches Vorgehen	82
4.4.3	Inter-Rater-Reliabilität für die Kategorisierung der Interventionsformen	83
4.4.4	Ergebnisse	83
4.4.5	Diskussion	88
5	**Der Einfluß des aktuellen Bearbeitungsstandes von Klienten auf die Wirkung von Bearbeitungsangeboten**	**91**
5.1	*Unterschiede in der Annahme von Bearbeitungsangeboten auf verschiedenen Explizierungsniveaus*	92
5.1.1	Annahme versus Ablehnung aller Angebote	92
5.1.2	Annahme vertiefender, gleichhaltender und verflachender Bearbeitungsangebote im Vergleich	93

5.2	*Differenzierte Betrachtung der Effekte von Bearbeitungsangeboten auf den drei »Explizierungsebenen«*	95
5.2.1	»Flache« Ausgangsbearbeitungsweisen	96
5.2.2	»Mittlere« Ausgangsbearbeitungsweisen	97
5.2.3	»Tiefe« Ausgangsbearbeitungsweisen	98
5.2.4	Diskussion	99
5.2.5	Betrachtung der Bearbeitungsangebote der Therapeuten in den Ausgangsbereichen	100
5.3	*Einfluß des aktuellen Explizierungsniveaus auf den »Steuerungseffekt« von Bearbeitungsangeboten*	101
6	**Steuerung und Eigenaktivität**	**103**
6.1	*»Eigenaktivität« in den drei Explizierungsbereichen*	104
6.2	*Differenzierte Betrachtung »eigenständiger« Vertiefungen, Verflachungen und Beibehaltung des Bearbeitungsniveaus in den drei Explizierungsbereichen*	107
6.2.1	Vertiefungen der Bearbeitungsweise	107
6.2.2	Gleichbleiben der Bearbeitungsweise	108
6.2.3	Verflachungen der Bearbeitungsweise	109
6.2.4	Diskussion	110
6.3	*Die Schwierigkeit des Explizierungsprozesses für den Klienten*	113
7	**Die Bedeutung von Bearbeitungsangeboten: Folgerungen für die Praxis**	**115**
7.1	*Steuerungswirkung*	116
7.2	*Steuerung und Eigenaktivität*	117
7.3	*Schwierigkeit des Explizierungsprozesses*	118
7.4	*Prozeßdynamik*	119
7.5	*Bedeutung der Interventionsformen und Verarbeitungsmodi*	121
8	**Zielorientiertes Handeln in der GT: Anwendung der Konzeption in der therapeutischen Praxis**	**123**
8.1	*Einige Regeln für zielorientiertes Handeln*	123
8.2	*Fallbeispiele*	130
8.2.1	Fall 1	131
8.2.2	Fall 2	142
8.2.3	Fall 3	151
8.3	*Ausblick*	159
	Literatur	162

Zielsetzung

Ziel des Buches ist es, eine handlungsorientierte und damit in hohem Maße praxisbezogene Konzeption der Gesprächspsychotherapie vorzustellen: eine Konzeption, in der ein Therapeut oder eine Therapeutin mehr zur Förderung von Klienten tun kann und tun soll als nach der »klassischen« Konzeption »erlaubt« ist. Wir möchten eine Gesprächspsychotherapie vorstellen, in der Therapeuten mehr verstehen als das vom Klienten Gesagte und mehr tun können als »emotionale Erlebnisinhalte« zu verbalisieren. Auf der Basis psychologisch fundierter und (soweit das zur Zeit möglich ist) empirisch geprüfter Konzepte stellen wir ein stark erweitertes Konzept empathischen Verstehens und auf der Basis reflektierter Therapieziele ein breites Repertoire therapeutischer Interventionsmöglichkeiten vor. Gesprächspsychotherapie ist nach unserem Verständnis eine psychologische, wissenschaftlich fundierte Therapieform, die heute über die von Carl Rogers entwickelten Möglichkeiten hinausgehen kann und das auch tun sollte. Einen Schritt in diese Richtung zu tun ist die Aufgabe, die wir uns gestellt haben.

1 Einleitung

1.1 Überblick

Seit C. Rogers 1942 erstmalig seine Konzeption einer »non-direktiven Beratung/Therapie« vorstellte, hat dieser Ansatz viele Veränderungen und Erweiterungen erfahren. Insgesamt stellt sich daher die Gesprächspsychotherapie (GT) heute als sehr uneinheitliches Therapiekonzept dar; verschiedene Ansätze stehen zum Teil unverbunden, zum Teil auch unvereinbar nebeneinander. In der Diskussion treten vor allem zwei (in dieser Form allerdings extreme) Positionen hervor: Neben der eher »klassisch« orientierten Haltungskonzeption mit Schwerpunkt auf den Grundhaltungen des Therapeuten bzw. auf dem Beziehungsaspekt gibt es zunehmend Ansätze, die vor allem den Handlungsaspekt therapeutischer Arbeit, Interventionen oder Techniken des Therapeuten betonen.

Der in diesem Buch vorgestellte Ansatz »zielorientierten Handelns« ist der *interventionsorientierten Richtung* zuzuordnen; dennoch soll er nicht als »Technik-Position« verstanden werden: Einige der in klassischen Konzeptionen betonten Aspekte (z.B. Beziehung) stellen wesentliche Grundvoraussetzungen für weitergehende therapeutische Arbeit und für die Wirksamkeit therapeutischer Interventionen dar. Jedoch soll gezeigt werden, daß diese Grundvoraussetzungen allein nicht genügen: Eine klassische Haltungskonzeption mit ihren Postulaten entspricht weder dem Stand der Forschung noch der tatsächlichen praktisch-therapeutischen Arbeit; eine explizite Einbeziehung therapeutischer Handlungen ist dringend notwendig.

Einer solchen handlungsorientierten Konzeption entspricht das Konzept der »Bearbeitung«, das eng mit einer Konzeption des Explizierungsprozesses von Klienten zusammenhängt; dieses wird nach einer Begründung der Handlungsposition zunächst dargestellt und dann auf seine therapeutische Relevanz überprüft.

Im folgenden Kapitel wird eine therapeutische Rahmenkonzeption vorgestellt, ein *»heuristisches Modell des Therapieprozesses«*. Dieses Modell gibt einen Überblick über die wichtigsten Variablen des Therapieprozesses, die in der GT eine Rolle spielen.

Das zweite Kapitel des Buches behandelt die »therapietheoretischen Grundlagen für ein zielorientiertes Handeln in der GT«: Hier werden wesentliche, übergreifende Aspekte des Therapieprozesses diskutiert. Dabei werden wir uns zunächst mit der »klassischen Position« von GT kritisch auseinandersetzen. Die Diskussion der sogenannten »Haltungskonzeption« wird deutlich machen, daß nicht Haltungen, sondern Handlungen als die wesentlichen Wirkfaktoren in der GT aufgefaßt werden müssen.

Im Anschluß daran werden wir Grundkonzepte eines »zielorientierten Ansatzes« vorstellen, die für unsere weiteren Überlegungen entscheidend sind: das Zielkonzept und, damit eng verbunden, das Prinzip »adaptiver Indikation«. Auch die Therapeut-Klient-Beziehung soll genannt werden, die unseres Erachtens eine notwendige, aber noch keine hinreichende Voraussetzung konstruktiver therapeutischer Arbeit ist.

Im dritten Kapitel werden wir uns ausführlich mit dem *Konzept der Bearbeitung* beschäftigen, das sowohl für unsere empirischen Untersuchungen als auch für unsere Konzeption therapeutischer Praxis von zentraler Bedeutung ist. Dazu werden zunächst die Prozesse des Meinens und Verstehens im Therapieprozeß behandelt; darauf aufbauend führen wir die Konzepte der »Bearbeitungsweise des Klienten« und des »Bearbeitungsangebotes des Therapeuten« ein und skizzieren ein »Modell des Explizierungsprozesses«, also des »im Klienten ablaufenden« Prozesses der Klärung und Umstrukturierung. Der Teil schließt mit einer empirischen Untersuchung der Reliabilität und Validität der »Bearbeitungsweise-Skala«.

Im vierten Kapitel des Buches wird ein wesentlicher Aspekt des »zielorientierten Handelns« dargestellt: der Aspekt der »Steuerung«. Dieser besagt, daß Bearbeitungsangebote des Therapeuten einen stark steuernden Einfluß auf den Explizierungsprozeß des Klienten, also auf seine konkreten Bearbeitungsweisen, ausüben. Es werden die empirischen Ergebnisse unserer Untersuchungen zur »Steuerungshypothese« erläutert. Untersucht wird in diesem Kapitel auch die Wirkung »formaler Interventionsformen«, also der »sprachlichen Gestaltung« therapeutischer Angebote; dazu gehören die Interventionsformen »Paraphrasieren«, »Explizieren«, »Fragen« und »Prozeßdirektiven«. Deutlich wird dabei, daß diese »formalen Vorgehensweisen« einen moderierenden Einfluß auf die Wirkung von Bearbeitungsangeboten ausüben.

Wie stark der »steuernde Einfluß« von Bearbeitungsangeboten aktuell ist, hängt auch wesentlich davon ab, wie »tief« ein Klient in seinem »Explizierungsprozeß« bereits fortgeschritten ist; diesen Aspekt behandelt das fünfte Kapitel.

Das sechste Kapitel beschäftigt sich mit der »Eigenaktivität« des Klienten: Was tun Klienten, wenn sie Bearbeitungsangebote des Therapeuten nicht annehmen? Inwieweit relativiert die »Eigenaktivität« die Steuerung des Prozesses durch den Therapeuten?

Im siebten Kapitel ziehen wir Schlußfolgerungen aus unseren Ergebnissen für die Therapiekonzeption der Gesprächstherapie und insbesondere für das praktisch-therapeutische Handeln von Therapeuten.

Das letzte Kapitel beschreibt die Anwendung der Prinzipien »zielorientierten Handelns in der Gesprächspsychotherapie« in der Praxis: Wir werden zunächst die wichtigsten Handlungsprinzipien unseres Ansatzes darstellen, mit besonderem Schwergewicht auf Konzepten der Bearbeitungsweise und des Bearbeitungsangebotes und darauf folgend die praktische Anwendung dieser Prinzipien durch kommentierte Fallausschnitte illustrieren.

1.2 Ein heuristisches Modell des Therapieprozesses

1.2.1 Funktion des Modells

Nach allen heute vorliegenden Forschungsergebnissen und therapeutischen Erfahrungen muß man davon ausgehen, daß ein psychotherapeutischer Prozeß (jeder Therapierichtung) ein äußerst komplexes Geschehen darstellt. Dieses komplexe Geschehen angemessen zu erfassen, zu beschreiben und empirisch zu erforschen, ist eine sehr schwierige und anspruchsvolle Aufgabe.

Schon deshalb wollen wir hier keineswegs den Eindruck vermitteln, als hätten wir diese Aufgabe auch nur annähernd gelöst; wir wollen lediglich versuchen, dem Ziel, das Therapiegeschehen angemessen modellhaft abbilden zu können, einen Schritt näher zu kommen.

Zunächst stellen wir ein »heuristisches Modell« des Therapieprozesses in der Gesprächspsychotherapie dar. Es soll verschiedene Funktionen erfüllen:

- Es soll damit versucht werden, wesentliche Variablen und Einflußgrößen zu identifizieren, die im und für den Therapieprozeß eine Rolle spielen. (Der hier zunächst gegebene Überblick über das Modell spezifiziert zwar die Variablen selbst, geht jedoch nur wenig auf die Relationen zwischen diesen Aspekten ein. Diese Relationen werden dann später im Text ausführlicher behandelt).
- Dies soll helfen, bisherige Konzepte und Forschungsergebnisse zu integrieren (d. h., deutlich zu machen, mit welchen Aspekten des Prozesses sich diese Ansätze primär beschäftigen).
- Es soll dazu beitragen, unsere eigenen Konzepte und Forschungsergebnisse zu integrieren und damit auch »besser verständlich« zu machen.
- Es soll auch helfen, die Aspekte des Therapiegeschehens zu identifizieren, für die bisher keine ausreichend elaborierten Konzepte vorliegen und die dringend weiterer Erforschung bedürfen.
- Es soll Ergebnisse der Forschung in die Praxis umsetzen helfen.
- Es soll auch eine »Psychologisierung« von GT erleichtern: Die Konzepte der GT haben sich in den letzten fünfzehn Jahren stark vom psychologischen Forschungsstand entfernt und sind, wie wir zeigen werden, »ideologischer« geworden.
Damit wird aber eine Bereicherung der Therapiekonzeption durch Konzepte der Psychologie verhindert; die Therapieform wird zunehmend vom Forschungsstand der Psychologie »abhängig«, was die Akzeptanz in der »scientific community« keineswegs erhöht. Eine Folge davon ist auch eine Stagnation in der Konzeptentwicklung und der empirischen Forschung; und eine stärkere Ideologisierung führt nicht zuletzt auch zu verstärkter Abkapselung, eine Tendenz, die wir eher als »antiquiert« ansehen und die nicht dem Wohl des Klienten dienlich sein kann. Wir versprechen uns daher von einer (erneuten) »Psychologisierung« der GT Impulse für die Konzeptentwicklung, für die Forschung und – vor allem – für eine Optimierung des therapeutischen Handelns. Wir nehmen auch an, daß dies zur »Ent-Ideologisierung« beitragen kann, was die GT wieder offener machen würde für Impulse und auch für »Kombinationen« mit anderen Therapieformen (Therapieformen lassen sich, so meinen wir, um so eher kombinieren und ergänzen sich um so leichter, je weniger ideologisch sie sind!).
- Schließlich soll das Modell – und das ist für dieses Buch besonders wesentlich – die unterschiedlichen behandelten Aspekte einordnen und übersichtlicher machen, das heißt, es soll dem Leser eine »kognitive Struktur« vermitteln, in die die weiteren Erörterungen eingeordnet werden können.

Therapietheoretische Rahmenkonzeption
z. B. Handlungskonzeption, Zielorientierung, adaptive Indikation, differentielle Psychotherapie

»Therapeutischer Rahmen«
Situative Bedingungen, Therapeut-Klient-Beziehung

Therapeutischer Interaktionsprozeß

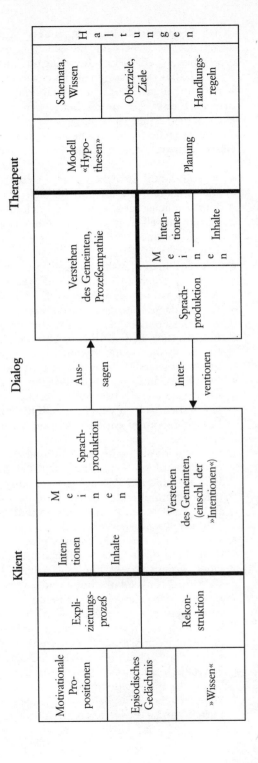

14

1.2.2 Das Modell

Das vorgeschlagene Modell gliedert sich in drei Ebenen: die therapietheoretische Rahmenkonzeption, den »therapeutischen Rahmen« und den therapeutischen Interaktionsprozeß.

Therapietheoretische Rahmenkonzeption

Hier geht es um umfassende Konzepte einer »Therapie«, die allgemeiner sind als Konzepte einer spezifischen Therapierichtung; Konzepte auf dieser Ebene gelten prinzipiell für verschiedene Therapieformen bzw. umfassen verschiedene solche.

Diese Konzepte sind jedoch Grundannahmen, die einen großen Einfluß auf spezifische Therapiekonzepte haben. Dies kann man an einem Beispiel aus der GT erläutern: Geht man von der Grundannahme aus, daß therapeutischer Fortschritt im wesentlichen aus einer dem Klienten inhärenten »Aktualisierungstendenz« gespeist wird, so hat das gravierende Folgen für die konkrete Gestaltung der Therapie selbst. Denn diese Annahme impliziert ein Konzept von »Non-Direktivität« und »Therapie als Wachstumsraum«, und mit diesen Konzepten ist z. B. die Annahme, daß ein Therapeut den Prozeß des Klienten stark »steuert«, nicht vereinbar.

Hält man also an einem Konzept wie »Aktualisierungstendenz" fest, dann kann man bestimmte Arten von konkreten Therapiekonzepten gar nicht entwickeln und entsprechend bestimmte Arten von Forschung (z.B. eine detaillierte Erforschung von Interaktionsprozessen) gar nicht realisieren. Will man aber gerade bestimmte Fragen untersuchen, z. B. wie ein Therapeut den Klärungsprozeß des Klienten beeinflußt oder wie die Interaktion zwischen Klient und Therapeut verläuft, dann muß man sich notwendigerweise mit übergreifenden, therapietheoretischen Annahmen auseinandersetzen: Erst die Diskussion und Revision von Konzepten auf dieser Ebene schafft überhaupt die Voraussetzung für bestimmte Arten von Forschung.

Aus diesem Grunde werden wir uns in den nächsten Kapiteln mit einigen für die GT zentralen therapietheoretischen Konzepten auseinandersetzen:

- Mit dem *Problem der Handlungskonzeption:*
  Hier geht es um die Frage, ob die wesentlichen Wirkgrößen von GT prinzipiell als »Haltungen« aufgefaßt werden können oder ob, wie wir meinen, man Handlungen als entscheidend konzipieren muß.
  Dies ist für die Forschung eine Frage von prinzipieller Bedeutung, da ihre Antwort z. B. bestimmt, welche Variablen man überhaupt erfaßt: »Mißt« man Haltungen oder Handlungen?
- Mit dem *Problem der Zielorientierung:*
  Man muß davon ausgehen, daß eine Therapieform als Ganzes Zielangaben macht (Angaben darüber, was ein Klient »erreichen« soll) und Therapeuten mit ihren Handlungen konkrete Ziele verfolgen; hier grenzen wir uns von der GT-Annahme ab, der Therapeut verfolge keinerlei Absicht.
- Mit dem *Problem der Non-Direktivität:*
  In der »klassischen GT« spielt die Annahme, die Therapie sei »non-direktiv«, eine wesentliche Rolle. Im Gegensatz dazu vertreten wir die These, daß es keine non-direktive Therapie geben kann (das wäre ein Paradoxon).

- Mit dem *Problem der adaptiven Indikation:*
  Wir wollen deutlich machen, daß es wesentlich ist, wie ein Therapeut sich in seinem Handeln auf den Klienten einstellt, also ihm *die* Angebote macht, *die* Hilfen gibt, die er braucht (dies ist u. E. klientenzentriert). Hiermit wenden wir uns gegen die These, GT mache allen Klienten »das gleiche Angebot«.
- Mit dem *Problem der Differentiellen Psychotherapie:*
  Wir möchten GT nicht als eine Therapieform verstehen, die zu anderen Formen in Konkurrenz steht. Jede Therapieform ist für bestimmte Ziele, bestimmte Klienten usw. besser geeignet und für andere weniger. Daher kann auch keine Therapieform eine andere »ersetzen«, sondern nur »ergänzen«.

Daß GT eine eigenständige Therapieform ist, bedeutet nicht, daß man sie für die einzig wirksame, einzig sinnvolle halten sollte (eine solche Annahme muß man angesichts der empirischen Arbeiten, die das Gegenteil beweisen, als eine ideologische Verblendung bezeichnen).

Man benötigt (in der Zukunft) Meta-Konzepte darüber, bei welchen Klienten, welchen Zielen usw. welche Therapieform mit welcher kombiniert werden könnte: Man benötigt also eine *Differentielle Psychotherapie* (statt einer Integration) (vgl. Perrez 1980).

Damit wenden wir uns auch gegen Annahmen, es sei »nicht erlaubt«, in der GT eine Indikationsfrage zu stellen (z. B. Wegener 1985): Wenn ein Therapeut erkennt, daß Therapie x für einen Klienten am sinnvollsten wäre, sie aber nicht anwendet (oder den Klienten nicht überweist), weil er ein »Gesprächspsychotherapeut« ist, dann ist das ein unverantwortliches Handeln. Das ist so, als würde ein Arzt das nötige Medikament x nicht verschreiben, nur weil er Aktien der Konkurrenzfirma besitzt. Was das mit »Klientenzentrierung« zu tun haben soll, ist für uns nicht nachvollziehbar (man sollte Klienten besser nicht um jeden Preis »festhalten«; vgl. das Beispiel des »kaukasischen Kreidekreises«, Brecht 1968).

Therapeutischer Rahmen

Neben den Aspekten des therapietheoretischen Rahmens gibt es den therapeutischen Rahmen, also Faktoren, die für eine konstruktive Therapeut-Klient-Interaktion grundlegend sind und eine »Basis« für konstruktives Arbeiten bilden.

Situative Bedingungen: Die erste Gruppe von Faktoren (vgl. hierzu Scobel 1983) betrifft situative und institutionelle Rahmenbedingungen. Die Art der Institution, in der man arbeitet, kann einen wesentlichen Einfluß darauf haben, was man mit einem Klienten konkret therapeutisch tun kann und was nicht (vgl. Lauth u. Viebahn 1987). Auch unmittelbarere situative Bedingungen sind relevant, z. B. die Sitzposition von Therapeut und Klient (in der GT wird meist die »Über-Eck-Position« bevorzugt, vgl. Haase u. Dimattia 1970).

Therapeut-Klient-Beziehung: Wir betrachten, anders als die »klassischen Konzepte« von GT, die Therapeut-Klient-Beziehung als Grundlage der therapeutischen Arbeit, jedoch (meist) noch nicht als das therapeutische Agens an sich (zu Ausnahmen davon siehe Sachse 1987a). Die Therapeut-Klient-Beziehung ist zentral, da eine konstruktive Arbeit nur auf der Grundlage einer vertrauensvollen Beziehung denkbar ist. Beziehung ist damit eine Voraussetzung für Therapie, sie ist aber noch nicht Therapie: In dieser Beziehung geschieht dann noch sehr viel Spezifischeres (GT ist mehr als ein Beziehungsangebot; Sachse 1985). Mit der Konzeption und Bedeutung von Beziehung werden wir uns in Abschnitt 2.2.4 näher beschäftigen.

Therapeutischer Interaktionsprozeß

Im therapeutischen Interaktionsprozeß kann man drei »Aspekte« unterscheiden: den Therapeuten, den Klienten und den »Dialog«.
Dialog: Therapeut und Klient stehen in einem ständigen Austauschprozeß: Der Klient macht verbale und nonverbale »Aussagen«, die vom Therapeuten aufgenommen werden müssen; auch der Therapeut macht verbale und nonverbale Aussagen (Interventionen), die den Prozeß des Klienten beeinflussen. »Therapie ohne Dialog« ist nicht denkbar (Linster 1989, Pfeiffer 1989). Der Dialog stellt eine der wichtigsten Datenquellen für die Psychotherapie-Prozeßforschung bereit: die verbalen Aussagen von Therapeut und Klient. Auch unsere Prozeßanalysen basieren auf dieser Datengrundlage.
Zu den Problemen der »Klienten-Aussagen« und »Therapeuten-Interventionen« siehe Kapitel 3 und 4.
Therapeut: Psychologisch gesehen ist nicht der Dialog als solcher gesehen interessant, sondern das, was der Dialog über Prozesse im Therapeuten oder im Klienten aussagt. Daher genügt es nicht, sich konzeptionell mit dem Dialog zu beschäftigen (und Klient und Therapeut wie eine »black box« zu behandeln), sondern es ist wesentlich, die kognitiven und emotionalen Prozesse, die im Therapieprozeß beim Klienten und beim Therapeuten ablaufen, zu modellieren.
Der Sinn dieser Vorgehensweise ist es, den Therapieprozeß sehr viel weiter und tiefer zu verstehen, als es mit den theoretischen Mitteln der GT (die u. E. völlig unzureichend sind) bisher möglich war. »Verstehen« ist aber auch hier kein Selbstzweck, sondern dient dem Ziel, welches wir für das »vornehmste« der Psychotherapie überhaupt halten: aufgrund eines besseren Verständnisses der Prozesse und Faktoren das therapeutische Vorgehen zu optimieren und Klienten besser als bisher helfen zu können.
Wir werden nun kurz und überblicksartig auf die im Modell enthaltenen Aspekte eingehen.

- *Verstehen*
  »Empathisches Verstehen« ist ein zentrales Konzept in der GT. Betrachtet man jedoch den theoretischen Status dieses Konzeptes, dann wird deutlich, daß eine befriedigende theoretische Formulierung in der »klassischen GT« fehlt. Es gibt lediglich metaphorische Beschreibungen von Rogers (die auch gelegentlich zu gravierenden Fehlkonzeptionen führen, wie z. B. bei Hartmann 1985 a, b, 1986). Daher ist es wesentlich, sich theoretisch fundiert damit auseinanderzusetzen, was unter »Verstehen« verstanden werden soll. Dies werden wir in Kapitel 3 versuchen.
- *Modell/Schemata*
  Man muß nach Erkenntnissen der Kognitionspsychologie davon ausgehen, daß »Verstehen« nicht voraussetzungslos funktioniert, sondern auf »Wissen«, kognitiven Schemata, basiert. Auch »empathisches Verstehen« ist nicht voraussetzungslos (also auch kein »sich in den anderen Hineinversetzen«; nimmt man diese Metapher wörtlich,

dann befindet man sich mit der Annahme eines »telepathischen Therapeuten« auf der Ebene der Science Fiction). Man muß ebenfalls annehmen, daß Therapeuten ein »Modell« vom Klienten aufbauen (müssen), um ihn verstehen zu können (womit das Gebot »Du sollst Dir kein Bild von Deinem Klienten machen« absurd wird). Auch werden Therapeuten (zwangsläufig) Hypothesen über Klienten bilden; der Unterschied zu anderen Therapieformen (z. B. der Verhaltenstherapie) besteht nicht darin, *keine* Hypothesen zu haben, sondern darin, *anders* mit diesen Hypothesen umzugehen. Diese Aspekte sind an anderer Stelle ausführlich erläutert worden (Sachse 1989b).

- *Oberziele/Ziele*
  Therapeuten, so muß man annehmen, handeln zielorientiert (ebenso wie »normale« Menschen). Damit ist es wesentlich, zu konzipieren und zu untersuchen, welche Oberziele und Zielhierarchien Therapeuten aufweisen und wie »verbindlich« diese Ziele sind. Wir werden hier den Zielaspekt insbesondere im Hinblick auf das »Ziel der Explizierung« behandeln: Welche Ziele verfolgen Therapeuten jeweils im Hinblick auf den Explizierungsprozeß, die Bearbeitungsweise des Klienten?

- *Handlungsregeln*
  Wenn Therapeuten konkret handeln, benötigen sie »Handlungskompetenzen«, Regeln darüber, welche Handlungen bei welchen Situationsbedingungen zu welchen Ergebnissen führen. Es gibt in der GT bisher nur wenig systematisches Wissen über Handlungskompetenzen (Handlungsregeln) von Therapeuten. Daher ist es nötig, die Unterschiede in Handlungskompetenzen (ebenso wie Unterschiede in Zielhierarchien und in der Effektivität von Schemata) zwischen Therapeuten und die Konsequenzen für konkretes therapeutisches Handeln genauer zu erforschen.

- *Haltungen*
  Wie erwähnt konzipieren wir »Haltungen« des Therapeuten nicht als die zentralen Einflußgrößen. Dennoch sind übergreifende Haltungen, Einstellungen durchaus von Bedeutung: So kann z.B. eine allgemein akzeptierende, »raumgebende« Haltung anderen Menschen gegenüber es dem Therapeuten erleichtern, akzeptierend zu sein.

- *Planung*
  Man muß annehmen, daß Therapeuten ihre Handlungen planen; es wäre unklug von Therapeuten, auf diese vielfach bewährte Strategie zu verzichten, nur weil jemand der Ansicht war, dies sei zu »direktiv«. Therapeuten berücksichtigen in ihrem Handeln ihr (übergreifendes) Verständnis der Inhalte des Klienten, ihr Verständnis davon, wie ein Klient »arbeitet« (wie »selbstexplorativ« der Klient ist, ob er »Widerstand« zeigt usw.); sie entwickeln Annahmen darüber, was Klienten an Unterstützung brauchen und was ungünstig ist usw. Therapeuten reagieren keineswegs so kurzzeitig-automatenhaft, daß sie lediglich das gerade vom Klienten Gesagte in neue verbale Kleider stecken (glücklicherweise zeigen empirische Untersuchungen, z.B. von Müller 1986), daß GT-Therapeuten sich zum großen Teil aus der Zwangsjacke der »VEE« befreit haben, vgl. Howe 1980, Lietaer 1983, Dennig 1984). Zum Aspekt des übergreifenden Verstehens und seiner Konsequenzen für die Handlungsplanung siehe Kapitel 3.

- *Meinen und Sprachproduktion*
  Therapeuten haben aufgrund ihrer Verarbeitungsprozesse zu einem gegebenen Zeitpunkt bestimmte Inhalte und Intentionen fokal gegeben, das heißt, sie »meinen« etwas Bestimmtes. Das, was sie jeweils meinen, setzen sie in sprachliche Aussagen um, die dann vom Klienten verarbeitet werden können/müssen. Wir werden zeigen, daß die klassischen GT-Konzepte im Bereich des »verbalen Austauschs« (Meinen *und* Verstehen) unzureichend sind und zu Fehlkonzeptionen geführt haben.

Klient: Auch der Klient muß den Therapeuten verstehen (eine ebenso triviale wie wichtige Feststellung, denn Analysen zeigen, daß Klienten die Therapeuten oft *nicht* verstehen). Auch der Klient muß rekonstruieren, was der Therapeut jeweils meint; kann oder tut er es nicht, dann entsteht auch kein »Dialog«, dann kann der Klient nicht auf den Therapeuten eingehen; in einem solchen Fall können die Aussagen des Therapeuten auch nicht effektiv sein. In Kapitel 8 gehen wir darauf ein, wie Therapeuten ihre Aussagen gestalten sollten, damit diese auch verstanden werden.

Auch der Klient verfügt über Wissen, über ein »semantisches Gedächtnis« (Collins u. Quillian 1969, 1972): Dieses Wissen benötigt er, um den Therapeuten verstehen zu können. Wir werden die Aspekte des »semantischen Gedächtnisses« insbesondere unter dem Aspekt der Explizierung behandeln (nämlich unter dem Aspekt, daß ein Klient seine Probleme »intellektualisiert«).

Was ein Klient erlebt oder erfahren hat, spielt oft eine große Rolle. Dies sind Aspekte des sogenannten »episodischen Gedächtnisses« (Tulving 1972). Wir werden uns damit beschäftigen, inwieweit derartige Gedächtnisinhalte für den therapeutischen Klärungsprozeß eine Rolle spielen.

Für persönliche Probleme sind häufig »übergreifende« Motive, Ziele, Werte von Bedeutung, die Personen dazu »veranlassen«, bestimmte (problematische) Handlungen auszuführen und/oder andere (erwünschte, konstruktive) Handlungen zu unterlassen. Hier geht es um »Problemdeterminanten", um solche psychologischen Variablen, die problematisches Handeln oder Erleben wesentlich (mit-)determinieren. Diese Determinanten kann man theoretisch als »motivationale Propositions-Strukturen" modellieren (wie Kuhl, 1983b, deutlich macht). Wir werden uns mit diesen Aspekten im dritten Kapitel näher beschäftigen.

Die Klärung von »Erfahrungen« und insbesondere die Klärung/Herausarbeitung »motivationaler Determinanten" ist ein wesentliches Ziel (und eine besondere Stärke) der Gesprächspsychotherapie. Eine solche Klärung liegt aber oft nicht »auf der Hand«; die entsprechenden »Konstruktionen« sind Klienten oft nur schwer zugänglich. Daher ist es wesentlich, Konzepte darüber zu entwickeln, wie und unter welchen Bedingungen ein solcher Klärungsprozeß zustandekommt und wie er »funktioniert«. Deshalb werden wir uns sehr eingehend mit diesem Explizierungsprozeß beschäftigen. Untersuchen werden wir vor allem, wie Therapeuten diesen – für die Therapie zentralen – Prozeß konstruktiv fördern können.

Explizierungsprozesse des Klienten führen dazu, daß der Klient zu einem gegebenen Zeitpunkt bestimmte Inhalte und Intentionen »fokal gegeben hat«: Dies ist das, was er im Augenblick meint. Das Gemeinte wird dann im Prozeß der Sprachproduktion »versprachlicht« und führt zu verbalen Aussagen, die dann vom Therapeuten verarbeitet werden müssen.

Wir werden uns eingehend mit den Prozessen des Meinens und Sagens beim Klienten beschäftigen und daraus auch Folgerungen für das Verstehen des Therapeuten ableiten. Damit werden wir den Begriff des »empathischen Verstehens« erweitern und deutlich machen, daß dem Konzept der »Verbalisierung emotionaler Erlebnisinhalte« eine *sehr* eingeschränkte Konzeption von »Verstehen« zugrunde liegt.

2 Therapietheoretische Grundlagen für zielorientiertes Handeln in der Gesprächspsychotherapie

In diesem Kapitel werden wir uns mit den »therapietheoretischen Rahmenkonzeptionen« von GT auseinandersetzen. Ziel dieser Diskussion ist es, die theoretischen Grundlagen für unsere Konzeption von GT und für unsere Forschung zu schaffen.

2.1 Darstellung und Diskussion »klassischer Ansätze«

Die »klassische Konzeption« der Gesprächspsychotherapie

Im Jahr 1942 stellte C. Rogers erstmalig sein Konzept einer »non-direktiven« Beratung/Therapie vor. Er verarbeitete hier Erfahrungen, die er während seiner Therapie- bzw. Beratungstätigkeit gemacht hatte und die sich im wesentlichen auf zwei Feststellungen begrenzen lassen, nämlich daß

- ein Klient selbst am besten über seine Konflikte und Ziele Bescheid weiß;
- autoritäre Verhaltensweisen des Therapeuten nur kurzfristige Effekte haben.

Rogers nimmt im Menschen eine Tendenz an, sich in Richtung auf Wachstum und Gesundheit zu entwickeln. Deshalb ist es nach seiner Konzeption nicht die Aufgabe des Therapeuten, Klienten zu bestimmten Verhaltensweisen zu veranlassen oder Ratschläge zu geben, da dies immer nur aus der Sicht des Therapeuten geschehen kann, sondern vielmehr dem Klienten die Möglichkeit zu einem neuen Verständnis seiner selbst zu geben. Nicht die Verhaltens- oder intellektuelle Ebene wird betont, sondern die Gefühls- oder Bewertungsebene im unmittelbaren Erleben des Klienten.
Im Mittelpunkt steht das Feld der Erfahrungen, die ein Mensch mit sich und seiner Umwelt macht und die Frage, wie er diese Erfahrungen bewertet.
Die Aufgabe des Therapeuten ist es, eine angstfreie, entspannte Atmosphäre zu schaffen, indem er ausgedrückte Gefühle und Erfahrungen des Klienten ohne Bewertung reflektiert, statt Inhalte vorzugeben, Anweisungen zu erteilen oder Ziele für die Klienten zu bestimmen. Somit wird der Klient freier und kann Einsicht gewinnen; dadurch wird ihm eine Neubewertung seiner Erfahrungen möglich: »Es wird dem Klienten ermöglicht, zu einem neuen Verständnis seiner selbst in einem Ausmaß zu gelangen, das ihn befähigt, aufgrund dieser neuen Orientierung positive Schritte zu unternehmen« (Rogers 1942, deutsch 1972).
Im Gegensatz zu behavioristischen Ansätzen betont Rogers also die Fähigkeiten und Eigenverantwortlichkeit des Klienten, die Non-Direktivität des Therapeuten und beschreibt einzelne Schritte des Therapieprozesses.
Im Jahr 1951 stellte Rogers in Erweiterung des ursprünglichen Ansatzes von

1942 die Verhaltensweisen/Techniken des Therapeuten vor den Hintergrund einer Persönlichkeits- bzw. Störungstheorie. Darauf aufbauend veränderte sich seine Therapietheorie durch stärkere Betonung der Komponente »Beziehungsangebot an die Klienten«.

Das Gewicht der als wirksam angenommenen Therapievariablen verschob sich von Handlungen (z.B. Reflektieren von Gefühlen) des Therapeuten auf »notwendige und hinreichende Bedingungen« der Therapie, zu denen bestimmte Einstellungen/Haltungen des Therapeuten gehören (vgl. Rogers 1959b).

Die Konzeption postuliert *drei Basisvariablen:* Akzeptanz, Echtheit/Kongruenz und Empathie. Diese stellen für Rogers *notwendige* und *hinreichende* Bedingungen für konstruktive therapeutische Prozesse dar; weitere Variablen haben keinen wesentlichen zusätzlichen Einfluß (vgl. Rogers 1972, 1976, 1980a, 1980b, 1982; Tausch 1973; Minsel 1974; Biermann-Ratjen et al. 1989; Tausch u. Tausch 1981; Franke 1983).

Die Basisvariablen werden verstanden als Haltungen oder Grundeinstellungen des Therapeuten; sie sind in dieser Form (als Haltungen) bereits *hinreichend* für Therapie (vgl. Rogers 1957; 1977).

Die Basisvariablen führen gemäß dieser Konzeption zu einer spezifischen Art therapeutischer Beziehung, die wiederum als *einziges zulässiges Agens* des Therapeuten gesehen wird: Durch das Beziehungsangebot an den Klienten wird ein »Wachstumsraum« hergestellt, der dann zur Freisetzung der Aktualisierungstendenz des Klienten führt. Wenn das geschieht, kann der Klient seinen Weg völlig unbeeinflußt finden, also ohne daß der Therapeut in irgendeiner Weise lenkend ist. Damit ist impliziert, daß Therapeuten im Therapieprozeß non-direktiv sind: Therapeuten handeln »absichtslos«, nicht zielorientiert, sie *begleiten* den Klienten auf seinem Weg, indem sie die Basisvariablen verwirklichen (vgl. Rogers u. Wood 1974; Auckenthaler 1983a, b, c).

Kritische Betrachtung der »klassischen Konzeption«

Diese Konzeption ist mit verschiedenen, oft impliziten Annahmen verbunden, die zu gravierenden Problemen in Praxis und Forschung geführt haben, so daß sich die Konzeption in einer solchen Weise heute kaum noch aufrechterhalten läßt. Gerade die oben beschriebenen, 1951 eingeführten Veränderungen der ursprünglich stärker handlungsorientierten Therapietheorie führen zu Problemen und stellen Ansatzpunkte für Kritik dar (Sachse 1982, 1986a, 1986c, 1987b, 1988a, 1988b).

Im folgenden wollen wir zeigen, warum diese klassische Konzeption zum einen theoretisch nicht haltbar ist, zum anderen auch nicht der Praxis entspricht bzw. entsprechen kann.

- *Haltungen*
  Die Annahme, daß Haltungen allein wirksam sind, ist nicht zutreffend; es muß die Handlungskomponente mit einbezogen werden (und zwar explizit statt wie bisher nur implizit).
- *Basisvariablen*
  Selbst wenn man – entsprechend der Argumentation zu Punkt 1 (Haltungen) – die Basisvariablen nicht nur als Haltungen, sondern als Handlungen konzipiert, reicht das nicht aus: Es wurde nachgewiesen, daß Basisvariablen zwar förderlich, doch nicht hinreichend für Therapie sind; weitere Variablen sind wichtig.

- *Beziehung*
  Akzeptiert man weitere Variablen neben den Basisvariablen (in Form von Handlungen), so reicht es dennoch nicht aus, diese lediglich als weitere Teile eines *Beziehungsangebots* zu konzipieren. Nicht nur eine therapeutische Beziehung (in der ein Therapeut non-direktiv und absichtlos sein kann) wird durch die therapeutischen Handlungen vermittelt, sondern Handlungen wirken auch als Interventionen (und werden gezielt als solche eingesetzt), sie lenken den Klienten über dessen Eigenaktivitäten hinaus. Dadurch werden auch die Konzeptionen von Non-Direktivität und Absichtslosigkeit (vs. Zielgerichtetheit) fraglich.

Wie gezeigt werden soll, führen die Einwände zu einer Alternativ-Konzeption, die als wesentliches Mittel therapeutischer Veränderungen die therapeutischen Handlungen und Interventionen in den Vordergrund stellt.

»Das Vorhandensein von Haltungen ist hinreichend für Therapie und bewirkt Veränderungen«

Rogers definierte seine Therapietheorie als funktionale Theorie (wenn bestimmte Bedingungen, das heißt Haltungen oder Basisvariablen, vorhanden sind, folgen bestimmte Prozesse (Reorganisation), die wiederum zu Persönlichkeits- und Verhaltensänderung führen; Rogers 1959b). Damit geht er zunächst davon aus, daß das Vorhandensein von »Haltungen« beim Therapeuten an sich bereits genügt, um bestimmte Veränderungen beim Klienten zu erreichen. Außer acht gelassen wird hierbei die Tatsache, daß ein Therapeut in der Therapie nicht nur Haltungen hat, sondern immer auch handelt (bereits indem er mit dem Klienten spricht, handelt er).
Dies scheint so selbstverständlich zu sein, daß es keiner Erwähnung bedarf. Dadurch geraten jedoch die gerade am Punkt der Umsetzung in Handlungen möglicherweise auftretenden Probleme völlig aus dem Blickfeld. Von Klienten können Haltungen ja gerade nicht als solche wahrgenommen, sondern nur aus dem konkreten Verhalten des Therapeuten erschlossen werden. Entsprechend richten sich auch die Reaktionen des Klienten immer nach Handlungen (bzw. nach dem, was der Klient aus den Handlungen des Therapeuten interpretiert), das heißt, Effekte sind bedingt durch Handlungen, nicht durch Haltungen (vgl. Sachse 1986a, 1986b, 1986c, 1988b).
Wenn also beim Klienten ein bestimmter Effekt erreicht werden soll, heißt das nicht (nur), daß ein Therapeut die notwendige Grundhaltung haben muß, sondern er muß sie in seinem konkreten Verhalten zum Ausdruck bringen und zwar so, daß sie für den Klienten auch wahrnehmbar ist. Nach Rogers ist eine solche Umsetzung bei Vorhandensein der Grundhaltung für einen »kongruenten« Therapeuten nahezu automatisch gegeben. Das Gelingen oder Nicht-Gelingen der Umsetzung und die gesamte Handlungskomponente stehen völlig außerhalb des Denkens, so daß eine Beschäftigung mit etwaigen Problemen entfällt. Tatsächlich weisen jedoch verschiedene Untersuchungen nach, daß die Umsetzung von Haltungen in konkrete Handlungen von unterschiedlichen Bedingungen abhängig sein kann (vgl. Ajzen u. Fishbein 1972; deFleur u. Westie 1958; Killian 1952; Kothandapani 1971; Rokeach u. Kliejunas 1972; Wicker 1969).
Truax und Mitchell (1971) referieren Studien, die das Verhalten des Therapeuten unter der Annahme zugrundeliegender Haltungen unabhängig vom Effekt beim Klienten durch die von Truax (1961a, 192a, b) entwickelten Skalen erfas-

sen. Diese zeigen auch, daß an sich erfolgreichen Therapeuten eine Umsetzung nicht immer gleichermaßen möglich ist (d.h., daß Therapeuten nicht immer gleich hohe Skalenwerte haben; vgl. auch Truax u. Wargo 1966; Truax u. Carkhuff 1967; Truax u. Mitchell 1968).
Ein wichtiger Ansatzpunkt für die Forschung innerhalb einer Haltungskonzeption wäre nun also die Frage, von welchen Bedingungen eine erfolgreiche Umsetzung abhängig ist. Das heißt konkret: Warum gelingt bestimmten Therapeuten bei welchen Klienten/in welcher Situation die Umsetzung von Haltungen in Handlungen nicht? Die Beantwortung dieser Frage wäre etwa notwendig, weil deutlich ist, daß Therapien und damit Therapeuten auch destruktiv wirken können (vgl. Bergin 1966, 1971; Eysenck 1952; Rudolph et al. 1980), und zwar besonders auch dann, wenn dem Therapeuten eine Umsetzung der Basisvariablen nur schlecht gelingt, er also niedrige Skalenwerte bei der Beurteilung erreicht (Truax u. Carkhuff 1963; Truax 1963; Truax, Wargo u. Silber 1966).
Diese Fragestellung wird innerhalb der Haltungskonzeption jedoch kaum berücksichtigt, obwohl das Problem der unterschiedlich guten Verwirklichung inzwischen gesehen wird (vgl. Biermann-Ratjen et al. 1989). Im Rahmen der klassischen Konzeption wird die Ursache dieses Problems auf den Klienten zurückgeführt: Wenn der Klient nicht in der Lage ist, eine Beziehung, wie der Therapeut sie ihm anbietet, auch zu sich selbst aufzunehmen und sich somit auch nicht mit Erfahrungen auseinandersetzt, nicht selbstexplorativ ist, fällt auch dem Therapeuten die Verwirklichung der Variablen schwer (wie auch die Untersuchung von Schulz, 1981, zeigt), da er sich zur Realisierung der therapeutischen Bedingungen auch auf die Empfindungen, die ein Klient in ihm auslöst, bezieht (vgl. Biermann-Ratjen u. Eckert 1982; Schwartz u. Eckert 1976).
Das führt aber nun nicht zu einer Beschäftigung mit der Frage, warum es dem Klienten eventuell schwerfällt, ein Angebot wahr- oder anzunehmen. Konsequenzen werden dagegen im Sinne einer »selektiven Indikationsstrategie« gezogen (vgl. Baumann u. v. Wedel 1981; Baumann et al. 1984), die von folgender Überlegung ausgeht: Wenn einem Therapeuten eine ausreichende Umsetzung/Verwirklichung der immer vorhandenen Haltung nicht gelingt und bestimmte Klientenvariablen die Ursache dafür sind, dann muß man diese Variablen erfaßbar machen und Klienten mit diesen Merkmalen (z.B. keine Bereitschaft zur Akzeptierung eigenen Fühlens, zur Selbstöffnung) als für Gesprächspsychotherapie ungeeignet von vornherein ablehnen (vgl. Speierer 1986). Dieser Strategie entsprechen die Versuche, eine Prognose in bezug auf den Therapieerfolg einzelner Klienten durch Erstinterviews zu erstellen (= prognostische Indikation; Eckert 1974; Schwartz u. Eckert 1976; Eckert 1980; Eckert et al. 1979).

Probleme dieser Strategie sind:
- Gerade die Merkmale, aufgrund derer Klienten herausgefiltert werden, können einerseits Bedingungen für Probleme und andererseits durch Probleme bedingt sein, so daß eine Therapie besonders wichtig wäre;
- Diese Merkmale sind in gewisser Weise auch für andere Therapieformen (die eine ähnliche Zielrichtung haben wie GT) bedeutsam, Klienten mit bzw. ohne diese Merkmale sind entsprechend nicht nur für GT, sondern auch für andere Therapieformen ungeeignet und können so von keiner Seite Hilfe erwarten.

Tatsächlich klientenzentriertes Handeln müßte sich jedoch durch den Versuch, sich auch in schwierigen Situationen auf schwierige Klienten einzustellen, auszeichnen. Damit aber stünden nicht mehr die Haltungen des Therapeuten, nicht mehr die Frage der Umsetzbarkeit von Haltungen in Handlungen im Vordergrund, sondern allein das konkrete Verhalten in konkreten Situationen, die Frage, wie sich ein Therapeut am besten auf Klienten einstellen kann und besonders die Untersuchung der Auswirkungen von Handlungen.

In Frage gestellt wird dadurch nicht die Notwendigkeit oder Förderlichkeit von Haltungen, sondern allein die Annahme, daß ein Vorhandensein von Haltungen schon hinreichend für Veränderungen ist. Immer noch kann man davon ausgehen, daß die von Rogers beschriebenen Grundhaltungen als durchaus förderlich für die Verwirklichung guten/effektiven Therapeutenverhaltens angesehen werden: »Wenn der Therapeut Respekt vor dem Wert und der Bedeutung der Person hat und von der Hypothese ausgeht, daß das Individuum die Kapazität besitzt, konstruktiv mit all den Aspekten seines Lebens umzugehen, die ihm potentiell bewußt werden können, wird es ihm leichtfallen, die klientenzentrierten Techniken anzuwenden« (Bommert 1987, S. 16); das Gewicht liegt jedoch auf den Handlungen des Therapeuten im jeweiligen situativen Kontext.

Auch von der Forschung her ist eine handlungsorientierte Konzeption erforderlich. Empirische Untersuchungen zur GT orientierten sich immer schon eher am praktischen Vorgehen des Therapeuten in der Interaktion mit seinem Klienten (vgl. Franke 1983). Bei den ersten Versuchen, Rogers' Annahmen über die drei Basisvariablen zu untersuchen, ergab sich die Schwierigkeit mangelnder Operationalisierbarkeit von Haltungen: Obwohl Rogers die Ergebnisse als Beleg für seine Haltungskonzeption wertete, wurden doch zunächst die Basisvariablen nicht als Haltungen, sondern durch Operationalisierung als Handlungen, deren Aufgliederung in Einzelaspekte und anschließender Entwicklung von Skalen (zur Erfassung des Ausmaßes, in dem Therapeuten diese Variablen in ihren Handlungen verwirklichen; Truax 1961a, 1962a, b) überprüft. Auch die durch R. Tausch übersetzten und revidierten Skalen betonen die Handlungskomponente, zum Teil stärker noch als Truax: In der Konzeption der »Verbalisierung emotionaler Erlebnisinhalte« (VEE; statt Empathie) werden deutlich Handlungen und nicht Haltungen des Therapeuten erfaßt (Tausch 1973).

Es wird also deutlich, daß es weder sinnvoll noch möglich ist, sich allein auf Haltungen des Therapeuten zu konzentrieren. Vielmehr ist es notwendig, die konkreten therapeutischen Handlungen zu betrachten.

Basisvariablen

Auch die inhaltliche Komponente der Haltungskonzeption wurde fraglich. Den Haltungen entsprechen inhaltlich ja immer die Basisvariablen Akzeptierung, Echtheit/Kongruenz und Empathie, von denen angenommen wird, daß sie hinreichend für Therapie sind. Doch selbst wenn man davon ausgeht, daß Basisvariablen als Handlungen wirksam werden, kann man nicht sagen, daß sie hinreichend sind: Durch die Operationalisierung in Handlungen gelang der Nachweis der Wirksamkeit der Basisvariablen (vgl. die Arbeiten von Truax sowie Tausch et al. und Westermann 1981; Westermann et al. 1983). Es wurde jedoch zweifelhaft, ob sie wirklich als hinreichende Bedingungen für Therapie angesehen werden können (z.B. Murray 1956; Mitchell u. Berenson 1970; Howe 1980; Dennig 1984; Schwab et al. 1978).

Sicher scheint zunächst, daß das Auftreten dieser Bedingungen als Grundlage einer therapeutischen Beziehung wesentlich ist und auf konstruktive Klientenänderungen fördernd wirkt (Bommert 1987; Truax u. Carkhuff 1967; Rogers et al. 1967). In zunehmendem Maße wird jedoch auch die Wirksamkeit weiterer Therapeutenmerkmale/-verhaltensweisen angenommen (Bastine 1976; Baumann u. v. Wedel 1981; Baumann et al. 1984). Damit wird deutlich, daß es nicht ausreicht, die Basisvariablen als einziges therapeutisches Agens zu konzipieren, nicht einmal dann, wenn man sie statt als Haltungen als Handlungen versteht. Vielmehr gehen in die therapeutisch wirksamen Anteile, die Handlungen des Therapeuten, über die Basisvariablen hinaus weitere Aspekte ein.
Als notwendiges Resultat der Ergebnisse aus der Forschung sieht Bommert (1987) daher eine variablere Handhabung der Grundkonzepte, stärkere Berücksichtigung zusätzlicher Merkmale des Therapeutenverhaltens und damit verbunden die Betonung differentieller Gesichtspunkte als weitere Aufgaben. Die Haltungskomponente ist demnach nicht mehr Untersuchungsgegenstand, da weder nachgewiesen wurde, daß sie hinreichend, noch, daß sie notwendig für angemessenes Therapeutenverhalten ist. Der Schwerpunkt liegt nunmehr im Gegensatz zur Theorie auf den Handlungen, und zwar nicht nur auf den Handlungen, die einer Umsetzung der Basisvariablen entsprechen, sondern insgesamt auf »klientenzentrierten Techniken« (vgl. Bommert 1987).
Die Schwerpunkte einer erweiterten und handlungsorientierten Konzeption entsprechen in hohem Maße auch den Forderungen praktisch tätiger Therapeuten und Ausbilder, die – zu Recht – von einer Therapietheorie konkrete Regeln für therapeutisch gutes und wirksames Verhalten erwarten (zur Notwendigkeit der Erweiterung vgl. Howe 1982; Gerl 1977, 1981, 1982; Scobel 1979, 1983; Sachse 1982, 1983, 1984, 1985, 1986a, 1988a, b, 1989). Sowohl die Lehr- als auch die Lernbarkeit von Haltungen sind fraglich (vgl. Minsel 1974).
Aufgrund der von Rogers vertretenen Konzeption der Basisvariablen als Haltungen war es »nicht möglich, präzise Vorhersagen zu erstellen, aufgrund welcher Gesetzmäßigkeiten eine bestimmte Art psychotherapeutischer Intervention welche Art von Veränderung in welchem Umfang bewirkt« (Bommert 1987, S. 47).
Dies kann zwar als eines der vorrangigen Ziele einer Therapietheorie angesehen werden, lag jedoch wohl trotzdem kaum in der Absicht Rogers', der zwar therapeutische Bedingungen in Form von Wenn-Dann-Relationen konzipierte (Rogers 1959b), diese jedoch so global formulierte, daß klare Regeln nicht ableitbar sind. In der Konzeption der Variablen als »durchgängige Haltungen« des Therapeuten gibt es weder für Handlungen allgemein noch für Interventionen, das heißt, zielgerichtete Handlungen im situativen Kontext, einen Platz.

Beziehung

Akzeptiert man nun die Handlungskomponente und die Tatsache, daß Basisvariablen allein nicht ausreichend sind, so bleibt als Problempunkt die »Beziehungskonzeption«. Unseres Erachtens ist eine therapeutische Beziehung wichtig, genügt aber nicht für Klientenveränderungen, selbst wenn man neben den Basisvariablen noch weitere Variablen (in Form von Handlungen) einbezieht.

Rogers ging ursprünglich von der Homogenität von Klientenmerkmalen und damit der Homogenität der zur Erreichung des Ziels »Aufhebung von Inkongruenz« oder »Reorganisation« hinreichenden Mittel aus: Um die Selbstaktualisierungstendenz des Menschen – das heißt gewissermaßen die Kräfte zur Selbstheilung – freizusetzen, genügt die Herstellung bestimmter Bedingungen: ein in jedem Fall gleiches Beziehungsangebot auf der Grundlage der Basisvariablen (vgl. Rogers 1959b, 1980a; Hubbertz 1983; Biermann-Ratjen u. Eckert 1982; Schnabel 1982). Die therapeutische Beziehung führt dazu, daß der Klient über den Verlauf der Therapie hinweg lernt, Gefühle zu symbolisieren und ein neues Selbstkonzept aufzubauen. Dadurch nimmt er eine veränderte Art der Beziehung zu sich selbst auf, die es ihm erlaubt, nach der Therapie neue Erfahrungen ohne Hilfe zu integrieren. Während auf Klientenseite durchaus auch die Notwendigkeit der Beachtung des Prozeßgeschehens gesehen wird (Rogers 1959a), hat der Therapeut nur das Ziel, Beziehung zu vermitteln. Seine Aufgabe beschränkt sich immer gleichermaßen auf die Bereitstellung eines Wachstumsraums, einer Beziehung, die den Klienten befähigt, selbständig und völlig ohne Lenkung oder Hilfe durch den Therapeuten den zur Erreichung des Endziels »Kongruenz« notwendigen Weg der Explizierung und Neusymbolisierung seiner Erfahrungen zu gehen bzw. eine ebensolche Beziehung, wie der Therapeut sie anbietet, auch zu sich selbst aufzunehmen (vgl. Biermann-Ratjen et al. 1989).

Diese Konzeption entspricht dem Postulat der Non-Direktivität der GT, das diese Therapieform von der »Beeinflussungssituation« anderer Therapieformen abheben soll. Bei genauer Betrachtung stellt sich jedoch die Frage, ob es überhaupt möglich ist, in einer Therapie völlig non-direktiv zu sein bzw. immer gleichermaßen Beziehung anzubieten, ohne den Klienten in irgendeiner Weise zu lenken und ohne Ziele für den Prozeß zu haben. Entgegen der dargestellten Position gehen wir davon aus, daß GT nicht »nicht-beeinflussend« sein kann (wie dies bereits eindrucksvoll von Truax 1966a, 1966b und 1968c gezeigt wurde: Selbst Rogers verhält sich in seiner konkreten therapeutischen Arbeit durchaus nicht »unconditional«, sondern sehr »steuernd«).

Immer deutlicher wird heute, daß Gesprächstherapie entgegen der Theorie niemals völlig non-direktiv gewesen ist, sondern immer Vorgaben gemacht hat:

Die GT legt bestimmte Ziele für den Klienten fest: die Aufhebung von Inkongruenz oder Gewinnung von Einsicht in Probleme oder Selbstkonzepte (vgl. Arend und Ludwig 1978, 1980).

Auch der Weg, wie dieses Ziel der »Einsicht« erreicht werden kann, wird bestimmt: Auf der Klientenseite ist die Explizierung von Erfahrungen, insbesondere die Besprechung von Gefühlen, unbedingt notwendig, auf der Therapeutenseite gibt es eine Festlegung der Bedingungen erfolgreicher Therapie (z. B. sehr deutlich bei Tausch 1973).

Die Regeln der Beziehung sind von der Theorie festgelegt: Von der Seite des Therapeuten werden die Basisvariablen verwirklicht und damit wird ein Angebot gemacht, das für den Klienten nicht verhandelbar ist (vgl. van Kessel 1976). Auf mögliche andersartige Beziehungsangebote des Klienten geht der Therapeut nicht ein (das heißt, er handelt nicht entsprechend den Plänen des Klienten, nicht bedürfnisbefriedigend; Grawe 1982; Caspar u. Grawe 1982a, b; Caspar 1989; vgl. Sachse 1986a; 1987a).

Bereits im Rahmen der klassischen Theorie lassen sich also Beschränkungen der Freiheit des Klienten durch Verpflichtung auf Ziele und Bedingungen feststellen.

Die starre Festlegung der Mittel zur Zielerreichung (Beziehung, um zu ...) kann durchaus im Sinne einer »technologischen Regel« (vgl. Westmeyer 1978) verstanden werden.
Obwohl der Aspekt der Technik von der klassischen Richtung her nicht akzeptiert wird – Rogers läßt z. B. die Technik des Gefühlsverbalisierens (reflection of feelings; Rogers 1942, 1951) nur als »Kanal zur Vermittlung der Basisvariablen «gelten (Rogers 1957) – »kann gerade auch die Gestaltung des Beziehungsverhältnisses in der klientenzentrierten Psychotherapie durchaus als zielgerichtet, geplant und strukturiert angesehen werden (und damit nach Tscheulins Definition als Technik eingeordnet werden; vgl. auch Zimmer 1983b, c). Da sie jedoch ein grundsätzliches Behandlungskonzept der klientenzentrierten Position darstellt, erscheint sie nicht als Technik, die differentiell eingesetzt werden könnte, sondern als (klientenzentriertes) Basisverhalten« (Bastine 1983, S. 66; vgl. auch Tscheulin 1983b). Daß dieses Basisverhalten keineswegs einheitlich verwirklicht, sondern durchaus differentiell und zielgerichtet eingesetzt wird, wurde schon früh deutlich: Bereits Truax (1966a) wies nach, daß die Verwirklichung der dem Beziehungsangebot entsprechenden Basisvariablen durchaus nicht immer gleich ist, sondern zum Teil kontingent auf bestimmte Klientenverhaltensweisen oder Gesprächsthemen erfolgt (durch Rogers selbst!).
Auch unter einem ganz anderen Aspekt wird die Annahme der Non-Direktivität unhaltbar: Ein Beziehungsangebot bzw. die Bereitstellung eines Wachtumsraums im Sinne der GT wird nicht in Form einer Metakommunikation über Beziehung gemacht, sondern geschieht immer nur über konkrete Handlungen im Rahmen eines Gesprächs über vom Klienten vorgegebene Inhalte (und damit über beobachtbares Verhalten; vgl. Tscheulin 1983a).
Natürlich wird über jede gute, das heißt empathische Reaktion des Therapeuten das Gefühl des Verstandenseins und das Vertrauen des Klienten verstärkt und so ein Beziehungsangebot vermittelt. Wenn man jedoch von der Möglichkeit der vollständigen Wiedergabe des vom Klienten Geäußerten absieht – was zudem nicht unbedingt von empathischem Verstehen im Sinne Rogers' zeugen würde – ist die Handlung des Therapeuten auf einer mehr inhaltlichen Ebene immer selektiv. Das heißt, der Therapeut wählt aus, und zwar nicht nach dem Zufallsprinzip, sondern entsprechend ganz bestimmter Ziele. Dies wird schon in den Regeln zur Anwendung von »VEE« (Verbalisierung emotionaler Erlebnisinhalte) deutlich (Tausch 1973). Aber auch, wenn der Therapeut breiteren Handlungsmöglichkeiten folgt, wird er nie in der Lage sein, alle vom Klienten kommenden Informationen zu verbalisieren; er muß selektiv vorgehen (vgl. Frederiksen 1975; Kahnemann 1973; Sachse 1989b).
Bereits Rogers betonte die Notwendigkeit, daß der Klient sich mit »relevanten« Inhalten, insbesondere Gefühlen, beschäftigt und im Lauf der Therapie zur Klärung des inneren Bezugssystems vorstößt (vgl. Prozeßskala nach Rogers 1958, 1959a; Tomlinson u. Hart 1962; Tausch 1973). Um das zu erreichen, wählt der Therapeut während der Therapie konsequent bestimmte Inhalte aus dem vom Klienten bereits Explizierten aus. Deutlich wird eine solche Strategie zum einen an Analysen von Rogers-Therapien (z. B. Gespräch mit Gloria 1977; vgl. Sachse 1985). Zum anderen wird dies deutlich an der Skala für »Verbalisierung emotionaler Erlebnisinhalte« (VEE), die als »einzig mögliche Handlungsstrategie« (allerdings unter der Annahme, hier das Ausmaß von empathischem

Verstehen und damit auch die Qualität des Beziehungsangebots erfassen zu können) auch von haltungsorientierten Therapeuten akzeptiert wird als »Verhalten des Therapeuten, das Empathie, Akzeptieren und Kongruenz zum Ausdruck bringt" (Biermann-Ratjen et al. 1981, S. 78).

Gerade an der VEE-Skala – wie auch an anderen Skalen – zeigt sich, daß die oben erwähnten Variationen im Verhalten des Therapeuten mit Verstärkerfunktion durchaus nicht unbeabsichtigt sind und wie sehr der Therapeut direktiv im Sinne einer Selektion von Inhalten vorgeht. Die Skala gibt konkrete Anweisungen, daß aus der Gesamtheit der Klienteninhalte möglichst »persönlich-emotionale Erlebnisinhalte« aufgegriffen werden sollen. Dies stellt nach Bommert (1987) jedoch sicher eine Verstärkung dieser Art von Klientenäußerungen dar, so daß diese emotionalen Erlebnisinhalte und damit der innere Bezugsrahmen des Klienten »in kürzester Zeit zum Hauptinhalt der therapeutischen Kommunikation" werden (1987, S. 87).

Dies entspricht dem Ziel der GT, den Klienten zur Explizierung seiner Erfahrungen anzuregen, aber zeigt auch, daß jede Antwort des Therapeuten Auswahl ist (selektiv) und eine Richtung vorgibt (direktiv; vgl. Dioszeghy 1984) und damit einer Intervention entspricht. Den Standpunkt, daß diese Art differentieller Entscheidungen als »qualitativ anders« zu betrachten ist als Entscheidungen über bestimmte Interventionen (Biermann-Ratjen et al. 1989), verwirft Bommert (1987), da er eher Differenzierungen im Auflösungsgrad einzelner Interventionen vermutet als das Zugrundeliegen qualitativ anderer Entscheidungen (S. 75). Darüber hinaus stellten Mempel und Müller (1978) fest, daß VEE zwar die häufigste Verhaltensweise darstellt, darüber hinaus aber auch durchaus differentiell gehandelt wird.

So geht die Aufgabe des Therapeuten über die Bereitstellung einer non-direktiven Beziehung hinaus, da deutlich im Hinblick auf bestimmte Ziele gehandelt und in Prozesse des Klienten eingegriffen wird.

2.2 Grundkonzepte zielorientierten Handelns in der Gesprächspsychotherapie

2.2.1 Das Zielkonzept

In Verbindung mit dem Problem der Non-Direktivität erhebt sich auch die Frage der Zielgerichtetheit des Therapeuten bzw. der therapeutischen Handlungen. Diese wurde in der klassischen Theorie – bedingt durch die Haltungskonzeption, die ein Denken in Zielbegriffen nicht nahegelegt – immer nur im Hinblick auf das Endziel »Kongruenz« für den Klienten betrachtet. Der expliziten Behandlung der Frage zielgerichteter Interventionen des Therapeuten – abgesehen vom Ziel der Beziehungsgestaltung – wich man aus.

Für den Klienten sind dagegen – zumindest implizit – durchaus Teilziele angenommen worden, die sich auf den Prozeß zur Endzielerreichung beziehen und

z. B. an der Selbstexplorations- (Truax 1961b;) oder der Experiencing-Skala (Gendlin u. Tomlinson 1962, 1969; Klein et al. 1969; Gendlin, Dahlhoff 1974; Dahlhoff u. Bommert 1976, 1978) erkennbar werden:
a) Der Klient soll seine Inhalte explizieren und sich dabei von äußeren Sachverhalten zu Inhalten, die das innere Bezugssystem betreffen (Sachse 1984; Sachse u. Musial 1981), wenden;
b) Die Art, in der der Klient mit seinen Inhalten umgeht, soll sich ändern, das heißt, der Klient soll seine bisherigen Bearbeitungsweisen verbessern.
Für die Erreichung dieser Ziele genügt nach der klassischen Theorie während der gesamten Therapie gleichermaßen die Verwirklichung der therapeutischen Beziehung. Carkhuff (1969) dagegen teilt den Therapieverlauf in verschiedene Stadien ein: Während zu Anfang das Beziehungsverhältnis gestärkt werden soll, wird im Lauf der Therapie die Bearbeitung der Inhalte und das Intervenieren des Therapeuten immer wichtiger (zum Ende hin wieder abnehmend; vgl. Bense 1977b). Der Therapeut hat also die Funktion, durch Handlungen, die er gezielt einsetzt (Interventionen) – und zwar abhängig vom jeweiligen Bearbeitungsstand des Klienten (Minsel 1974) – dessen Problembearbeitung direkt zu fördern: »Der Therapeut kann sich nicht als jemand geben, der dem Klienten nur auf seinem Weg folgt, sondern er muß sich als aktiv und intervenierend verstehen" (van Kessel 1976). Wie eine solche Förderung aussehen sollte, ist nur im Hinblick auf Ziele zu entscheiden, die weniger global als das Ziel der Selbstexploration oder Explizierung sind, die Teil-Ziele im Prozeß darstellen. Es ergibt sich hier also die Notwendigkeit der Einbeziehung von Handlungen; es ist anzunehmen, daß ein Therapeut in konkreten Handlungen – die ohnehin selektiv sind – auch die Erreichung gerade dieser Ziele vor Augen hat und entsprechend diesen Zielen handelt. Im Bewußtsein, daß er aus den Inhalten des Klienten auswählen *muß,* wird der Therapeut immer versuchen, die relevantesten, das heißt die für die Zielerreichung sinnvollsten Inhalte anzusprechen und so dem Klienten eine Beschäftigung mit diesen Inhalten anzubieten (aufmerksamkeitszentrierende Wirkung; vgl. Wexler 1974).
Die Annahme, daß ein Therapeut ohne zielgerichtetes Handeln und entsprechend ohne Direktivität auskommen kann, läßt sich also nur im Rahmen der klassischen Haltungskonzeption des Beziehungsangebots aufrechterhalten. Für eine Konzeption mit der Annahme, daß konkrete Handlungen das Effektive an Therapie sind, ist es jedoch notwendig, die Aufgabe des Therapeuten nicht zuletzt in der Auswahl einzelner, auf Klient und Situation abgestimmter Handlungen zu sehen. Da aber Handlungen immer zielgerichtet sind (vgl. Miller et al. 1960; von Cranach et al. 1980), der Therapeut also mit seinen Handlungen Intentionen verfolgt und auch die Entscheidung für oder gegen Handlungsalternativen immer nur im Hinblick auf ein bestimmtes Ziel sinnvoll sein kann (vgl. Fietkau 1976), ist für Forschung zu Entscheidungskriterien oder Interventionsregeln zur Ermöglichung eines angemessenen differentiellen Vorgehens die explizite Einbeziehung eines Zielkonzeptes unumgänglich. Hier ist es jedoch wichtig, zu beachten, daß die Art der Ziele sowie die Tatsache der Beeinflussung in der differentiellen Therapie nicht prinzipiell über die in der klassischen Theorie implizit vorhandene – und praktizierte – hinausgeht:
In der klientenzentrierten Therapie werden keine *inhaltlichen* Zielklassen aufgestellt, da Selbstaktualisierung die persönliche Zielsetzung durch den Klienten

impliziert (vgl. Baumann u. v. Wedel 1981; Tausch 1973). Es wird keine inhaltliche Lenkung des Klienten angestrebt, der Therapeut orientiert sich an den vom Klienten bereits explizierten Inhalten. Er bemüht sich lediglich, aus bereits vorhandenem Wissen über diese Inhalte sowie die Umgangsweisen des Klienten mit diesen Inhalten bestmögliche Handlungen, Interventionen, die den Klienten in seinem Prozeß unterstützen, abzuleiten. Die Interventionen haben immer den Charakter von Angeboten; sie sind nicht festschreibend, das heißt, der Klient hat jederzeit die Möglichkeit zur Ablehnung, zum Widerspruch (vgl. Maiwald u. Fiedler 1981). Sie beziehen sich auf die Bearbeitungsweisen des Klienten, berücksichtigen sowohl den Standort des Klienten in der jeweiligen Situation als auch den Weg zur Zielerreichung und sind so »prozessualer« oder »modaler« Art (vgl. Bastine 1981). Der Klient bleibt Experte für die Inhalte, der Therapeut für das Prozeßgeschehen (Gerl 1981). Darüber hinaus sollte der Therapeut »derjenige sein, der bestimmt, was in den Beziehungen geschehen soll« (van Kessel 1976), wie dies auch in der klassischen Theorie der Fall war.

Allein die Art der explizierten Ziele ist unterschiedlich: Während sich bei der Forschung zur differentiellen Vorgehensweise und zu konkreten Handlungen in Situationen aus der Betrachtung der langfristigen GT-Ziele notwendig kurzfristige Ziele (im Sinne unmittelbarer Veränderung bzw. Aufrechterhaltung bestimmter vom Klienten gezeigter Verhaltens- oder Erlebensweisen; vgl. Minsel 1974) ergeben, wird von seiten der klassischen GT immer nur das Mittel der Beziehung in Betracht gezogen.

Bereits die Tatsache eines Beziehungsangebots entspricht aber einem Versuch zur Zielerreichung und damit einer zielgerichteten Handlung/Intervention im Sinne einer Beeinflussungssituation, ganz abgesehen von der durchaus auch prozessualen Konzeption der VEE. Auch in der ursprünglichen GT-Konzeption sind Ziele also in jedem Moment vorhanden und wirksam. Der Unterschied zur differentiellen Therapie besteht nur darin, daß die Mittel zur Zielerreichung (jedenfalls konzeptionell) wesentlich stärker eingegrenzt sind: Während in erweiterten Ansätzen heute eine Fülle von Interventionsmöglichkeiten deutlich wird (Bastine 1981), beschränkt sich die klassische GT auf die Verwirklichung der Basisvariablen.

2.2.2 Differentielle Psychotherapie und adaptive Indikation

Aus dem Mangel der klassischen GT an klaren Handlungsanweisungen ergab sich in der therapeutischen Praxis eine Situation, die auf Dauer als kritisch zu bezeichnen ist. Therapeuten erkennen wohl die Relevanz und Zielgerichtetheit von Handlungen wie auch die Notwendigkeit von Erweiterungen für eine differentielle Therapie, setzen allerdings zum größten Teil nach eigenem Ermessen individuell verschiedene Verhaltensweisen ein, deren Effekte keineswegs überprüft sind (vgl. Howe 1980).

»Erfahrene Therapeuten verfügen über ein Verhaltensrepertoire, dessen sie sich in flexibler Weise auf den einzelnen Klienten abgestimmt bedienen. Allerdings fehlen bisher explizite Kriterien, bei welchen Klienten und zu welchem Zeitpunkt der Therapie welche Verhaltensweisen förderlich sind« (Minsel u. Langer 1973, S. 649; vgl. auch Minsel 1974; Mitchell u. Berenson 1970).

Durch erweiterte Ansätze mit dem Schwerpunkt auf Handlungen des Therapeuten und ihren Effekten wird jedoch eine Beantwortung gerade dieser Frage angestrebt, da sie in ganz anderer Weise als die ursprüngliche Haltungskonzeption auch die Situationen, in denen einem Klienten das Verstehen oder die Annahme eines Angebots und damit hohe Selbstexploration schwerfällt, berücksichtigen. Der Therapeut beschränkt sich nicht mehr darauf, an sich selbst wahrzunehmen, daß er die Basisvariablen schlechter verwirklichen kann, sondern bemüht sich *aktiv*, die Schwierigkeiten des Klienten zu erkennen und sich bestmöglich auf ihn einzustellen. Das geschieht, indem er nicht mehr die Verwirklichung der Variablen im Auge hat (therapeutenzentriert), sondern ein differentielles, auf den Klienten in seiner Situation abgestimmtes *Angebot* macht, das diesen unterstützen soll. Damit würde die Aufgabe des Therapeuten formuliert als Versuch,

- sich auf den Klienten einzustellen;
- empathisch zu erfassen, wie dieser mit seinen Gefühlen/Problemen umgeht, um dann genau an diesem Punkt anzusetzen;
- das therapeutische Verhalten in jeder konkreten Situation zu überprüfen und eventuell zu verändern.

Diese Beschreibung hebt sich deutlich ab von der Darstellung des therapeutischen Prozesses als »relativ uniformes« (Bommert 1987, S. 77), durch Verwirklichung der Basisvariablen gekennzeichnetes Geschehen (vgl. Biermann-Ratjen et al. 1989). Die Annahme der Homogenität von Klienten- und Therapeutengruppen sowie psychotherapeutischer Prozesse wird heute als »irrig« angesehen (vgl. Kiesler 1966, 1969, 1971; Bastine 1970a; Tausch 1973).

Im differentiellen Ansatz ist die zugrundeliegende Strategie nicht mehr die Auswahl geeigneter Klienten für ein im Grunde immer gleiches Angebot, das nur mal stärker, mal schwächer deutlich wird (selektive Strategie), sondern die Auswahl von Handlungen bzw. Anpassung des psychotherapeutischen Handelns an die inter- und intraindividuellen Bedingungen der Klienten im Sinne einer »adaptiven Indikationsstrategie« für jeden Klienten (Bastine 1981; Minsel 1975; Seidenstücker u. Baumann 1979; Zielke 1979; Howe 1982; Mempel, Müller u. Zielke 1980).

»Als verbindende Klammer sämtlicher therapeutischer Aktivitäten kann zwar nach wie vor das Eingehen des Psychotherapeuten auf den inneren Bezugsrahmen des Klienten festgestellt werden, die Art und Weise, wie dieses interne Therapieziel angesteuert wird, unterscheidet sich bei einzelnen Gesprächstherapeuten jedoch erheblich« (Bommert 1987, S. 178), so daß von einer Uniformität des Vorgehens in der Praxis tatsächlich keine Rede sein kann.

Auch aus den Erfordernissen der Praxis ist also eine explizite Modifikation der Haltungskonzeption Rogers' durch Betonung von Handlungen wesentlich, der dann notwendigerweise die Frage nach Erweiterung der Therapeutenmerkmale und die Frage nach differentiellem Vorgehen folgen (vgl. Sachse 1989c). Praktisch aber wurde schon immer eine Handlungskonzeption verfolgt (GwG 1976; Howe 1980). Tatsächlich zeigt sich sogar bei der Analyse der von Rogers selbst durchgeführten Therapien, daß es ihm durchaus nicht genügt, der dem Haltungskonzept entsprechenden Realisierung der Grundhaltungen durch immer gleiche Handlungen – denn handeln muß er notwendigerweise – zu entsprechen, sondern er handelt/interveniert deutlich differentiell, das heißt, er trägt der Verschiedenheit von Klienten und Situationen Rechnung (vgl. Pfeiffer 1975; Coulson 1983a, b).

2.2.3 Therapiekonzeption und praktisches Handeln: Die Situation der GT

Es ergibt sich insgesamt gesehen eine Situation, die gekennzeichnet ist durch starke Diskrepanzen zwischen den Erfordernissen der Praxis und tatsächlichem praktischen Vorgehen sowie darauf bezogenen Forschungsarbeiten einerseits und der dahinterstehenden Theorie andererseits. Sowohl Handlungen/Interventionen als auch Beeinflussungssituationen und damit Ziel- und Prozeßzielorientierung waren immer vorhanden, jedoch durch die grundlegend andere Betrachtungsweise nie explizit.

Aufgrund der Befunde, daß weder Basisvariablen noch »Beziehung« ausreichen, wurden Modifikationen der Theorie durch neue Modelle mehrfach versucht (vgl. Bommert 1973, 1975; Wexler 1974; Anderson 1974; Pfeiffer 1975; Perrez 1975; Tscheulin 1975; Martin 1972; Pavel 1985), wobei deutlich wird, wie vielfältig auch diese Ansätze mit Ausgangspunkt in praktisch-therapeutischen Überlegungen sind. Sie scheiterten jedoch nicht zuletzt am starken Widerstand der Anhänger der klassischen Richtung der GT, die den Therapieprozeß als »nicht zu zergliedernden Prozeß« auffassen (Biermann-Ratjen et al. 1989) und weitergehende Bemühungen zur Erfassung tatsächlich realisierter Einzeltätigkeiten, also Denkmodelle, die »den therapeutischen Prozeß als intersubjektiv variables Geschehen betrachten, als dem GT-Ansatz unangemessen zurückweisen« (Bommert 1987, S. 75). Eine weitere Verbreitung haben die Alternativmodelle daher bislang nicht erfahren.

Das völlige Außerachtlassen bzw. die Ablehnung der Handlungskomponente, das heißt, der konkreten Interventionen eines Therapeuten, welche allein ein differentielles Eingehen auf den Klienten möglich machen (wie dies z. B. von Auckenthaler 1983a, b, c; Biermann-Ratjen et al. 1989, vertreten wird), stellt jedoch laut Bommert (1987) eine wesentliche Behinderung klienten- und problemspezifischen Vorgehens dar. Er fordert, die Augen nicht vor der therapeutischen Realität und den dort gestellten Aufgaben zu verschließen, sondern eine angemessene Theorie zu konzipieren (S. 117).

Eine explizite Modifikation entspräche auch durchaus Rogers' Sichtweisen zur wissenschaftlichen Theorie und Forschung: »Theorien sollten niemals als etwas Endgültiges angesehen werden, so daß sie zu einem Dogma erstarren, sondern als fehlbare und veränderbare Ansätze betrachtet werden, die einen Anreiz zu weiterem Denken geben« (Rogers 1959b). Die »Haltungskonzeption« stellt jedoch unseres Erachtens eine inzwischen stark dogmatisierte und immunisierte Position dar (vgl. die Kritik bei Sachse 1986a, c, 1988b), die eine Weiterentwicklung der Gesprächspsychotherapie eher behindert als fördert. Im Gegensatz zur Haltungskonzeption betont eine Handlungskonzeption sehr stark die Bedeutung von (übergreifenden wie »molekularen«) Therapiezielen und der zielgerichteten Handlungen des Therapeuten. Es besteht innerhalb der erweiterten Konzeptionen durchaus Einigkeit darüber, daß Ziele/Prozeßziele für die Auswahl einzelner Interventionen im Therapieprozeß eine wesentliche Rolle spielen: »Sinn oder Unsinn therapeutischer Interventionen lassen sich nur aus den Zielen therapeutischen Handelns ableiten" (Fietkau 1976, S. 438; vgl. auch Baumann, Hecht u. Mackinger 1984; Bastine 1982; Tscheulin 1980). Allerdings sind diese Ziele oder Prozeßziele keineswegs einheitlich, wie aus der Verschiedenheit der Interventionen von Therapeut zu Therapeut deutlich wird (vgl. Bommert 1987).

Dieses Problem geht vor allem auf die mangelnde theoretische Ableitbarkeit der Ziele zurück. Zwar wird allgemein eine »Explizierung« von Erfahrungen durch den Klienten angestrebt, die Methoden zur Erreichung dieses Ziels und damit die Prozeßziele sind jedoch ohne eine Theorie des Explizierungsprozesses nicht erkennbar. Erst wenn eine Vorstellung über diesen Prozeß der Explizierung vorhanden ist, kann man auch den situationalen Aspekt, das heißt, den jeweiligen Bearbeitungsstand eines Klienten im Hinblick auf dieses Ziel erfassen und so differentiell zielgerichtet intervenieren. Sowohl die Frage, welche Ziele in einer jeweiligen Situation für einen Klienten mit welchen Inhalten und welchen Umgangsweisen geeignet sind, als auch die Frage, welche Methode/Interventionen für die Erreichung dieser Ziele optimal/erfolgversprechend sind, kann erst durch eine Betrachtung des Prozesses sinnvoll beantwortet werden (siehe dazu Kapitel 3).

2.2.4 Die Therapeut-Klient-Beziehung in einer Konzeption zielorientierten Handelns

Auch in einer handlungsorientierten GT muß die Therapeut-Klient-Beziehung als Grundlage einer therapeutischen Arbeit angesehen werden. Sie wird aber weder als Selbstzweck noch als das alleinige oder das in der Regel zentrale Agens der Therapie angesehen: Die therapeutische Arbeit geschieht *in* einer therapeutischen Beziehung, aber therapeutische Arbeit impliziert in der Regel mehr als den Aufbau und die Aufrechterhaltung einer therapeutischen Beziehung. Um Klienten optimal zu fördern, muß ein Therapeut mehr tun, als eine Beziehung herzustellen: Er muß »Bearbeitungsangebote innerhalb eines Beziehungsangebotes« machen (Sachse 1985, 1987a).

Die therapeutische Beziehung wird in diesem Ansatz als »Arbeitsgrundlage« angesehen; sie ist damit eindeutig *zielorientiert:* Ein wesentliches Ziel eines Beziehungsaufbaus und der Aufrechterhaltung einer therapeutischen Beziehung ist die Schaffung einer »Basis für therapeutische Arbeit« (vgl. Maiwald u. Fiedler 1981; Zimmer 1983b, c; Beck 1979). Beziehung ist demnach etwas vom Therapeuten »planmäßig« Gestaltetes, Eingesetztes, was keineswegs bedeutet, daß sie deshalb »unecht«, »fassadenhaft« o.ä. wäre oder sein dürfte: Daß ein Therapeut in der Beziehung zum Klienten echt ist, transparent ist, »er selbst ist«, darf nicht darüber hinwegtäuschen, daß es sich um eine »Zweckbeziehung«, um ein »Arbeitsbündnis« handelt und nicht um eine existentielle Begegnung auf höheren Seinsebenen. Die Ziele der therapeutischen Beziehung und ihre Charakteristika sollen nun behandelt werden.

Beziehung als Basisvoraussetzung einer therapeutischen Arbeit

Das erste und grundlegendste Ziel therapeutischen Handelns ist der Aufbau einer tragfähigen Beziehung, einer Arbeitsbeziehung (Linster 1980). Es muß eine Beziehung aufgebaut werden, in der es dem Klienten möglich ist, belastende Probleme anzusprechen, sich mit Inhalten zu beschäftigen, die für ihn unangenehm, das heißt, die für ihn selbst peinlich sind.

Die Beschäftigung gerade mit problematischen Inhalten ist eine Basisvoraussetzung therapeutischer Arbeit und sie ist zur Erreichung des Ziels der Klärung des inneren Bezugssystems unerläßlich. Eine Arbeit an solchen Inhalten setzt eine Beziehung voraus, in der der Klient dem Therapeuten vertrauen kann. Der Klient muß wissen, daß der Therapeut ihn nicht wegen der angesprochenen Inhalte ablehnt, ihn verurteilt, ihn mißachtet oder ihn in anderer Weise straft. Er muß sicher sein, daß das, was er mitteilt, nicht in irgendeiner Weise gegen ihn verwendet werden wird. Dies ist eine Basisvoraussetzung dafür, daß der Klient sich »öffnet«.

Zur Herstellung einer therapeutischen Beziehung, in der eine Klärung eigener Probleme/Inhalte möglich sein soll, ist es allerdings nicht nur nötig, daß *negative* Bewertungen von seiten des Therapeuten fehlen. Es muß in der Beziehung auch gewährleistet sein, daß der Klient nicht seine Inhalte selegiert in dem Sinne, daß er nur das bearbeitet, was dem Therapeuten gefällt, für das er »Lob« erhält. Der Klient muß daher erfahren, daß der Therapeut keine inhaltlichen Vorgaben macht, also nicht bestimmte Einstellungen, Verhaltensweisen als gut/wünschenswert/akzeptabel bewertet. Ein solches Eingreifen des Therapeuten im Sinne einer Bekräftigung von Inhalten kann lediglich dann sinnvoll sein, wenn das Ziel der Therapie z. B. darin liegt, Verhaltensweisen des Klienten aufzubauen usw. Das heißt, ein solches therapeutisches Handeln ist keineswegs grundsätzlich unangemessen. Es kann jedoch dem Ziel der Klärung entgegenwirken: Lobt oder bekräftigt der Therapeut bestimmte Inhalte und andere nicht, so kann das dazu führen, daß der Klient sich vornehmlich oder ausschließlich mit dem beschäftigt, was der Therapeut bekräftigt. Das wieder kann dazu führen, daß wichtige problematische Bereiche nicht mehr (ausreichend) behandelt werden können.

Die Bedingungen, die zu einer vertrauensvollen Arbeitsbeziehung zwischen Therapeut und Klient führen, werden vom Therapeuten durch die Realisierung der sog. Basisvariablen hergestellt. Um hier ein grundlegendes Mißverständnis zu vermeiden, ist es wichtig, zwischen Steuerung des Bearbeitungsprozesses und Bewertung von Inhalten zu unterscheiden. Eine wichtige Aufgabe des Therapeuten besteht darin, dem Klienten bei der Klärung seiner Inhalte zu helfen, das heißt, ihm Möglichkeiten und Wege anzubieten, wie er zur Klärung seines inneren Bezugssystems gelangen kann. Das kann auch beinhalten, daß der Therapeut erkennt, daß bestimmte Inhalte wichtige »Spuren« enthalten, die zu relevanten Annahmen des Klienten führen können und der Therapeut deshalb diese Spuren aufgreift (Sachse 1984). Damit macht der Therapeut jedoch dem Klienten nur ein Angebot, einer bestimmten eigenen Spur zu folgen, er versucht damit, den Klärungsprozeß des Klienten zu fördern. Damit wird ein bestimmter Inhalt aber nur als für eine weitere Klärung besonders relevant gekennzeichnet, nicht als richtig oder falsch, angemessen oder verwerflich, erwünscht oder unerwünscht bewertet.

Die Vermittlung neuer Erfahrungen durch die Therapeut-Klient-Beziehung

Bei manchen Klienten hat die Realisierung der Basisvariablen nicht nur das Ziel, eine tragfähige therapeutische Arbeitsbeziehung zu schaffen. Ihre Realisierung kann darüber hinaus das Ziel haben, dem Klienten innerhalb der Therapeut-Klient-Beziehung neue Erfahrungen zu vermitteln. Zum Beispiel kann dem

Klienten die Erfahrung vermittelt werden, anerkannt zu werden, die Erfahrung, verstanden zu werden und überhaupt verständlich zu sein usw. (vgl. Binder und Binder 1979). Es kann dem Klienten aber auch die Erfahrung vermittelt werden, daß der Therapeut ihn nicht ablehnt, wenn er bestimmte Interaktionsmuster realisiert (z. B. den Therapeuten kritisiert, dessen Kompetenz in Frage stellt oder ähnliches), und daß der Therapeut auch nicht auf Anforderungen seines Klienten eingeht (z. B. Bitte um Ratschläge, Beziehungsangebote usw.). Der Klient macht somit die Erfahrung, daß der Therapeut anders auf die Interaktionsmuster des Klienten reagiert als er es von Alltagsbeziehungen her gewöhnt ist (vgl. van Kessel 1976).

Natürlich sind solche Erfahrungen nicht für alle Klienten gleich wesentlich. Ob ein Klient z. B. von der Realisierung der Basisvariablen im Sinne einer Veränderung von Annahmen profitiert, hängt selbstverständlich von den konkreten Problemen des Klienten ab (z. B. ob ein Klient die Annahme hat, daß ihn keiner verstehen kann usw.). Ebenso benötigen nur solche Klienten neue Interaktionserfahrungen, die auch Interaktionsprobleme aufweisen. Bei einigen Klienten kann die therapeutische Beziehung einen »direkten Erfahrungswert« haben und nicht nur Arbeitsgrundlage für die Klärung eigener Inhalte sein (zur genaueren Diskussion, siehe Sachse 1987a).

Zur Realisierung der therapeutischen Beziehung

In der therapeutischen Beziehung geht es um die Probleme des Klienten, nicht um die des Therapeuten. Therapeut und Klient arbeiten gemeinsam an den Problemen des Klienten. Die Beziehung ist dabei notwendigerweise asymmetrisch. Die Rollen, die Therapeut und Klient einnehmen, sind nicht umkehrbar oder austauschbar. Sie dürfen dies auch nicht sein, da sonst der Klient als Therapeut für den Therapeuten aufträte. Die Effektivität der therapeutischen Beziehung gründet gerade darin, daß ausschließlich an den Problemen des Klienten gearbeitet wird. Die therapeutische Beziehung muß daher als ein Arbeitsbündnis verstanden werden, in das die beiden Beziehungspartner unterschiedliche Kompetenzen einbringen. Der Klient ist dabei Experte für seine Inhalte. Der Therapeut ist Experte für das Prozeßgeschehen, Experte dafür, wie der Klient konstruktiver als bisher mit seinen Inhalten, mit sich und anderen Personen umgehen kann (vgl. Gerl 1981; Sachse 1982). In der Arbeitsbeziehung schließt sich dieses »Expertenteam« zusammen, um gemeinsam an der Lösung der Klientenprobleme zu arbeiten.

Die oben beschriebenen Basisvariablen der GT, insbesondere Echtheit und Akzeptierung, sind wesentlich für die Herstellung der beschriebenen therapeutischen Arbeitsbeziehung und zur Vermittlung »korrigierender Beziehungserfahrungen« (vgl. hierzu: Truax u. Mitchell 1971; Minsel 1974; Linster 1980; Franke 1983; Bommert 1987). Wertschätzen und unbedingtes Akzeptieren des Klienten haben das Ziel, dem Klienten deutlich zu machen, daß er alle Inhalte bearbeiten kann, daß er nicht für die Äußerung von bestimmten Inhalten bestraft wird und daß er auch nicht unter dem Zwang steht, nur das zu sagen, was dem Therapeuten genehm ist. Dies soll beim Klienten das Vertrauen aufbauen, daß der Therapeut auch unangenehme und dem Klienten peinliche Inhalte annimmt, ohne ihm die Beziehung zu entziehen, und daß der Klient frei ist darin, was er behandeln will (vgl. Graessner u. Heinerth 1975).

Echtheit/Signalkongruenz des Therapeuten ist notwendig, da der Klient nur dann an die Akzeptierung des Therapeuten glauben kann, wenn er davon überzeugt sein kann, daß der Therapeut ihn tatsächlich nicht ablehnt, sich tatsächlich für ihn und seinen Klärungsprozeß interessiert usw. Hat der Klient hier Zweifel, vermutet er, daß der Therapeut in Wahrheit ganz anders über ihn denkt, wird sich das auf seine Bereitschaft, dem Therapeuten belastende persönliche Inhalte mitzuteilen, negativ auswirken. Echtheit des Therapeuten ist eine Voraussetzung dafür, daß der Klient den Therapeuten als glaubwürdig wahrnehmen kann, als jemanden, dem man vertrauen kann. In diesem Sinne ist Echtheit in der Tat die grundlegendste Bedingung einer therapeutischen Arbeitsbeziehung.

3 Das Konzept der Bearbeitung

In diesem Kapitel werden wir auf die Probleme des Meinens und Verstehens, auf den »Explizierungsprozeß« bei Klienten und auf die Bedeutung von »Bearbeitungsangeboten«, also von spezifischen, den Prozeß des Klienten steuernden Interventionen des Therapeuten eingehen. Diese Aspekte stellen unseres Erachtens die wesentlichen Variablen des vorgeschlagenen »heuristischen Modells« des Therapieprozesses dar.

3.1 Meinen und Verstehen in der Gesprächspsychotherapie

Wie faßt ein Klient das von ihm Gemeinte in Sprache? Wie »transportiert« er das Gemeinte so, daß der Therapeut dies nachvollziehen kann? Welche Schwierigkeiten und Probleme gibt es dabei? Wie kann ein Therapeut das vom Klienten Gemeinte verstehen? Was bedeutet verstehen und was nicht? Wie realisiert ein Therapeut »empathisches Verstehen«?
Ausgegangen wird hier von dem oben erwähnten wesentlichen Ziel der Gesprächspsychotherapie, der Explizierung des »inneren Bezugssystems«, das der Klient im Zuge der therapeutischen Arbeit besser verstehen soll. Dieses Ziel wird im Dialog zwischen Therapeut und Klient zu erreichen versucht; dazu sind Meinen und Verstehen zentral (vgl. Sachse 1988a, 1989b).

Ziele inhaltlicher Klärung: Explizierung des »inneren Bezugssystems« durch den Klienten

Ein wesentlicher, wenn nicht der wichtigste Zielbereich der GT ist es, dem Klienten bei der Klärung eigener Inhalte zu helfen. Das Ziel ist, daß der Klient sich über seine eigenen Anteile an seinen Problemen klar wird, daß er selbst versteht, warum etwas für ihn schwierig ist, warum ihm etwas Angst macht, warum er etwas tut oder nicht tut usw. Hier ist es besonders wesentlich, deutlich zu machen, daß GT bestimmte Zielangaben macht und damit auch nur den Anspruch hat, dem Klienten das Erreichen dieser Ziele zu ermöglichen/zu erleichtern. Das bedeutet auch, daß GT dann indiziert ist, wenn Klärung in diesem Sinne für einen Klienten ein sinnvolles Therapieziel ist. Damit ist es auch notwendig, daß GT nicht mehr den Anspruch erheben kann, für alle Klienten, für alle Probleme und Störungen usw. eine geeignete Therapieform zu sein (von der Möglichkeit der Herstellung einer tragfähigen Arbeitsbeziehung abgesehen, die für viele therapeutische Maßnahmen sehr sinnvoll ist). Der »Homogenitätsmythos« der GT muß vor allem in dieser Hinsicht überwunden werden (vgl. Kiesler 1966).

Auch kann sich nach der Klärung die Indikation für weitere/andere Maßnahmen ergeben. Zum Beispiel kann die Klärung zu der Erkenntnis führen, daß zu einer effektiven Problemlösung Methoden kognitiver Umstrukturierung notwendig sind. GT kann daher, so verstanden, als ein Therapiebaustein aufgefaßt werden, der je nach Erfordernissen des Klienten mit anderen Maßnahmen kombiniert werden muß (vgl. Franke 1983).

Zur Bedeutung der Klärung des inneren Bezugssystems
Theoretisch wird davon ausgegangen, daß der Klient zu bestimmten Inhaltsbereichen über Bedeutungsstrukturen (Herrmann 1972) verfügt. Der Begriff der »Bedeutungsstrukturen« soll hier weit gefaßt werden: »Bedeutungsstrukturen« zu einem bestimmten Inhaltsbereich enthalten nicht nur »Wissen«, das heißt, Informationen über Ereignisse, Situationen usw., sondern auch Annahmen, also Schlußfolgerungen, die die Person gezogen hat, Vermutungen, die sie anstellt (und vielleicht nie überprüft hat) und insbesondere emotional bedeutsame Anteile (Wertungen, Normen, Anliegen, emotionale Schemata: diese können zusammenfassend als »Wertungsdispositionen« bezeichnet werden; vgl. Kuhl 1983a). Wesentlich sind hier vor allem die Aspekte der Bedeutungsstruktur, die von persönlicher Relevanz sind, das heißt, diejenigen, deren Aktivierung zu Emotionen, Bewertungen, gefühlten Bedeutungen, Intentionen usw. führt. Nicht eine Annahme als solche macht dem Klienten Probleme, sondern ihre persönlich-emotionale Relevanz.

Dem Klienten können nun Teile seiner Bedeutungsstruktur (seines inneren Bezugssystems) in bezug auf bestimmte Inhaltsbereiche selbst nicht klar, nicht verständlich sein. Er kann z. B. bemerken, daß er hochgradig ehrgeizig ist, bestimmte Ziele verfolgt usw., ohne sagen zu können, was ihm daran so hochgradig wichtig ist. Er kann bemerken, daß es ihm schwerfällt, Kontakt zu anderen Personen aufzunehmen, ohne angeben zu können, was dies für ihn so schwer macht usw. Das heißt, er bemerkt zwar (und kann aus seinem Verhalten schließen), daß es bei ihm in bezug auf Situationen, Personen, Verhaltensweisen usw. bestimmte Annahmen, Werte usw. geben muß, die ihn zu etwas veranlassen oder die ihm etwas schwer machen. Er kann aber selbst nicht sagen, was dies für Annahmen sind.

Dazu zwei Beispiele:
Ein Klient sagt: »Ich besuche meine Eltern ab und zu, und das geht dann auch ganz gut. Aber wenn ich mich dann verabschiede, sagt meine Mutter, ich soll auf mich aufpassen, und sie schlägt dann mit dem Daumen ein Kreuz. Das macht mich dermaßen wütend, daß ich explodieren könnte. Ich weiß, daß sie es nur gut meint, aber sie regt mich trotzdem unheimlich auf.«
Der Klient beobachtet hier, daß er auf bestimmte Verhaltensweisen seiner Mutter sehr wütend reagiert, er weiß aber nicht warum, seine Reaktion ist ihm selbst nicht verständlich. Solange er nicht weiß, was bei ihm diese Wut hervorruft, kann er selbst wenig dagegen tun, er fühlt sich seinem eigenen Verhalten gegenüber hilflos.
Explizieren bedeutet herauszufinden, was für die Person problematisch ist, worauf das Problem zurückgeht; Explizieren bedeutet somit, sich das Problem bzw. »eigene Determinanten« des Problems selbst verständlich, verstehbar zu machen. So konnte der Klient im weiteren Verlauf der Therapie klären, daß es für ihn sehr wichtig ist, ernstgenommen und wie ein erwachsener Mensch behandelt zu werden, der selbst weiß und allein für sich bestimmen kann, was er tut, und dem zugetraut wird, das Richtige für sich zu tun. Durch

das Verhalten seiner Mutter fühlt er sich abgewertet, als jemand behandelt, um den man sich Sorgen machen muß, der nicht in der Lage ist, sein Leben selbst in die Hand zu nehmen. Erst nachdem dem Klienten dies deutlich war, konnte er ruhig mit seiner Mutter sprechen und auf diese Weise erfahren, was die Mutter tatsächlich zu ihrem Verhalten veranlaßte. Vorher war er durch seine eigene Wut so blockiert, daß er sich nur so schnell wie möglich verabschieden konnte, um nicht »zu explodieren«. In diesem Klärungsprozeß konnte der Klient seine Ziele selbst verstehen, »Zugang« zu ihnen gewinnen und damit auch verstehen, warum er so aufgebracht auf die Handlungen seiner Mutter reagiert. Damit löst sich auch dieser »Reaktions-Automatismus«, der Klient kann nun anders handeln.

Eine Klientin sagte über ihren Schwiegervater: »Ich fühl mich meinen Schwiegereltern gegenüber völlig befangen. Mein Schwiegervater lädt mich häufig zum Kaffeetrinken ein, und ich hab auch Lust, hinzugehen. Aber wenn es dann soweit ist, hab ich ein ganz komisches Gefühl, ich fühl mich ganz unbehaglich und würde am liebsten absagen. Aber die beiden sind ganz nett, ich möchte sie auch nicht vor den Kopf stoßen. Irgendwas stört mich, und es ärgert mich, daß ich das nicht klarkriege.«

Auch hier bemerkt die Klientin an ihrem eigenen Verhalten, daß für sie ein Problem vorliegt, sie kann aber nicht sagen, was das Problem für sie genau ist. Die Klientin erkannte in der weiteren Therapie, daß sie bisher nicht in der Lage war, mit ihrem Schwiegervater unbefangen umzugehen, insbesondere, ihm ihre Zuneigung zu zeigen, aus der Befürchtung heraus, dieser könnte das als »Annäherung« mißverstehen und darauf mit Ablehnung reagieren. Ihre grundlegende Annahme war: »Wenn ich jemandem zu nahe trete, wird der mich ablehnen.« Erst als der Klientin dies deutlich war, konnte sie erkennen, daß diese Annahme in bezug auf ihren Schwiegervater unbegründet war und sich ihm gegenüber unbefangen verhalten. Dies illustriert, daß Annahmen erst dann prüfbar und damit korrigierbar sind, wenn sie expliziert sind, wenn die Klientin selbst weiß, was für eine Annahme wirksam ist, wenn die vorher implizierte Annahme »kognitiv repräsentiert« ist. Solange das aber nicht der Fall ist, kann die Annahme nicht geprüft, nicht hinterfragt, nicht korrigiert werden; Alternativen dazu sind nicht entwickelbar.

Die Explizierung von Aspekten der Bedeutungsstruktur des Klienten kann sich therapeutisch in zweifacher Weise positiv auswirken:

1. Der Klient kann dadurch, daß ihm nun Aspekte seines kognitiven Systems deutlich sind, Problemlösungen erarbeiten, die so lange gar nicht möglich waren, wie er die »Beweggründe seines Handelns«, seine Annahmen, nicht kannte. Das Problem nicht zu verstehen, heißt oft auch, keine effektiven Lösungen dafür erarbeiten zu können. Sind dagegen relevante Aspekte der Bedeutungsstruktur expliziert, kann der Klient auch an Lösungen arbeiten, die die tatsächlichen Gegebenheiten seiner kognitiven Struktur, seiner Bedeutungsstruktur berücksichtigen.

   Man kann annehmen, daß die Klärung/Explizierung eigener, das Problem mit-determinierender Annahmen, Werte usw. bedeutet, daß eine umfassende Problemdefinition geschaffen werden kann: Wesentliche Determinanten des Problems sind deutlich, können in weitere Lösungsbemühungen einbezogen werden. Werden diese Determinanten nicht geklärt, dann wird mit einer unzureichenden Problemdefinition gearbeitet: Darauf aufbauende Lösungswege müssen notwendigerweise zu kurz greifen.

2. Die Explizierung von Aspekten der Bedeutungsstruktur kann diese selbst verändern, kann zu einer sogenannten »kognitiven Umstrukturierung« führen (vgl. Mahony 1977; Beck 1979; Beck u. Greenberg 1979; Beck et al. 1981; Sachse u. Musial 1981). Herrmann (1972, S. 55) vermutet, daß durch ein

Nachdenken, durch einen Klärungsprozeß häufig neue Bedeutungselemente auftauchen, die der Bedeutungsstruktur dann angelagert werden und diese verändern. Es können Bedeutungselemente aus dem Gedächtnis aktiviert (oder vom Therapeuten deutlich gemacht) werden, die der Bedeutungsstruktur angelagert werden und dann praktisch eine neue Bedeutungsstruktur konstituieren. Der Klient kann auch erkennen, daß bestimmte Annahmen unsinnig oder unbegründet sind, daß Zusammenhänge, die er sieht, nicht stimmig sind oder er stellt Zusammenhänge her, die er bisher gar nicht gesehen hat. Durch diese kognitiven Prozesse wird die alte Bedeutungsstruktur verändert, es kommt zu einer »Umstrukturierung«.

Aus dem oben Gesagten wird deutlich, daß es bei einer Explizierung von Aspekten einer Bedeutungsstruktur nicht um die Klärung solcher Aspekte geht, die gar keine Emotionen auslösen oder mit Gefühlen im Zusammenhang stehen, denn diese sind für die Person und damit für ein Problem irrelevant. Dagegen ist die Klärung solcher Aspekte, die zu emotionalen Reaktionen führen, von zentraler Bedeutung: Diese Aspekte weisen eine hohe Problemrelevanz auf. Emotionen sind somit in bezug auf den Klärungsprozeß von großer Bedeutung, da sie auf Inhalte hinweisen, deren weitere Klärung therapeutisch wesentlich ist.

Ziel des empathischen Verstehens: Unterstützung des Klienten in seinem Klärungsprozeß

Empathisches Verstehen des Klienten durch den Therapeuten ist kein Selbstzweck, sondern hat das Ziel, den Klienten in seinem eigenen Klärungsprozeß zu unterstützen. Der Therapeut soll hier dem Klienten durch sein Verstehen helfen, sein »inneres Bezugssystem« selbst besser zu verstehen. Der Therapeut muß den Klienten deshalb möglichst genau verstehen, damit er die Möglichkeit hat, das Selbstverstehen des Klienten zu fördern.

Der Begriff des Verstehens

Bevor es möglich ist, sich zentralen Fragen der GT zuzuwenden, der praktischen Realisation von empathischem Verstehen, ist es notwendig, sich mit dem Begriff des »Verstehens« auseinanderzusetzen. Dies ist deshalb erforderlich, weil »Verstehen« sonst leicht wieder als »Verbalisierung emotionaler Erlebnisinhalte« mißverstanden und verkürzt werden kann. Zur Klärung des Begriffs Verstehen helfen insbesondere neuere Konzepte der psychologischen Semantik weiter. Hörmann (1976) macht deutlich, daß es beim Verstehen darum geht, das vom Sprecher Gemeinte zu verstehen. Das Gesagte und Gemeinte sind nicht identisch; der Sprecher meint in der Regel mehr, als er explizit sagt. Er kann auch etwas Bestimmtes sagen, aber etwas anderes meinen. Die für die Therapeuten hier wesentliche Frage ist: Was meint der Klient mit dem, was er sagt? Herrmann (1982) hat ein Modell der Sprachproduktion entwickelt. Er geht davon aus, daß die Produktion von Aussagen in mehreren Stufen erfolgt:

- Von ihrem gesamten »Wissen«, auch von ihren problemrelevanten Bedeutungsstrukturen, ist der Person immer nur ein Teil bewußt oder »fokal gegeben« (im Gedächtnis aktiviert).

- Das, was der Person an Wissen, aber auch an Intentionen im Augenblick gegeben ist, was auch grundsätzlich »versprachlicht« werden kann, ist das, was die Person aktuell meint. Herrmann (1982) bezeichnet das als die »propositionale Basis« einer Äußerung.
  Obwohl die propositionale Basis (PB) nur einen (kleinen) Teil des gesamten »Wissens« der Person darstellt, kann sie bereits sehr komplex sein: Die Person kann viele Aspekte gleichzeitig meinen: Sie hat bestimmte Inhaltspunkte gegeben (z. B. eine Episode eines Ehekrachs), sie hat bestimmte Intentionen (z. B. den Therapeuten als Verbündeten zu gewinnnen), sie schätzt ab, wie die Wirkung einer Aussage sein könnte (wie der Therapeut darauf reagiert, ob er verärgert ist o. ä.) und vieles mehr. Diese komplexe PB kann gar nicht vollständig in Sprache umgesetzt werden (und vieles will ein Sprecher auch gar nicht versprachlichen).
- Ein Sprecher trifft daher aus dem komplexen Gemeinten immer eine Auswahl, er bildet einen »semantischen Input« (SI): Dieser semantische Input enthält Aspekte, die der Klient versprachlichen, dem Hörer mitteilen will. Der SI ist damit eine »Auswahl« (wahrscheinlich auch schon eine »zensierte Auswahl«) aus dem Gemeinten.
- Dieser semantische Input (der selbst noch nicht als etwas Sprachliches, sondern als etwas Kognitives aufgefaßt wird) muß dann »in Sprache encodiert« werden: Das, was der Sprecher bereitgestellt hat (SI) wird dann in bestimmte Worte gefaßt (lexikalisch encodiert), in eine bestimmte grammatikalische Form gebracht (grammatikalisch encodiert) und mit einer Betonungs- und Pausen-Struktur ausgestattet (prosodisch encodiert). (Auf die Probleme des »Codier«-Begriffs soll hier nicht näher eingegangen werden; vgl. dazu Hörmann 1983).
- Ergebnis dieses Prozesses ist die Äußerung des Klienten, die vom Therapeuten wahrgenommen und verarbeitet werden kann.

Der Hörer, in der Therapiesituation der Therapeut, hat nun, wenn er den Sprecher verstehen will, die Aufgabe, von der Äußerung des Sprechers auf dessen propositionale Basis zu schließen, das heißt, er muß aus dem, was der Sprecher sagt, auf das schließen, was dieser meint. Der Hörer hat das Gemeinte dann, und nur dann, verstanden, wenn er die propositionale Basis, das vom Sprecher Gemeinte, wenigstens in Annäherung rekonstruiert. So kann der Hörer z. B. aus einer Aussage über die Ehefrau rekonstruieren: »Eigentlich ist sie ganz nett.« »Eigentlich« heißt, sie ist nicht nur nett, es muß noch etwas Negatives geben. »Ganz« nett ist hier die Einschränkung. Der Hörer weiß, daß die Stellung des Mannes zu seiner Ehefrau nicht eindeutig positiv ist, das Positive wird abgeschwächt; es scheint auch noch negative Einschätzungen der Ehefrau gegenüber zu geben. Damit hat der Hörer aus einer Fünf-Wort-Aussage einiges über die propositionale Basis des Sprechers in bezug auf seine Ehefrau rekonstruiert.

Hörer rekonstruieren folglich aus der gehörten Mitteilung nicht nur das Gesagte, sondern sie rekonstruieren daraus in Annäherung die propositionale Basis, um das Gemeinte verstehen zu können. Daß ein Therapeut nicht nur verstehen kann, was ein Klient sagt, sondern verstehen kann, was ein Klient meint (und damit unterschiedlich »oberflächlich« verstehen kann), wird im folgenden an Beispielen erläutert. Das, was von der propositionalen Basis in das Gesagte eingeht, hängt jeweils von einer Reihe von Faktoren ab: Von der jeweiligen Situation, von dem, was bisher gesagt worden ist, davon, ob der Sprecher etwas Bestimmtes offenlegen möchte oder nicht, ob er einen bestimmten Eindruck machen möchte; davon, ob der Sprecher vermutet, daß der Hörer bereits etwas weiß oder nicht (Olsen 1970), von Annahmen des Sprechers, daß bestimmte

Dinge »ohnehin klar« sind und deshalb nicht mehr geäußert werden müssen. Der Hörer (Therapeut) kann nur von dem Gesagten auf das Gemeinte schließen, wenn er diese Voraussetzungen, die der Sprecher macht, ebenfalls (zumindest zum Teil) mitverstehen kann (vgl. Sachse 1988a, 1989b).

Verstehen und Sinnerfassen

Hörmann (1976) unterscheidet zwischen »Verstehen« und »Sinnerfassen«. Er definiert Verstehen im Hinblick auf den Sprecher: Der Sprecher äußert etwas, das vom Hörer paraphrasiert, das heißt, in anderen (eigenen) Worten wiedergegeben wird. Der Sprecher kann diese Paraphrase beurteilen und entscheiden, ob er richtig verstanden worden ist. »Verstehen« liegt dann vor, wenn der Sprecher die Paraphrase akzeptiert hat. Sinnerfassen bedeutet, daß der Hörer (irgendeinen) Sinn in der Aussage des Sprechers findet. Der Hörer wird immer versuchen, dem Gehörten irgendeinen Sinn zu verleihen.
Dabei kann der Hörer jedoch weit von dem abweichen, was der Sprecher eigentlich gemeint hat. Der Hörer kann z. B. den Sinn allein aufgrund seiner eigenen Voraussetzungen und Annahmen konstruieren und sich so stark vom Sprecher entfernen. Er kann Vermutungen und Hypothesen über das anstellen, was der Sprecher gemeint haben könnte, ohne sich dabei sicher zu sein, ob der Sprecher dies auch wirklich gemeint hat. Verstehen impliziert dagegen immer, den anderen, dessen Meinen zu verstehen und bedeutet nach Hörmann immer eine Validierung durch den Sprecher. Das heißt, von Verstehen kann man in diesem Sinne erst sprechen, wenn der Sprecher sich auch verstanden fühlt. Was Hörmann hier betont, ist genau das, was in der GT mit empathischem Verstehen gemeint ist: Der Hörer (Therapeut) soll verstehen, was der Sprecher (Klient) meint, er soll das Gesagte aus den Voraussetzungen des Sprechers heraus verstehen. Verstehen heißt, den inneren Bezugsrahmen des Sprechers (Klienten) zu verstehen.
Problematisch ist in dieser Konzeption allerdings, den Sprecher (Klienten) zur Validierung des Verstehens heranzuziehen, die Rückmeldung des Klienten, er fühle sich verstanden, zum alleinigen Kriterium des Verstehens zu erheben. Der Grund für diese Problematik, die in der Therapie besonders gravierend ist, wird auch von Herrmann (1982) deutlich gemacht: Ein Sprecher kann sich sehr wohl verstanden fühlen, aber aus bestimmten Gründen gerade dies verneinen. So kann es ihm z. B. peinlich oder unangenehm sein, daß der Hörer bestimmte Inhalte verstanden hat, die der Sprecher (noch) nicht offenlegen wollte oder sich auch selbst nicht zugestehen will. In diesem Fall widerspricht ein Klient dem Therapeuten und signalisiert, der Therapeut habe ihn falsch verstanden, obwohl (und gerade weil) der Therapeut ihn sehr genau verstanden hat. Umgekehrt kann es auch vorkommen, daß der Klient signalisiert, der Therapeut habe ihn genau verstanden, obwohl (und gerade weil) dieser ihn völlig mißverstanden hat: Der Eindruck, den der Klient durch eine bestimmte Aussage beim Therapeuten erweckt hat, kann ihm gerade angenehm sein, das Mißverständnis kann bedeuten, daß peinliche Inhalte gerade nicht zur Sprache gekommen sind und der Klient dagegen einen »guten Eindruck gemacht hat« (Sachse 1987a). Aus diesem Grunde ist die Rückmeldung des Sprechers (Klienten), er fühle sich vom Therapeuten verstanden, unter Umständen gerade nicht valide und kann kei-

neswegs als das alleinige Kriterium für richtiges Verstehen herangezogen werden.
Ein anderes Kriterium ist hier von größerer Bedeutung: Die Frage, ob das, was der Hörer (Therapeut) paraphrasiert hat, aus dem ableitbar/nachvollziehbar ist, was der Sprecher (Klient) verbal und nonverbal im Augenblick oder früher mitgeteilt hat (zur ausführlichen Diskussion der Prozesse des Meinens und Verstehens in der GT siehe Sachse 1988a).

Probleme bei der Rekonstruktion des Gemeinten

Hörmann (1976) und Herrmann (1982) machen noch auf einen wesentlichen Aspekt des Verstehens aufmerksam: Der Hörer rekonstruiert das Gemeinte des Sprechers immer mit Hilfe seiner eigenen Wissensbestände, seiner eigenen Annahmen usw. In diese Paraphrase des Hörers gehen, schon durch die andere Wortwahl, die der Hörer verwendet, durch andere Betonung, Satzstellung usw. Annahmen des Hörers mit ein. Verstehen heißt somit nicht, daß das Gemeinte des Sprechers einfach »beim Hörer abgebildet« wird. Das Gemeinte wird vielmehr vom Hörer unter Einbezug eigenen Wissens rekonstruiert. Darin besteht gleichermaßen ein wesentliches therapeutisches Potential von Verstehen wie eine wesentliche Gefahr des Mißverstehens. Das therapeutische Potential besteht darin, daß der Therapeut dem Klienten gerade durch eine Paraphrase, das heißt, durch eine leichte Veränderung der Klientenaussage, neue Aspekte erschließen kann, ihn auf etwas aufmerksam machen kann, ihm etwas deutlich machen kann usw. Dadurch, daß der Therapeut das vom Klienten Mitgeteilte verarbeitet, kann er ihm Zusammenhänge aufzeigen, die diesem entgangen sind, ihn auf existierende Widerstände aufmerksam machen, wodurch dem Klienten Wesentliches deutlich werden kann (vgl. Sachse u. Musial 1981; Sachse 1982, 1984, 1989b).
Durch die Verarbeitung besteht allerdings auch die (prinzipiell nie zu vermeidende) Gefahr, daß der Therapeut sich vom Verstehen der Bedeutungsstrukturen des Klienten, also von dem, was der Klient meint, wegbewegt, daß der Therapeut den Klienten somit nicht aus dessen Voraussetzungen (die er zu rekonstruieren versucht), sondern aus seinen eigenen Voraussetzungen heraus versteht. Daher ist das Kriterium sehr wichtig, daß das, was der Therapeut paraphrasiert, aus dem ableitbar sein muß, was der Klient gesagt hat. *Die vom Therapeuten vorgenommene Rekonstruktion muß belegbar sein* (an den »Daten«, nicht durch »a-priori-Theorien«). Nur dann kann man davon ausgehen, daß die vom Therapeuten verwendeten eigenen Wissensbestände lediglich dazu benutzt wurden, die propositionale Basis und damit letztlich die Bedeutungsstruktur des Klienten zu rekonstruieren (also den Klienten aus dessen Voraussetzungen heraus verstehen) und nicht um die Bedeutungsstrukturen des Therapeuten wiederzugeben (zur genaueren Diskussion dieser Probleme siehe Sachse 1989b).
Dabei ist auch ein weiterer Aspekt wesentlich: Die Probleme des »emotionalen Verstehens«. Es gibt in der GT eine Vorstellung, die (ähnlich einer Konzeption von Gegenübertragung in der Psychoanalyse, vgl. Wolpert 1980) besagt, daß ein Therapeut einen Klienten am besten dadurch verstehen kann, daß er sich auf seine eigenen, vom Klienten bei ihm ausgelösten emotionalen Reaktionen konzentriert und diese (kongruent) wahrnimmt: Diese eigenen

Reaktionen sagen dann Wesentliches über den Klienten aus (vgl. Biermann-Ratjen et al. 1989; Hartmann 1985a, b, 1986; Zurhorst 1988). Betrachtet man die so gewonnenen »Erkenntnisse« als Hypothesen, die am Klientenmaterial geprüft werden, so kann dieses Vorgehen (im Sinne einer Heuristik) durchaus sinnvoll sein. Prüft man die so gewonnenen Hypothesen aber nicht am Klientenmaterial, sondern *hält man die eigenen Reaktionen für eine an sich valide Informationsquelle über den Klienten,* dann befindet man sich völlig im Bereich des Sinnerfassens und nicht des Verstehens: Die Gefahr, daß der Therapeut hierbei seine eigenen »Bedeutungsstrukturen« auf den Klienten »projiziert«, ohne dies zu bemerken, ist dann besonders groß: In diesem Fall kann aber von Verstehen gerade nicht gesprochen werden.

(In diesem Sinne ermöglichen u.E. die von Hartmann (1985a, b; 1986) vorgeschlagenen Vorgehensweisen, mit denen der Therapeut das »Ichsein« des Klienten zu erfassen sucht, entgegen der Annahme des Autors, gerade *kein* Verstehen des Klienten, sondern sie führen zu unvaliden Schlüssen, von denen der Therapeut dann aber subjektiv hochgradig überzeugt ist. Ein solches Vorgehen ist, wie wir glauben, in sehr extremem Ausmaß »therapeutenzentriert«.)

Die Realisation des empathischen Verstehens

Aus den zwei Aufgaben, die an den Therapeuten gestellt sind, Verstehen des »inneren Bezugssystems« des Klienten und, aufgrund dessen, durch seine Äußerungen das Selbstverstehen des Klienten zu fördern, ergeben sich eine Reihe von Handlungsmöglichkeiten für den Therapeuten.

- Der Therapeut sollte erst dann etwas äußern, wenn er etwas von der propositionalen Basis des Klienten, vom Gemeinten verstanden hat. Das bedeutet, daß es oft, vor allem in Anfangskontakten, unsinnig ist, sehr schnell etwas zu sagen. Um etwas zu verstehen, benötigt der Therapeut Informationen vom Klienten. Er muß dem Klienten also (immer wieder) Gelegenheit geben, etwas mitzuteilen und dies z. B. dadurch fördern, daß er ein aktives Zuhören signalisiert (durch »hm«, »ja«, durch Nicken usw., so daß der Klient weiß, daß der Therapeut »dabei ist«).
Dies bedeutet natürlich nicht, daß der Therapeut am Anfang der Therapie nichts verstehen kann. Doch wird sein Verstehen um so »oberflächlicher« sein, je weniger er über das innere Bezugssystem des Klienten weiß. In manchen Fällen kann der Therapeut bereits nach wenigen Aussagen des Klienten etwas Wichtiges verstehen, das heißt, er kann einen kleinen Abschnitt des Bezugssystems rekonstruieren. Dieses Verstehen wird sich aber in jedem Fall erweitern und sehr oft auch verändern, je mehr der Therapeut vom Klienten erfährt.

- Verstehen des Therapeuten braucht nicht nur Zeit, es läßt sich auch nicht erzwingen. Der Therapeut muß vielmehr *Verstehen entstehen lassen,* er muß sich selbst Zeit lassen zu verstehen, was ein Klient meint, was dem Klienten wichtig ist, was der Klient ihm mitteilen will. Der Therapeut sollte sich hier nicht unter Druck setzen, in kurzer Zeit nicht nur Wesentliches, sondern möglichst auch noch »das Wesentliche«, »den Kern« verstanden zu haben. Regeln der Art, möglichst früh, möglichst schnell und oft »in das Gespräch einzugreifen«, sind hier wenig hilfreich; sie haben eher zur Folge, daß die Aussagen des Therapeuten oberflächlich und trivial werden. Vielmehr sollte der Therapeut dann etwas äußern, wenn er etwas von dem verstanden hat, was der Klient meint, und wenn er dem Klienten mit dieser Aussage in seinem Verstehensprozeß weiterhelfen kann. Dies kann sehr schnell der Fall sein, wenn der Klient sofort

Wesentliches bearbeitet. Ob es aber der Fall ist, hängt nicht von einer abstrakten (und damit wenig klientenzentrierten) Regel ab, sondern davon, was der Therapeut aktuell bei seinem Klienten verstanden hat.
• Die Aussage des Therapeuten kann und sollte möglichst kurz sein, damit der Klient möglichst wenig von seinem eigenen Klärungsprozeß abgelenkt wird. Der Klient soll sich nicht mit den Äußerungen des Therapeuten befassen müssen, sondern diese sollen den Klienten in seinem eigenen Prozeß unterstützen. Meist kann der Therapeut auch kurze Aussagen machen, weil sich das, was der Klient meint, in der Regel kurz und prägnant fassen läßt. Nur in manchen Fällen (z. B. bei der Klärung komplexer Zusammenhänge) ist es nötig, daß der Therapeut längere Aussagen verwendet.

Verarbeitungsmodi des Therapeuten

Der Klient soll selbst sein Verstehen des eigenen inneren Bezugssystems erweitern und seine Bedeutungsstrukturen besser verstehen. Das bedeutet, daß dem Klienten zunächst bestimmte Aspekte seines inneren Bezugssystems im Hinblick auf ein bestimmtes Problem selbst noch nicht völlig klar sind. Der Therapeut kann dem Klienten in diesem Fall prinzipiell in zweifacher Weise bei der Klärung helfen. Dabei muß er die vom Klienten erhaltene Information in unterschiedlicher Weise verarbeiten; er muß seine Aufmerksamkeit unterschiedlich ausrichten, das heißt, er wendet unterschiedliche »Verarbeitungsmodi« an. Im ersten Fall, dem »synthetischen Verarbeitungsmodus«, versucht der Therapeut, die erhaltene Information zu »synthetisieren«, Zusammenhänge zu erkennen usw. Im zweiten Fall, dem »analytischen Verarbeitungsmodus«, versucht der Therapeut, die erhaltene Information danach zu analysieren, was noch nicht verstehbar ist, was noch fehlt.

»*Synthetischer Verarbeitungsmodus*«: Der Therapeut geht von dem aus, was bereits verstehbar ist, und teilt dem Klienten das Verstandene mit. Auch dadurch können dem Klienten bereits neue Aspekte deutlich werden, insbesondere, wenn der Therapeut das verbalisiert, was zwar verstehbar, aber vom Klienten noch nicht explizit ausgesprochen worden ist (Rogers bezeichnet dies als »Verbalisieren dessen, was an der Grenze des Gewahrwerdens ist«; Rogers 1976; Rogers u. Wood 1974). Dies kann an einem Beispiel demonstriert werden. Hier kann man zeigen, was direkt verstehbar ist aus dem, was ein Klient sagt, und darüber hinaus, was ein Klient zwar nicht direkt ausspricht, was er aber meint.

Eine Klientin sagt: »Und zwar stelle ich fest, daß ich auch mit zunehmendem Alter nicht, nicht richtig damit umgehen kann. Ich, ich merk, daß ich unheimliche Aggressionen gegen meine Mutter entwickel, und zwar, weil ich den Eindruck habe, sie kann es nicht akzeptieren, daß ich irgendwo erwachsen und selbständig bin. Sie versucht mich also immer noch so in der Rolle des abhängigen Kindes zu sehen. Dann passieren oft so Lächerlichkeiten, wo ich plötzlich merke, daß ich ausflippe. Sie braucht mich nur zu fragen: Wann kommst Du nach Hause?, dann brennt bei mir die Sicherung durch, und ich sag irgendwelche Unfreundlichkeiten.«
Was die Klientin hier direkt gesagt hat, ist:
• Ich kann auch mit zunehmendem Alter mit etwas nicht umgehen. Dies betrifft die Art, wie meine Mutter mich behandelt.
• Ich merke, daß ich unheimliche Aggressionen gegen meine Mutter entwickle.
• Dies deshalb, weil ich den Eindruck habe, daß sie nicht akzeptieren kann, daß ich erwachsen und selbständig bin.

- Ich glaube, sie versucht, mich in der Rolle des abhängigen Kindes zu sehen.
- Ich flippe oft wegen Lächerlichkeiten aus.
- Wenn sie mich fragt, wann ich nach Hause komme, werde ich wütend.

Auf dieses Verständnis kann sich eine therapeutische Äußerung gründen. Zum Beispiel könnte der Therapeut sagen: »Sie merken, daß Sie unheimlich wütend auf ihre Mutter sind.« Die Verbalisierung bleibt eng an dem, was die Klientin gesagt hat, das heißt, der Therapeut kommuniziert nur ein Verständnis dessen, was die Klientin *sagt*.

Der Therapeut kann jedoch in seinem Verständnis noch weiter gehen und auch verstehen, was die Klientin zwar nicht explizit sagt, aber mit hoher Wahrscheinlichkeit *meint*. Das, was mit hoher Wahrscheinlichkeit aus dem Gesagten erschließbar ist, ist z. B.:

- Ich würde eigentlich von mir erwarten, daß ich in meinem Alter damit umgehen kann.
- Ich will, daß meine Mutter endlich akzeptiert, daß ich erwachsen und selbständig bin.
- Ich will nicht in der Rolle des abhängigen Kindes gesehen werden.
- Ich würde eigentlich von mir erwarten, daß ich nicht ausflippe.
- Ich bin sehr empfindlich dagegen, von meiner Mutter als abhängiges Kind behandelt zu werden.

Dieses Verständnis nutzend, könnte der Therapeut z. B. formulieren: »Sie wollen, daß ihre Mutter endlich akzeptiert, daß Sie erwachsen und selbständig sind.« Der Therapeut geht hier über das hinaus, was die Klientin sagt, er verbalisiert, was die Klientin meint.

»*Analytischer Verarbeitungsmodus*«: Der Therapeut stellt, von dem ausgehend, was bereits verstehbar ist, fest, welche Aspekte noch nicht geklärt sind. Hier geht er davon aus, daß der Klient, der eine Aussage macht, viele Teile seiner Bedeutungsstrukturen nicht in Sprache umsetzt, ja zum Teil nicht einmal »fokal gegeben« hat. Dennoch gehen viele Aspekte, die nicht genannt werden, als Voraussetzungen in die Aussage ein, sind als Implikationen in der Aussage enthalten. Diese Voraussetzungen sind jedoch aus dem Text nicht ableitbar. Man kann am Text lediglich sehen, daß in ihn Voraussetzungen eingegangen sind, aber nicht, welche das sind.

Das heißt, man kann aus dem Text Fragen zu den Voraussetzungen ableiten, kann diese aber noch nicht aus dem Text heraus beantworten (man kann sozusagen »in die Implikationsstruktur hineinfragen«).

Der Therapeut kann sich also fragen: Welche Fragen kann ich an den Text stellen, die sich aus dem, was ich über die Bedeutungsstrukturen des Klienten weiß, noch nicht beantworten lassen? Diese Fragen führen zu »Spuren«, zu Inhaltsaspekten, die noch weiter erklärt werden könnten. Eine Verfolgung dieser Spuren und die Beantwortung dieser Fragen kann das Verständnis der Bedeutungsstrukturen erweitern (vgl. Sachse 1984).

Dies kann man an dem obigen Beispieltext verdeutlichen. Man kann hier versuchen, Fragen an den Text zu stellen, also Fragen zu stellen nach dem, was der Text zwar andeutet, aber nicht erläutert. Zum Beispiel kann man fragen:

- Was würde »richtig damit umgehen« andeuten? Wie möchte die Klientin damit umgehen können?
- Was bedeutet konkret »unheimliche Aggressionen entwickeln«? Was geht dann in ihr vor?
- Was macht sie so aggressiv daran, daß ihre Mutter sich so verhält? Wieso kann sie darauf nicht gelassen reagieren? Was ist mit ihr, daß sie gerade aggressiv und nicht anders reagiert?

- Woraus leitet sie den Eindruck ab, daß ihre Mutter sie nicht akzeptieren kann? Vermutet sie das nur? Woran macht sie das fest?
- Was macht das für sie so schlimm, von ihrer Mutter in der Rolle des abhängigen Kindes gesehen zu werden?
- Wenn sie die Ereignisse als »Lächerlichkeiten« bewertet, was veranlaßt sie, trotzdem »auszuflippen«? Was ist es bei ihr, das sie so reagieren läßt? Was ist für sie so schlimm an der Frage: »Wann kommst Du nach Hause«?

Alle diese Fragen lassen sich aus dem vorliegenden Text nicht beantworten, das heißt, die propositionale Basis (und damit die Bedeutungsstruktur) der Klientin ist an diesen Stellen noch nicht klar, noch nicht ausreichend verstehbar.

Der Therapeut kann durch derartige Fragen klären, welche Spuren überhaupt erkennbar sind. Er kann nun verschiedene Spuren aufnehmen und die Klientin einladen, einmal einer solchen Frage nachzugehen und die damit verbundenen Aspekte der Bedeutungsstruktur weiter zu klären. Damit kann er ihr helfen, wesentliche Aspekte ihres inneren Bezugssystems weiter selbst zu klären. Daraus ergibt sich die Frage, welche der vielen jeweils möglichen Spuren ein Therapeut aufnehmen sollte.

Die Verfolgung dieser unterschiedlichen Spuren würde zu sehr unterschiedlichen Informationen über die Bedeutungsstruktur der Klientin führen. Die Beantwortung der Frage, wann ihr das schon einmal aufgefallen ist, würde eine Information über vergangene Beobachtungen ergeben. Die Frage, was »unheimlich viel ausmacht« bedeutet, würde dagegen zur Klärung der bei der Klientin ausgelösten Gefühle führen. Wie oben ausgeführt, besteht in der GT ein wesentliches Ziel darin, gerade die emotional relevanten, »emotional getönten« Aspekte der Bedeutungsstruktur zu klären, da diese von besonderer persönlicher Relevanz sind. Daher sind nicht alle Spuren gleich wichtig. Nicht alle erbringen Informationen über persönlich relevante Aspekte des inneren Bezugssystems. Daraus ergibt sich, daß der Therapeut insbesondere jene Spuren aufnehmen sollte, die einer solchen Klärung relevanter Aspekte dienen.

Wesentlich ist nun die Frage, wie der Therapeut konkret vorgehen kann, um den Klienten zur Verfolgung einer Spur einzuladen. Hier stehen ihm vier verschiedene Interventionsarten zur Verfügung (vgl. Sachse 1984).

1. Der Therapeut kann die Aussage des Klienten *paraphrasieren,* das heißt, er kann das, was der Klient sagt und was er verstanden hat, in anderen Worten wiedergeben.
2. Der Therapeut kann »Implizites herausarbeiten«, Aspekte explizit sprachlich ausdrücken, die der Klient gemeint, aber selbst nicht explizit gesagt hat. Er kann auch den Klienten zu einer Explizierung anregen, indem er »*eine Spur akzentuiert*«. Er kann dazu den Teil der Aussage des Klienten aufgreifen, der eine wesentliche Spur repräsentiert und den Klienten damit indirekt bitten, sich einmal näher mit diesem Aspekt zu beschäftigen.
3. Der Therapeut kann eine klientenzentrierte *Frage* an den Klienten stellen und ihn damit zu einer Verfolgung dieser Spur einladen. Zum Beispiel kann er sagen: »Sie sagen ‚unheimlich viel ausmacht'. Was für ein Gefühl hat das bei ihnen ausgelöst?«
4. Der Therapeut kann eine sogenannte *Prozeßdirektive* verwenden, also den Klienten bitten, bei einem Aspekt zu bleiben und sich ihn näher anzusehen.

Zum Beispiel sagt der Therapeut: »Mögen Sie mal bei dem ‚unheimlich viel ausmacht' bleiben und sich ansehen, was das für Sie bedeutet?«
Bei der Verwendung dieses Vorgehens, den Klienten einzuladen, noch nicht klare Aspekte weiter zu verfolgen, muß der Therapeut zwei mögliche Probleme besonders beachten:
- Interventionen mit diesem Ziel können den Klienten leicht überfordern, insbesondere, wenn sie sehr schnell oder gehäuft aufeinanderfolgen. Der Therapeut sollte daher insgesamt sparsam damit umgehen und aus dem Verständnis der Bearbeitung des Klienten (s. nächsten Abschnitt) immer beurteilen, ob eine Intervention sinnvoll ist oder nicht.
- Angebote des Therapeuten sind nur dann sinnvoll, wenn der Klient das, was der Therapeut anbieten kann, noch nicht selbst tut. Verfolgt ein Klient von sich aus derartige Spuren, sind zusätzliche Angebote des Therapeuten überflüssig und zum Teil eher störend.

3.2 Bearbeitungsweisen des Klienten

In der GT wurde dem Klientenprozeß immer viel Aufmerksamkeit geschenkt. Schon in der Prozeß-Skala von Rogers (vgl. Rogers und Rablen 1958; Rogers 1958; Walker, Rablen u. Rogers 1960) wurden »konstruktive Prozeßmerkmale« des Klienten beschrieben, das heißt, Merkmale, die einen »guten«, erfolgreichen Klientenprozeß auszeichnen: Entsprechendes gilt für die Skalen der »Selbstexploration« und des »Experiencing«.
Wir wollen uns hier eingehend mit dem Explizierungsprozeß des Klienten beschäftigen und werden eine Skala vorschlagen, die es erlauben soll, auch auf einer »Mikro-Ebene« den jeweiligen »Bearbeitungsstand« von Klienten zu erfassen.

3.2.1 Der Explizierungsprozeß

Wie ausgeführt, ist ein wesentliches Ziel der GT, daß der Klient mit Hilfe des Therapeuten jeweils relevante Aspekte seines inneren Bezugssystems, seiner Bedeutungsstrukturen expliziert, sie für sich selbst klärt. Dabei geht es insbesondere um solche Aspekte der Bedeutungsstrukturen, die persönlich relevant, nämlich mit persönlichen Bewertungen, Emotionen, gefühlten Bedeutungen, Intentionen usw. verbunden sind. Eine solche Explizierung/Klärung ergibt sich jedoch nicht »von selbst«. Vielmehr muß der Klient ein bestimmtes Vorgehen, eine »Strategie« verfolgen, um zu einer solchen Klärung zu gelangen. Herrmann (1972) nimmt an, daß es Regeln gibt und eine Person Regeln anwenden und unter Umständen lernen muß, um relevante Wissensbestände zu aktivieren. Entsprechend kann man auch davon ausgehen, daß eine Person Strategien anwenden (und zum Teil erst lernen) muß, um relevante Aspekte des inneren Bezugssystems zu explizieren.

Nicht alle Vorgehensweisen sind effektiv, und Klienten unterscheiden sich stark darin, ob sie effektive Strategien zur Klärung verwenden oder nicht (vgl. Hornthal-Greve, 1979). Ein Klient, der z. B. lediglich Ereignisse berichtet, ohne sich mit der persönlichen Bedeutung auseinanderzusetzen, die diese für ihn haben, wird nicht in der Lage sein, relevante Aspekte seines inneren Bezugssystems zu klären. Dagegen sind Klienten, die sich mit ihren Bewertungen und Gefühlen auseinandersetzen und sich selbst fragen, was Ereignisse für sie bedeuten und was sie zu bestimmten Reaktionen veranlaßt, in ihrer Klärungsstrategie sehr effektiv. (Dies wird durch alle Studien belegt, die zeigen, daß die Tiefe der Selbstexploration (SE) oder des Experiencing mit Therapieerfolg zusammenhängen; z. B. Bommert et al. 1972; Tausch 1967; Minsel et al. 1972; Truax u. Carkhuff 1967; Sander 1971; Sander et al. 1973; Bommert et al. 1972; Tausch 1975).

Eine Person, die sich gar nicht mit ihren Inhalten auseinandersetzt, sich gar nicht mit Fragen beschäftigt, was das Problem ist, was es für sie bedeutet usw., sondern stattdessen eine »Theorie« über ihre Probleme entwickelt (intellektualisiert), bewegt sich nicht in die Richtung auf eine Explizierung; sie rekonstruiert nicht ihre Bedeutungsstrukturen, sondern konstruiert eine »Theorie ohne Daten«. Ein Explizierungsprozeß findet dann nicht einmal ansatzweise statt. Die Bedeutung effektiver Klärungsstrategien konnte sowohl für den therapeutischen Prozeß (Sachse u. Maus 1987) als auch für den Therapieerfolg nachgewiesen werden (siehe Kapitel 3.5.7).

Diese unterschiedlichen Vorgehensweisen des Klienten zur Klärung wurden bisher in der GT unter dem Begriff »Selbstexploration« des Klienten behandelt. Selbstexploration bezeichnet das Ausmaß, in dem ein Klient sich mit seinen »spezifisch persönlichen inneren Erlebnissen auseinandersetzt, sich über sie klarer wird oder sich deutlich um Klärung bemüht« (Tausch 1973). Daß das Konzept der »Selbstexploration« weiterentwickelt werden muß, wird ausführlich in Kapitel 3.5 behandelt.

Es geht nun darum, hier eine mögliche Strategie effektiver Explizierung zu beschreiben, das heißt, eine Vorgehensweise, an der ein Klient sich orientieren kann, um zu einer Explizierung persönlich relevanter Aspekte seines inneren Bezugssystems zu gelangen. Der Ausgangspunkt zu Überlegungen für eine solche Strategie ist das Konzept der »*vertiefenden Fragen*«. Es wird angenommen, daß die Person selbst, zumindest implizit, Fragen an ihre jeweils bereits explizierten Inhalte stellen und an ihrer Beantwortung arbeiten muß, um im Explizierungsprozeß weiterzukommen. Dabei ist es wesentlich anzugeben, welche weiterführenden Fragen sich der Klient jeweils stellen kann, um die Explizierung/Klärung weiterzuführen, zu vertiefen. Wesentliche Hinweise auf die Art sinnvoller Fragen ergeben sich aus der obigen Aufgabe an den Therapeuten, daß es um die Explizierung persönlich-emotional relevanter Aspekte des inneren Bezugssystems geht: Sind bestimmte Inhalte mit Bewertungen, Emotionen, gefühlten Bedeutungen, Intentionen usw. verbunden, dann weist dies darauf hin, daß diese Inhalte zu persönlich-emotional relevanten Aspekten der Bedeutungsstrukturen in Beziehung stehen, sie weisen auf derartige Aspekte hin: Der Explizierungsprozeß muß somit, um diese Aspekte zu klären, den so ausgezeichneten Inhalten folgen. Die Person muß sich mit den Inhalten besonders beschäftigen, die mit Bewertungen usw. verbunden sind und über diese die relevanten Aspekte des inneren Bezugssystems klären. Sie muß

sich daher mit Fragen befassen wie: »Wie bewerte ich das Ereignis X? Was für Gefühle löst X in mir aus?«
Hat der Klient Inhalte identifiziert, die mit Gefühlen, Bewertungen usw. verbunden sind, kann er sich die Frage stellen, worauf die Gefühle bei ihm zurückgehen, was bei ihm dazu führt, daß er auf diesen Inhalt mit diesem Gefühl reagiert.

3.2.2 Bearbeitungsweise-Skala

Aufgrund dieser Überlegungen kann man den Explizierungsprozeß in drei »Hauptstufen« einteilen, die durch bestimmte (implizite) Fragen gekennzeichnet sind, die ein Klient jeweils verfolgt:
- Beschreibung von Inhalten: Was hat sich ereignet, worum geht es?
- Bewertung der Inhalte: Was lösen diese Inhalte bei mir an Gefühlen aus?
- Klärung von Aspekten des inneren Bezugssystems: Was bei mir bedingt diese Reaktionen auf diese Inhalte?

Diese »Bearbeitungsstufen« lassen sich noch weiter differenzieren. Auf der Stufe der »Beschreibung« kann sich der Klient mit einem Vermeiden von persönlichen Inhalten beschäftigen, er stellt sich relevanten Problemen gar nicht; er kann aber auch relevante Inhalte thematisieren, jedoch versuchen, Theorien über sie zu entwickeln, er »intellektualisiert«; oder er kann Probleme und Inhalte konkret beschreiben.

Auf der Stufe der »Bewertung« kann der Klient eine mehr zuschreibende Bewertung vornehmen (z. B.: »Das Verhalten von X ist schlimm«). Er faßt dann die Bewertung als einen Teil des Gegenstandes auf und weniger als sein subjektives Urteil. Er kann aber auch seinen eigenen Anteil an der Bewertung deutlicher erkennen und somit eine *persönliche* Bewertung vornehmen („Das Ereignis X ist für mich schlimm"). Er kann sich schließlich eindeutig mit den persönlichen Bedeutungen auseinandersetzen, die ein Inhalt für ihn hat, das heißt, sich mit der bei ihm ausgelösten emotionalen Reaktion beschäftigen und diese Reaktion für sich klären (z. B. „Ich ärgere mich über X").

Die Stufe der „Klärung von Aspekten des inneren Bezugssystems" kann unterteilt werden in eine Stufe der *Explizierung,* in der sich die Person mit der Frage beschäftigt, was bei ihr diese Gefühle usw. bedingt, und eine Stufe der *Integration,* bei der die explizierten Aspekte mit anderen Aspekten des inneren Bezugssystems in Beziehung gesetzt werden.

Daraus ergeben sich acht Stufen des Explizierungsprozesses (vgl. Sachse 1986 a, b, c, 1987 b, 1988 b):

Stufe 1:   *Keine Bearbeitung relevanter Inhalte erkennbar.*
                Die Person wirft keine relevanten Fragestellungen auf.

Stufe 2:   *Intellektualisierung*
Fragestellung: Wie kann ich das erklären? Welche Theorie kann ich dazu heranziehen?
Beantwortung: Durch Heranziehen von »Wissen« ohne Bezug auf eigene Gefühle oder »persönliche Daten«.

Stufe 3:	*Bericht*
Fragestellung:	Was hat sich konkret ereignet? Wie ist ein bestimmter Inhalt (z. B. eine Situation, eigenes Verhalten usw.) konkret beschaffen?
Beantwortung:	Durch konkrete Schilderungen, ohne daß auf Bewertungen und Gefühle explizit Bezug genommen wird.
Stufe 4:	*Bewertung*
Fragestellung:	Was ist der Wert (Unwert) eines Inhaltsbereichs?
Beantwortung:	Durch ein Zuschreiben von Bewertungen an Inhaltsaspekte (z. B. »der X ist blöd«, »das Verhalten Y ist schlecht«). Der Wert wird als Eigenschaft eines Inhalts gesehen.
Stufe 5:	*Persönliche Bewertung*
Fragestellung:	Wie bewerte ich den Inhalt?
Beantwortung:	Die Person bewertet einen Inhalt und erkennt diese Bewertung als »Teil ihres Bezugssystems«.
Stufe 6:	*Persönliche Bedeutung*
Fragestellung:	Welche Gefühle oder »gefühlten Bedeutungen« löst der Inhalt in mir aus?
Beantwortung:	Die Person kann aktuell zu einem Inhalt ein Gefühl oder eine gefühlte Bedeutung spüren und gibt dieses an.
Stufe 7:	*Explizierung relevanter Bedeutungsstrukturen*
Fragestellung:	Was läßt mich in bezug auf einen Inhalt in dieser Weise fühlen?
Beantwortung:	Die Person expliziert (»versprachlicht«) Bedeutungsaspekte, die sie im Hinblick auf den bearbeiteten Inhalt bei sich erkennt.
Stufe 8:	*Integration*
Fragestellung:	Finde ich bei mir Verbindungen zu anderen Bedeutungsaspekten?
Beantwortung:	Die Person setzt die explizierten Bedeutungsaspekte zu anderen Bedeutungsaspekten in Beziehung, findet Zusammenhänge, aber auch Widersprüche.

3.3 Bearbeitungsangebote des Therapeuten

Es wird davon ausgegangen, daß sich ein Klient aktuell auf jeweils einer der angegebenen Explizierungsstufen befindet. Er kann, betrachtet man einen längeren Bearbeitungsprozeß, auch von sich aus bezüglich eines Inhaltsbereiches in »tiefere« Stufen der Explizierung übergehen. Das heißt, er zeigt bestimmte Niveaus und Fortschritte bei der Explizierung relevanter Aspekte seines inneren Bezugssystems.
Wesentlich ist, daß der Therapeut neben dem vom Klienten geäußerten Inhalt auch die Art und Weise versteht, in der der Klient mit seinen Inhalten umgeht. Der Therapeut muß verstehen, *wie* der Klient seine Inhalte *bearbeitet*. Er muß nicht nur die Inhalte, sondern auch die Bearbeitung empathisch verstehen (sog.

»Prozeßempathie«; Sachse 1985). Dies ist eine Voraussetzung dafür, daß der Therapeut den Klienten in dessen Explizierungsprozeß unterstützen kann, daß er ihn klientenzentriert »dort abholen kann, wo sich der Klient befindet«. Um den Klienten im Explizierungsprozeß zu fördern, kann der Therapeut ihm sogenannte »*Bearbeitungsangebote*« machen, also Angebote, sich mit bestimmten Fragen näher zu beschäftigen. Diese Angebote haben eine »Katalysatorfunktion«. Sie können den Klienten, der diese Angebote annimmt, dazu anregen, seinen eigenen Explizierungsprozeß weiterzuführen. Hierbei ist es wesentlich, zu betonen, daß ein Therapeut durch Bearbeitungsangebote den Klärungsprozeß des Klienten fördern/unterstützen oder anregen kann (aber auch destruktiv wirken kann); er kann aber nicht für den Klienten den Prozeß vollziehen (Coulson 1983b; Mittag 1985). Der Therapeut hat somit nur eine Katalysatorfunktion: Er fördert den Prozeß, aber der Prozeß selbst muß vom Klienten geleistet werden.
Es erweist sich auch in der Regel als sinnlos und oft als schädigend, wenn der Therapeut »*für den Klienten arbeitet*«, also ihm Erkenntnisse anbietet, die er noch gar nicht nachvollziehen kann, oder reihenweise Hypothesen vorgibt (nach einem multiple-choice-Prinzip: »Könnte es vielleicht X, Y oder Z sein?« Meist »kreuzt« der Klient dann aber die Alternative »nichts von alledem« an, und es ist nichts gewonnen).
Ein Bearbeitungsangebot des Therapeuten besteht im (direkten oder indirekten) Ansprechen einer Frage, die den Explizierungsprozeß »steuert«, das heißt, den Prozeß des Klienten vertiefen, weiterführen kann, ihn aber auch gleichhalten oder verflachen kann. Sagt der Klient zum Beispiel: »Ich ärgere mich über das Verhalten von X«, dann befindet er sich auf der Stufe der persönlichen Bedeutung. Ein weiterführendes (vertiefendes) Bearbeitungsangebot des Therapeuten wäre dann zum Beispiel: »Was ist es bei Ihnen, das Sie so daran ärgert? Was macht es für Sie so schwer, darauf gelassen zu reagieren?«
Der Therapeut regt hier eine Klärung von Aspekten des inneren Bezugssystems an und lädt den Klienten damit ein, in der Explizierung einen Schritt weiterzugehen.
Befindet sich ein Klient auf der Stufe des Berichts, zum Beispiel: »Da bin ich ins Zimmer gestürzt und habe losgeschrien«, so kann der Therapeut nach der persönlichen Bedeutung fragen: »Was für ein Gefühl hatten Sie dabei, als Sie da reingestürzt sind?«
Befindet sich der Klient auf der Stufe der Intellektualisierung, zum Beispiel: »Daß ich mit Frauen nicht klar komme, liegt nur daran, daß ich immer von meiner Mutter falsch behandelt worden bin«, so kann der Therapeut ihn zu einem konkreten Bericht anregen: »Was bedeutet das genau für Sie, mit Frauen nicht klar zu kommen?«
Aus diesen Überlegungen heraus haben wir die (inhaltlich zur BW-Skala parallele) *Bearbeitungsangebots-Skala* konzipiert:

1. *Keine persönlich relevanten Inhalte anregen:*
   Der Therapeut regt den Klienten dazu an, über Inhalte zu sprechen, die für ihn persönlich nicht relevant sind.

2. *Intellektualisierung anregen:*
   Der Therapeut regt den Klienten dazu an, Vermutungen und Hypothesen über seine Inhalte zu äußern, sie zu »intellektualisieren«.

3. *Bericht anregen:*
   Der Therapeut regt den Klienten dazu an, über Inhalte zu berichten.
4. *Bewertung anregen:*
   Der Therapeut regt den Klienten dazu an, in zuschreibender Weise eine Bewertung eines Inhalts oder seiner bisherigen Bearbeitungsweise abzugeben.
5. *Persönliche Bewertung anregen:*
   Der Therapeut regt den Klienten dazu an, eine persönliche Bewertung eines Inhalts anzugeben.
6. *Persönliche Bedeutung anregen:*
   Der Therapeut regt den Klienten dazu an, zu einem Inhalt ein Gefühl, eine persönliche Bedeutung oder eine »gefühlte Bedeutung« anzugeben.
7. *Explizierung von Aspekten des inneren Bezugssystems anregen:*
   Der Therapeut regt den Klienten dazu an, seine emotionalen Konzepte/Aspekte des inneren Bezugssystems zu explizieren.
8. *Integration anregen:*
   Der Therapeut regt den Klienten dazu an, das explizierte emotionale Konzept/den explizierten Aspekt des inneren Bezugssystems mit anderen Konzepten/Aspekten zu verbinden, ihn zu integrieren.

Wesentlich ist, Richtung und Funktion von Verstehen und Bearbeitungsangeboten zu unterscheiden:
Verstehen des Therapeuten ist »rückwärts« gerichtet, auf das, was der Klient schon geäußert hat: Der Therapeut macht durch seine Aussagen deutlich, daß er das vom Klienten Gemeinte rekonstruiert hat. *Bearbeitungsangebote* sind dagegen »nach vorne gerichtet«: Es sind »Vektoren«, die auf die vom Klienten ausgeführten Prozesse Einfluß nehmen, deren Funktion es ist, den Ablauf nachfolgender Prozesse zu »steuern«. Bearbeitungsangebote gehen damit über Verstehen hinaus: Sie setzen zwar Verstehen voraus, nehmen aber »vom Verstandenen ausgehend« Einfluß auf Inhaltsbearbeitungen des Klienten.
Der Therapeut kann Bearbeitungsangebote unterschiedlicher Art machen, als Paraphrasierung, Explizierung, als Frage oder als Prozeßdirektive. Betrachtet man die Bearbeitungsangebote des Therapeuten, dann ist allerdings die Art der Intervention von untergeordneter Bedeutung: Man fragt hier vielmehr nach dem, was der Therapeut durch seine Intervention anzielt, man fragt also: Was für eine Art (Stufe) von Bearbeitung regt der Therapeut mit seiner Intervention beim Klienten an? Auf welcher Stufe der Bearbeitung befindet sich der Klient in seiner folgenden Äußerung, wenn er das Bearbeitungsangebot des Therapeuten annimmt?
Wesentlich dabei ist auch, den jeweils beim Klienten bereits erreichten Bearbeitungsstand zu berücksichtigen. Dann kann man beim Therapeuten drei Vorgehensweisen unterscheiden:

- *Gleichbleiben:*
  Der Therapeut macht dem Klienten ein Bearbeitungsangebot, das genau dem Bearbeitungsstand des Klienten entspricht. Der Therapeut bleibt somit mit seinem Angebot auf der jeweils erreichten Ebene des Klienten.
  Zum Beispiel für die Stufe Bericht: Der Klient befindet sich auf Berichtebene wie: »Da hat meine Freundin unheimlich getobt und rumgeschrien, ist im Zimmer auf und ab

gelaufen. Ich habe versucht, sie zu beruhigen, aber sie hat nicht mal zugehört.« Der Therapeut macht ein Bearbeitungsangebot, das darauf abzielt, den Klienten auf Berichtebene zu halten: »Was hat Ihre Freundin da zu Ihnen gesagt?« Oder: »Wann ist das passiert?« Oder: »Da war Ihre Freundin unheimlich wütend.«
Alle diese Interventionen laden den Klienten dazu ein, mehr über die Situation »zu erzählen«. Der Klient, der dieses Bearbeitungsangebot annimmt, bleibt somit bei einem Bericht. Entsprechendes gilt für alle Stufen der Bearbeitungsskala.

- *Verflachen:*
Der Therapeut macht ein Bearbeitungsangebot, das den Bearbeitungsstand des Klienten »verflacht«, das heißt, das darauf abzielt, ihn in (im Sinne der Skala) »höhere« Bereiche zu bringen. Dies kann man am obigen Klientenbeispiel verdeutlichen. Der Therapeut kann zum Beispiel ein Bearbeitungsangebot machen, das auf eine Intellektualisierung abzielt, obwohl sich der Klient bereits auf der Ebene des Berichts befindet: »Was glauben Sie, warum hat Ihre Freundin so reagiert?« Hierdurch wird der Klient eingeladen, über die Motive seiner Freundin zu spekulieren, er geht somit von einer Klärung seiner Anteile an der Situation ganz weg auf die Ebene von »Hypothesen« über das Problem. Im Sinne des Therapieziels der Explizierung ist ein solches Bearbeitungsangebot ungünstig, es führt nicht näher zum Ziel, sondern vom Ziel weg.

- *Vertiefen:*
Der Therapeut macht ein Bearbeitungsangebot, das den Bearbeitungsstand des Klienten »vertiefen kann« und somit darauf abzielt, die Bearbeitung des Klienten in Richtung auf das Ziel hin zu fördern. Befindet sich der Klient wie im obigen Beispiel auf der Berichtebene, kann der Therapeut hier ein Bearbeitungsangebot machen, das auf die Klärung der beim Klienten durch die Situation ausgelösten Gefühle abzielt: »Was hat das Verhalten Ihrer Freundin in Ihnen ausgelöst?« Oder: »Wie haben Sie sich dabei gefühlt?«

3.4 Zur Theorie der Explizierung

In Kapitel 3.1 wurde der Explizierungsprozeß beschrieben, und es wurde seine therapeutische Relevanz aufgezeigt. Hier sollen nun einige theoretische Aspekte erörtert werden, die die psychischen Anforderungen deutlich machen, die ein Explizierungsprozeß an die Klienten stellt. An dieser Stelle kann allerdings noch keine ausgearbeitete Theorie des Explizierungsprozesses dargestellt werden; davon sind erst Ansätze deutlich (vgl. Sachse u. Atrops 1989).
Wir gehen davon aus, daß jeder Inhaltsbereich, der persönlich relevant ist, durch persönliche Werte, Motive, Normen, Anliegen o. ä. gekennzeichnet ist: Der Person ist etwas wichtig, sie bewertet etwas hoch, es gibt verbindliche Ziele usw. (vgl. Kuhl 1983b). Alle diese Aspekte können allgemein als »Wertungsdispositionen« aufgefaßt werden: Sie machen einen Inhaltsbereich erst persönlich relevant bzw. problematisch, wenn sie dysfunktional sind oder nicht erfüllt werden können. Ihre Explizierung/Klärung ist daher für eine Problemdefinition und Problemlösung von großer Bedeutung.
Wir wollen diesen Wertungsdispositionen hier folgende hypothetische Charakteristika zuschreiben, die unseres Erachtens wesentlich sind, um einen Explizierungsprozeß verstehbar zu machen:

- Die Wertungsdispositionen werden durch Aspekte aktiviert, mit denen sie inhaltlich verbunden sind: Man kann sich dies im Sinne eines Netzwerkmodells vorstellen (wie bei Bower 1981) oder eines »emotionalen Schemas« (wie bei Lang 1984; Lang et al. 1980, 1983).
Hat sich zu einem Inhaltsbereich eine bestimmte Wertungsdisposition gebildet, so kann diese durch bestimmte Inhaltsaspekte aktiviert werden, die wiederum aufgrund bestimmter Verarbeitungsprozesse »entstehen«.
- Die Aktivierung von Wertungsdispositionen erzeugt subjektiv einen Zustand, der im Focusing als »felt sense« bezeichnet wird: Ein Zustand, der subjektiv durch Körperempfindungen und den Eindruck, auf etwas Wichtiges gestoßen zu sein, gekennzeichnet ist (vgl. Gendlin 1961, 1962, 1964, 1968, 1969, 1970a, b, c, 1974a, b, 1978a, b, 1980, 1981, 1984; Bense 1977a, Wiltschko 1979; Wild-Missong 1980; Sachse 1985; Sachse u. Neumann 1986, 1987a, b).
- Dieser Zustand bedeutet, daß die Wertungsdisposition aktiviert und damit prinzipiell zugänglich ist, er hat also einen wesentlichen Hinweischarakter, ist eine wichtige »Spur«.
- Die Wertungsdispositionen können auf Inhalte bezogen werden, das heißt, sie »bewerten« diese: ein Ereignis als ungünstig, eine Schlange als gefährlich (Lang 1984) usw. Sobald diese Dispositionen auf Ereignisse bezogen werden, werden sie emotional wirksam. Dadurch gibt auch das Vorliegen von Emotionen wesentliche Hinweise auf derartige Dispositionen.
- Aktuell emotional wirksam sein können die Dispositionen nur, wenn sie aktiviert sind: Daher weisen aktuelle Gefühle darauf hin, daß die Dispositionen in diesem Augenblick aktiviert sind.
- Zugänglich, klärbar sind die Dispositionen nur dann, wenn sie aktiviert sind: Nicht aktivierte Dispositionen sind »unzugänglich«.
- Diese Dispositionen sind zwar emotional und (damit) auch verhaltenswirksam; sie sind jedoch oft nicht »kognitiv repräsentiert«: Die Person »versteht« diese Dispositionen selbst nicht, weiß nicht, was sie sind, was sie »meinen«. Sie kann diese Dispositionen nicht auf vorhandenes Wissen beziehen, und sie daher (im Sinne von Bransford et al. 1972; Bransford u. McCarrell 1975) auch nicht verstehen.
- Diese Dispositionen können im Explizierungsprozeß »kognitiv repräsentiert« werden, wodurch sie der Person verständlich werden. Dadurch werden sie auch beeinflußbar. Wie dieser Prozeß der »kognitiven Repräsentation« vorzustellen ist, können wir im Augenblick nicht angeben.
- Die »kognitive Repräsentation«, die valide »Abbildung der Disposition in der kognitiven Struktur« ist schwierig. Sie erfordert sehr wahrscheinlich folgende Prozesse:

Die Person muß die Disposition aktiviert halten, z.B. dadurch, daß sie das Gefühl oder den »felt sense« aufrechterhält. Dies ist die notwendige Voraussetzung für einen Klärungsprozeß. Sie muß also bestimmte Aspekte im Focus ihrer Aufmerksamkeit halten (und darf deshalb auch keine »Erzählung abspulen«, wodurch der Inhaltsfocus ständig gewechselt wird).
Sie muß sehr wahrscheinlich einen intuitiv-holistischen Verarbeitungsmodus einnehmen (Bastick 1979, 1982; Kuhl 1983a). Da die Person ja eben nicht weiß, was »die Disposition ist«, und es sehr viele Möglichkeiten gibt, macht es wenig Sinn, Hypothesen

zu entwickeln; es besteht eine ähnliche Situation wie bei der Lösung eines völlig neuartigen Problems:
Die Aufgabe kann nicht »analytisch-sequentiell« durch »Herantragen von Hypothesen« geklärt werden, sondern die Lösung besteht aus einem komplexen, eher »ganzheitlichen« Prozeß, bei dem die Person relevante Aspekte in der »Schwebe hält« und eher »auf eine Lösung wartet«. Man kann annehmen, daß die Herstellung eines solchen Modus aber nicht für alle Personen gleich leicht ist.
Sie muß einen Zustand objektiver Selbstaufmerksamkeit einnehmen (Fenigstein 1979; Fenigstein et al. 1975): Die Person muß »sich selbst« bzw. bestimmte eigene Aspekte zum Gegenstand ihrer Aufmerksamkeit machen. Sie muß ihre Aufmerksamkeit »nach innen richten«.
Sie darf keine Ambiguitätsintoleranz aufweisen (Frenkel-Brunswik 1949; Budner 1962; Strobel 1971; Kischkel 1984): Der Zustand, in dem sich die Person in einer solchen Phase des Explizierungsprozesses befindet, ist dadurch gekennzeichnet, daß sie weiß, daß es eine relevante Disposition gibt (das ist »spürbar«), aber sie weiß nicht, was diese Disposition ist. Das Problem ist sehr deutlich, eine Lösung (Klärung) ist aber noch nicht gegeben und es ist völlig unklar, »was dabei herauskommen wird«.
Dies ist, da es sich um subjektiv hoch relevantes Material handelt, unter Umständen ein noch belastenderer Zustand, als er bereits vom »tip-of-the-tongue-Phänomen« beschrieben wird (Brown u. McNeill 1966). Es ist ein Zustand hoher Ambiguität: Die Person muß »aushalten«, daß sie die Lösung noch nicht hat und daß sie die Lösung auch nicht erzwingen kann.

Diese Ausführungen machen deutlich, daß ein Explizierungsprozeß schwierig ist (was bereits durch unsere Focusing-Untersuchungen bestätigt wird; Sachse u. Neumann 1986); es handelt sich um einen − psychologisch gesehen − anspruchsvollen Prozeß.
Der Prozeß wird auch deutlich anspruchsvoller, je »tiefer« er bereits ist:

- Die Stufe »Bericht« ist noch relativ einfach zu realisieren: Es ist problemlos, über ein erlebtes Ereignis zu berichten, dazu braucht man nur Inhalte des episodischen Gedächtnisses zu aktivieren und »abzuspulen« (Tulving 1972).
- Die Auslösung von Gefühlen oder »gefühlten Bedeutungen« ist schon deutlich schwieriger: Um Gefühle entstehen zu lassen, muß die Person bei einem bestimmten Inhalt bleiben, ihn im Focus der Aufmerksamkeit halten, um dazu die »Wertungsdisposition« zu aktivieren und die entstehenden Gefühle wahrzunehmen. Ein »Abspulen von Ereignissen«, das einen ständigen Wechsel von Inhaltsaspekten zur Folge hat, erschwert wahrscheinlich einen solchen Aktivierungsprozeß.
Die Person muß hier auch bereits in eine objektive Selbstaufmerksamkeit umschalten: Beim Berichten kann sich die Person in einem Zustand subjektiver Selbstaufmerksamkeit befinden. Um Gefühle entstehen zu lassen, muß sie aber notwendigerweise eigene Aspekte zum Objekt der Betrachtung machen.
- Bei der »Klärung eigener Determinanten« (Stufe 7) muß die Person alle oben beschriebenen Aspekte realisieren, insbesondere auch einen intuitiv-holistischen Verarbeitungsmodus: Diese »Stufe« der Explizierung ist damit am »anspruchsvollsten«, für die Person am schwierigsten zu vollziehen.
- Aus diesen Überlegungen ergibt sich, daß, faßt man den Explizierungsprozeß als eine Abfolge von Aufgaben auf, diese immer schwieriger werden, je tiefer der Explizierungsprozeß ist. Die »Stufenübergänge« werden zuneh-

mend schwieriger, und zwar sowohl dann, wenn die Person diese Prozesse »aus eigener Initiative« zu vollziehen sucht als auch dann, wenn sie versucht, entsprechende Bearbeitungsangebote (BA) des Therapeuten zu realisieren.

Es ist auch anzunehmen, daß der Therapeut hier immer wichtiger wird: Je schwieriger die »Aufgabe« für den Klienten wird, desto wesentlicher werden Hilfestellungen durch den Therapeuten: Hinweise, die die Aufmerksamkeit (um-)zentrieren, Hinweise, bei einem Aspekt zu bleiben und ihn »wirken zu lassen«, Hinweise, »etwas entstehen zu lassen«, also einen intuitiv-holistischen Modus einzunehmen usw. Die zunehmende Relevanz therapeutischer Hilfen bedeutet auch, daß die »Steuerbarkeit« des Klienten durch den Therapeuten zunehmen sollte: Der Klient, der vor zunehmend schwierigen Aufgaben steht, sollte die Prozesse mit therapeutischer Hilfe wesentlich leichter vollziehen können als aus »eigener Initiative«.

Aber auch die Steuerung bezüglich verflachender Bearbeitungsangebote sollte ansteigen: Je schwieriger die Prozesse werden, desto störanfälliger werden Klienten, desto schwieriger wird es, diese Prozesse gegen ablenkende Interventionen des Therapeuten aufrechtzuerhalten.

Eine besonderer Aspekt des Explizierungsprozesses soll noch deutlich gemacht werden: Der Klärungsprozeß hat das Ziel, »einige Problemdeterminanten« zu klären. Die »relevanten Wertungsdispositionen« sind aber nicht abgehoben für sich existent, sondern beziehen sich, wie deutlich wurde, immer auf konkrete Inhaltsbereiche: Eine Person hat aufgrund einer Disposition Gefühle zu einer Situation, sie bewertet ein Ereignis usw. Klärung heißt damit zum einen, diese Dispositionen verständlich zu machen; es heißt zum anderen aber auch, das so Verstandene wieder auf den Inhaltsbereich zu beziehen.

Bezieht man dies auf den Prozeß, wie ihn die Bearbeitungsweise-Skala abbildet, dann folgt daraus, daß Klienten von der Beschreibung eines »Ereignisses« ausgehen, dazu Gefühle oder gefühlte Bedeutungen entwickeln, um die Dispositionen zu aktivieren, daß sie dann die »Dispositionen explizieren« und daß sie diese neuen Erkenntnisse wieder verwenden, um ihre Gefühle und eigenen Verhaltensweisen verständlich zu machen. Ein erfolgreicher Explizierungsprozeß erfolgt damit kreisförmig. Ein guter Prozeß zeichnet sich dadurch aus, daß er dynamisch verläuft und der Klient gerade nicht ständig (wenn auch manchmal eine Zeitlang) auf der gleichen Stufe arbeitet. Man kann daher annehmen, daß Klienten insgesamt nur eine geringe Tendenz zeigen, in ihrer BW gleich zu bleiben.

3.5 Die Bearbeitungsweise-Skala: Reliabilität und Validität

Im Zentrum unserer Konzeption von GT stehen die Konzepte der Bearbeitungsweise und des Bearbeitungsangebots. Die noch zu behandelnden Untersuchungen über den »Steuerungseffekt«, das heißt, über den Einfluß, den ein Therapeut mit seinen Bearbeitungsangeboten auf die Bearbeitungsweisen des Klienten ausübt, basieren auf den oben dargestellten Skalen. Hier soll daher zunächst die

Skala für die »Bearbeitungsweisen des Klienten« einer genaueren Analyse unterzogen werden.
Im Vergleich mit den Skalen für »Selbstexploration« (SE) und »Experiencing« (EXP) soll festgestellt werden, ob die BW-Skala die in der SE- (und EXP-)Skala zu findende Konfundierung zwischen »Einschätzung der Bearbeitung« und »Einschätzung der bearbeiteten Inhalte« vermeidet: Kann die BW-Skala die Bearbeitung unabhängig vom bearbeiteten Inhalt erfassen?
Um die Qualität der Skala zu erfassen, soll deren Reliabilität untersucht werden (Inter-Rater-Reliabilität, Re-Rate-Reliabilität), und schließlich soll die Relevanz des BW-Ratings beurteilt werden: Wenn mit der BW-Skala ein Prozeßmerkmal des Klienten erfaßt wird, das therapeutisch relevant ist, dann sollten die BW-Einschätzungen auch mit Therapieerfolg in Zusammenhang stehen.

3.5.1 Bearbeitung und Bearbeitungsweise-Skala

Bearbeitungsweise wird verstanden als die Art und Weise, wie ein Klient einen Inhaltsbereich bearbeitet, das heißt, welche Art von »Fragestellung« er jeweils bearbeitet.
Man muß allgemein davon ausgehen, daß es immer ein Thema gibt, das heißt, einen bestimmten Inhaltsbereich, der gerade im Focus der Aufmerksamkeit (des Bewußtseins) steht und daß dieser Inhaltsbereich von einer Person in unterschiedlicher Weise bearbeitet werden kann:

- Die Person kann zu diesem Bereich »Wissensbestände« aktivieren, und zwar zum einen solche allgemeiner Art, das heißt, Bestände ihres »sematischen Gedächtnisses« (vgl. Collins u. Quillian 1969, 1972);
- Sie kann auch Wissensbestände aus dem Bereich persönlicher Erfahrungen aktivieren, das heißt solche des sogenannten »episodischen Gedächtnisses« (vgl. Tulving 1972);
- Sie kann aber auch zu diesen Inhaltsaspekten Werte, Normen usw. aktivieren und dann den Inhaltsaspekten einen Wert (Unwert) zuschreiben (vgl. von Cranach et al. 1980);
- Sie kann sich dabei auch der Tatsache der Bewertung bewußt sein und die Wertung als ihre erkennen; dies ist eine Voraussetzung dafür, die Wertung als solche zu betrachten und zu hinterfragen;
- Sie kann auch bei Wertungsaspekten bleiben, die Relevanz eines Inhaltsaspektes für sich selbst aktuell ermitteln und so zu diesem Inhaltsbereich ein Gefühl oder eine »gefühlte Bedeutung« entstehen lassen (vgl. Gendlin 1962, 1970a, b; Sachse u. Neumann 1986);
- Und sie kann Bewertungen und Gefühle nicht nur haben und erleben, sondern sie selbst aktuell zum Gegenstand der Betrachtung machen (Selbstaufmerksamkeit, vgl. Fenigstein 1979), sich also fragen, worauf bei ihr diese Bewertungen und Gefühle zurückgehen.

Aus diesen Überlegungen heraus wurde eine Skala zur Erfassung der von einem Klienten zu einem bestimmten Zeitpunkt realisierten Bearbeitungsweise entwickelt (Bearbeitungsweise-Skala bzw. »BW-Skala«, vgl. Kapitel 3.2). Die Skala für die Bearbeitungsweise dient dazu, festzustellen, wie ein Klient die jeweils thematisierten Inhalte, die Inhaltsbereiche, auf die er sich bezieht (das heißt, die Referentien), aktuell bearbeitet.

3.5.2 Vergleich der Bearbeitungsweise-Skala mit der Skala für Selbstexploration: Präzisierung des Bearbeitungsaspektes

Um die BW-Skala beurteilen zu können, ist es nützlich, sie mit Skalen zu vergleichen, die ähnliche Aspekte des Therapieprozesses erfassen sollen. Hier sind vor allem die Skala zur Erfassung der Selbstexploration (Tausch 1973; Tausch et al. 1969; Truax 1961) und auch die Experiencing-Skala (Gendlin u. Tomlinson 1969; Klein et al. 1969; Dahlhoff u. Bommert 1975; Bommert 1976, 1987) relevant.
Betrachtet man die SE-Skala, dann wird ein Aspekt deutlich, der beim Vergleich der SE- mit der BW-Skala von besonderer Bedeutung ist: In der SE-Skala werden zwei Merkmale konfundiert, nämlich
- der Aspekt des Themas, des jeweils thematisierten Inhaltsbereichs und
- der Aspekt der Bearbeitung dieses Themas, des Umgangs mit diesem Inhaltsbereich.

Um dies deutlich zu machen, werden in der folgenden Aufstellung für jede Skalenstufe der SE-Skala die Inhalts- und Bearbeitungsaspekte aufgezeigt, die gleichzeitig in der Defition der jeweiligen Skalenstufe enthalten sind.

Tab. 3.1: Bearbeitungs- und Inhaltsaspekte in der SE-Skala

Stufe	Bearbeitungsaspekt	Inhaltsaspekt (Thema)
1	Zu Inhalten wird kein persönlicher Bezug hergestellt	Thematisiert Situationen, Gegenstände, andere Personen u. ä.
2	Klient berichtet über Inhalte; eigener Bezug erkennbar	Thematisiert Situationen, Gegenstände, andere Personen
3	Klient berichtet über Inhalte	Thematisiert Situationen usw. und eigenes Verhalten
4	Klient berichtet über Inhalte; eine Beziehung zu Gefühlen ist erkennbar, wird aber vom Klienten nicht expliziert	Thematisiert Situationen usw. und eigenes Verhalten
5	nicht expliziert; wahrscheinlich wie 4	Thematisiert Situationen usw., eigenes Verhalten und Gefühle (innere Erlebnisse), letzteres aber nur kurz
6	nicht expliziert; wahrscheinlich wie 4	Thematisiert Situationen usw., eigenes Verhalten und »innere Erlebnisse«; letztere überwiegend
7	Klient bemüht sich, innere Erlebnisse weiter zu klären	Thematisiert überwiegend innere Erlebnisse
8	Klient bemüht sich deutlich, innere Erlebnisse weiter zu klären	Thematisiert ausführlich innere Erlebnisse
9	Klient findet neue Aspekte und Zusammenhänge in seinem inneren Erleben	Thematisiert ausführlich innere Erlebnisse

Wie aus der Gegenüberstellung deutlich wird, werden in der SE-Skala die Aspekte des Themas (von externen Situationen bis zum eigenen Erleben) und Aspekte des Umgangs mit dem Thema (vom Berichten bis zur Klärung) gleichzeitig variiert: Thema und Bearbeitung werden konfundiert.

Dies ist jedoch schon deshalb problematisch, weil eine Person durchaus mit einem Thema bereits sehr unterschiedlich umgehen kann: Das Thema und dessen Bearbeitung müssen sich nicht »parallel« verändern. So kann eine Person z. B. über einen Gegenstand oder über ein Ereignis berichten; sie kann aber ebenfalls über ein Gefühl berichten, das sie in einer Situation hatte.

Die Kritik an der SE-Skala, es sei nicht möglich, zu unterscheiden, ob ein Klient aktuell Gefühle hat oder nur von Gefühlen spricht (vgl. Pfeiffer 1976), geht auf die Überbetonung des Thema-Aspektes zurück: Es wird vornehmlich festgestellt, worüber die Person spricht, und nicht, wie sie das jeweilige Thema bearbeitet.

Eine Person kann z. B. auch zu einer externen Situation ein Gefühl entstehen lassen oder zu einem eigenen Gefühl ein Gefühl entstehen lassen (sie kann sich z. B. darüber ärgern, daß sie traurig ist). In jedem Fall aber gibt es einen Inhaltsaspekt als Referenz: Mit diesem Inhalt wird in bestimmter Weise umgegangen, zu diesem Inhalt wird etwas Bestimmtes produziert (eine Erinnerung, eine Bewertung, ein Gefühl). Das bedeutet auch, daß es wesentlich ist, bearbeitete Inhalte (Themen, Referenzaspekte) und die Art des Umgangs mit den Inhalten zu unterscheiden. Faßt man in einer Skala jedoch die Aspekte des Themas und der Bearbeitung zusammen und stuft man diese parallel ab, so kann es sein, daß beide Aspekte (im Sinne der Skaleneinstufungen) gleich »hoch« sind (z. B. ein Berichten über äußere Sachverhalte) oder aber, daß beide Aspekte in der Skala unterschiedlich »hoch« sind (z. B. ein »Berichten über Gefühle«). Das erschwert die Anwendung der Skala sowie die Interpretation der Einschätzungsergebnisse. Ähnliche Konfundierungen lassen sich auch für die Experiencing-Skala aufweisen (wird hier aber nicht weiter ausgeführt).

Vergleich man dies mit der BW-Skala, so wird deutlich, daß diese eine solche Konfundierung nicht enthält: Sie bezieht sich nur auf den Aspekt der Bearbeitung, den des *Umgangs mit* einem Inhaltsbereich.

Um festzustellen, inwieweit die beiden in der SE-Skala implizierten Aspekte wesentlich sind, und um insbesondere zu untersuchen, ob der in der BW-Skala enthaltene Aspekt der Bearbeitung von Bedeutung ist, wurde versucht, die in der SE-Skala konfundierten Bearbeitungs- und Inhaltsaspekte zu trennen und ihre Relevanz getrennt zu untersuchen. Um dies zu erreichen, wurden die in der SE-Skala implizierten Inhaltsaspekte in einer eigenen »Inhalts-Skala« zusammengefaßt. Daraus ergibt sich die folgende 5-stufige Skala:

1. Der Klient thematisiert Gegenstände, Situationen, Umstände
2. Der Klient thematisiert Personen, deren Verhalten, Gefühle, Einstellungen usw.
3. Der Klient thematisiert sein eigenes Verhalten
4. Der Klient thematisiert seine eigenen Gefühle
5. Der Klient thematisiert eigene Einstellungen, Normen, Werte, Motive.

Die Inhalts-Skala, die von der BW-Skala unabhängig verwendet werden kann, sollerfassen, was das jeweilige Thema des Klienten ist, was er jeweils bearbeitet.

3.5.3 Stichprobe und Vorgehen

Es wurden 56 Therapeuten gebeten, Therapiebänder von verschiedenen Klienten aus dem Mittelbereich abgeschlossener Gesprächspsychotherapien zur Verfügung zu stellen; 51 Therapeuten (28 männlich, 23 weiblich) willigten ein. Die Therapeutenstichprobe war sowohl vom Ausbildungsstand (vom Ende der GT-Grundausbildung bis zum GT-Ausbilder) als auch von der Orientierung her (von klassischer GT bis zur Interventionsorientierung) heterogen. Insgesamt gingen die Bänder von 152 Klienten (91 weiblich, 61 männlich) in die Analyse ein. Aufnahme- oder Ausschlußkriterien für die Klienten gab es nicht.

Von jedem Klienten wurde ein Therapiegespräch aus dem Mittelbereich der Therapie zur Analyse verwendet. In längeren Aussagen können Klienten und Therapeuten mehrere Aussageeinheiten realisieren, die unterschiedliche Bearbeitungsweisen bzw. Bearbeitungsangebote enthalten. Um dem Rechnung zu tragen, wurden die Sequenzen nach der Methode von Davison et al. (1983) in sog. Idee-Einheiten unterteilt. Dabei gliederten zwei Rater unabhängig voneinander die Sequenz in inhaltlich zusammenhängende Einheiten. Diese Idee-Einheiten wurden dann nach den Skalen für Bearbeitungsweisen und Bearbeitungsangebote eingeschätzt. Durchschnittlich wurden pro Klientensequenz 2,7 und pro Therapeutensequenz 1,5 Idee-Einheiten gebildet.

Die Reliabilität der Idee-Einheiten-Bildung wurde nach der dritten von Davison et al. (1983) vorgeschlagenen Methode für 240 Klientenaussagen und 120 Therapeutenaussagen berechnet (es handelt sich um eine Inter-Rater-Reliabilität). Es wurde eine Produkt-Moment-Korrelation zwischen den Raterurteilen für die Anzahl der Einheiten jeder Sequenz berechnet. Dabei ergab sich eine Korrelation von .91. Rater 1 schätzte die restlichen Aussagen allein ein.

3.5.4 Ergebnisse: Konstruktvalidität

Zusammenhang zwischen Bearbeitungsweise und Inhalt

Die Bearbeitungsweise-Skala soll die Art der Bearbeitung von Inhalten erfassen. Dabei wird der Anspruch erhoben, daß die Erfassung der jeweiligen Bearbeitung gerade nicht mit bestimmten Themen konfundiert ist: Unabhängig davon, was eine Person jeweils bearbeitet, also zum »Referenzpunkt« macht, muß die BW-Skala die Art der Bearbeitung erfassen können. Wenn eine Person z.B. ein Gefühl thematisiert, zu diesem Gefühl jedoch eine abgehobene Theorie (über dessen Ursachen) entwickelt, dann muß die Skala in der Lage sein, die niedrige Bearbeitungsebene zu erfassen, auch wenn die »Bearbeitungsreferenz« ein Gefühl ist. Aus diesem Grund sollte es nur einen geringen Zusammenhang geben zwischen der Einschätzung von Idee-Einheiten nach der BW-Skala und der Inhalts-Skala.

Jede der gebildeten Idee-Einheiten erhält eine Einschätzung auf der Inhalts- und eine auf der BW-Skala. Die Einschätzung wird von vier in der Skalenanwendung trainierten Ratern vorgenommen, wobei je ein Rater-Paar die Hälfte der Stichprobe einschätzt. Ein Rater des Paares schätzt die Idee-Einheiten nach der Inhalts- und einer nach der BW-Skala ein.

Zur Berechnung der Korrelation (Kendalls Tau) können daher alle ausgewerteten Idee-Einheiten (über alle Klienten) herangezogen werden.
Insgesamt wurden 5753 Idee-Einheiten in die Berechnung mit einbezogen (63 Idee-Einheiten waren nicht klassifizierbar). Über alle Idee-Einheiten hinweg ergibt sich ein Korrelations-Koeffizient von tau = .0015 (p = .449).
Es besteht somit kein Zusammenhang zwischen bearbeitetem Inhalt (im Sinne der Inhalts-Skala) und BW. Dies steht im Einklang mit der Annahme, daß die in der Inhalts- und auch der SE-Skala spezifizierten Inhaltsbereiche in unterschiedlicher Weise bearbeitet werden können. Dies widerspricht auch der in der SE-Skala implizierten Annahme, daß Themenbereiche und Arten der Bearbeitung sich parallel verändern.

Zusammenhang zwischen Bearbeitungsweise und Selbstexploration

Wenn man davon ausgeht, daß die SE-Skala sowohl Inhalts- als auch Bearbeitungsaspekte erfaßt, dann sollte es zwischen BW und SE nur eine schwache bis mittlere Korrelation geben: Die BW-Einschätzung sollte sozusagen mit dem Bearbeitungsaspekt der SE-Skala korrelieren. Da sich die Skalen für SE und Experiencing sinnvoll nur auf längere Sequenzen anwenden lassen, wird hier für jeden Klienten die Aussagen-Stichprobe einmal nach SE und EXP eingeschätzt (von zwei in der Skalenanwendung trainierten Ratern, einer verwendet die SE-, einer die EXP-Skala). Außerdem wird für diese Stichprobe die vom Klienten erreichte maximale BW ermittelt. Diese Werte gehen pro Klient in die Korrelationsberechnung ein. Berechnet wird der Tau-Koeffizient nach Kendall (1955).
Es ergibt sich zwischen maximaler BW und SE ein Korrelationskoeffizient Tau von .495 (p < .001) und somit eine signifikante Korrelation zwischen der maximalen Bearbeitungsweise (der Aussagenstichprobe) und der SE-Einschätzung dieser Stichprobe. Allerdings klärt diese Korrelation nicht einmal 25% der Varianz auf.

Zusammenhang zwischen Bearbeitungsweise und Experiencing

Da auch die Experiencing-Skala Aspekte der Bearbeitung erfaßt, sollte es ebenfalls eine mittlere Korrelation geben zwischen dem maximalen BW- und dem Experiencing-Rating. Es ergibt sich ein Koeffizient Tau von .470 (p < .001): Auch hier besteht somit ein mittlerer Zusammenhang.

Zusammenhang zwischen Selbstexploration und Experiencing

Wenn die Annahme zutreffend ist, daß sowohl die SE- als auch die Experiencing-Skala sowohl Bearbeitungs- als auch Inhaltsaspekte erfassen (und zwar in ähnlicher Abstufung), dann sollte es eine hohe Korrelation zwischen diesen beiden Ratings geben. Es ergibt sich ein Koeffizient Tau von .711 (p < .001).
Der Zusammenhang zwischen SE und Experiencing ist somit hoch: Die beiden Maße beziehen sich offenbar auf ähnliche Aspekte des Explizierungsprozesses.

3.5.5 Reliabilität

Inter-Rater-Reliabilität

Um die Reliabilität der erstellten Skalen (Inhalt des Klienten, Bearbeitungsweise des Klienten, Bearbeitungsangebote des Therapeuten) einzuschätzen, wurde ein Teil der Daten von je zwei unabhängigen Ratern eingestuft. Die Höhe des Zusammenhangs wurde über den Tau-Korrelationskoeffizienten nach Kendall (vgl. Kendall 1955) berechnet.

Wesentlich ist, daß nicht – wie im weiteren – Interaktionen in Form von Triples die Datengrundlage bilden, sondern die Übereinstimmung der Ratings wird für jede einzelne Idee-Einheit einer Therapeuten- bzw. Klienten-Sequenz berechnet. Es wurden 648 Idee-Einheiten für den Klienten und 190 Idee-Einheiten für den Therapeuten zufällig ausgewählt und von beiden Ratern eingeschätzt. Die geringere Zahl von Idee-Einheiten für Therapeuten resultiert einerseits aus kürzeren Therapeutenäußerungen und andererseits aus der nur halb so großen Zahl von Sequenzen (1 Triple besteht aus 2 Klienten- und einer Therapeutenäußerung).

Inhaltsskala: Der berechnete Korrelationskoeffizient Tau für die Übereinstimmung der Rater in bezug auf die 648 zugrundeliegenden Idee-Einheiten beträgt .7589.

Skala für Bearbeitungsweisen des Klienten (BW): Der für die beiden Zahlenreihen bei einem N von 648 berechnete Tau-Korrelationskoeffizient beträgt .8167.

Skala für Bearbeitungsangebote des Therapeuten (BA): Der für die 190 Idee-Einheiten berechnete Korrelationskoeffizient der beiden Rangreihen beträgt Tau = .6016.

Die Inter-Rater-Reliabilität der BW-Skala kann als zufriedenstellend angesehen werden. Auch die Inhalts-Skala weist noch eine ausreichende Reliabilität auf. Dagegen ist die Rater-Übereinstimmung für Bearbeitungsangebote des Therapeuten nicht optimal. Es erwies sich manchmal bei sehr kurzen oder inhaltlich sehr unklaren Therapeutenäußerungen für die Rater als schwierig, das jeweilige Bearbeitungsangebot des Therapeuten zu erkennen (wahrscheinlich ist das in diesen Fällen für den Klienten ebenfalls schwierig).

Re-Rate-Reliabilität

Um die Re-Rate-Reliabilität zu bestimmen, wurde die gleiche Stichprobe von den gleichen Ratern drei Monate später erneut eingeratet (vgl. Koch u. Schöfer 1986, S. 81).

Es ergab sich für den ersten Rater ein Koeffizient von .86 und für den zweiten Rater von .81.

3.5.6 Zusammenhang zwischen Bearbeitungsweise und Therapieerfolg

Einschätzung des Therapieerfolgs durch den Therapeuten

Der Therapeut sollte eine Gesamteinschätzung abgeben, wie weit der Klient insgesamt außerhalb der Therapie von der Therapie profitiert hat (auf einer

7-Punkte-Skala: von 1 = überhaupt nicht gebessert oder sogar verschlechtert bis 7 = sehr stark gebessert). Er sollte dazu die Berichte heranziehen, die der Klient zu Beginn und am Ende der Therapie abgegeben hat. In seine Einschätzung sollte der Therapeut miteinbeziehen, wie weit sich Symptomatik, Beziehungen, Arbeit, Sexualität usw. verändert haben. Dabei konnte er nicht direkt den Einfluß der Therapie raten, sondern nur das Ausmaß der Veränderung von Anfang bis Ende der Therapie. Es handelt sich somit um eine Erfassung von Veränderungen (Veränderungsrating), die auch gleichzeitig versucht, die Problematik der Veränderungsmessung mit zu berücksichtigen (vgl. Grawe 1976; Plog 1976). Ein Rating der außertherapeutischen Besserung hat den Vorteil, daß man eine grobe Einschätzung des Therapie-Transfers hat. Der Therapeut schätzt nicht global den therapeutischen Prozeß bzw. innertherapeutische Variablen, sondern Verbesserungen außerhalb der Therapie ein. Dadurch ist ansatzweise gewährleistet, daß die Bedeutung innertherapeutischer Ziele (z. B. das Ziel der Explizierung) an außertherapeutischen Zielen (in bezug auf das Verhalten und Erleben in der außertherapeutischen Situation) validiert wird (vgl. Arend u. Ludwig 1978, 1980).

Natürlich ist das nur eine Annäherung und unter folgenden Gesichtspunkten kritisch zu betrachten:

- Der Therapeut kann Veränderungen/Verbesserungen nur aus den Berichten des Klienten ableiten.
- Das Rating ist sehr global und nicht objektiv.
- Der Therapeut kann sich durch den Therapie-Prozeß und andere Variablen im Rating beeinflussen lassen (z. B. können sich die Therapeuten am Ausmaß der Selbstexploration orientiert haben).
- Verschiedene Therapeuten haben unterschiedliche Bewertungsstandards, die nicht klar sind.

Andererseits hatten die Therapeuten keine Informationen über unsere Fragestellungen, Datenerhebung, Theorie und Hypothesen.

Die BW-Skala und ihre Kriterien waren den Therapeuten unbekannt. Dagegen sind die SE-Skala und die EXP-Skala den Therapeuten durch ihre Ausbildung bekannt. Sie sollten daher in ihrer Wahrnehmung eher für die durch diese Skalen spezifizierten Aspekte sensibilisiert sein. Die SE- und EXP-Einschätzungen korrelieren jedoch deutlich geringer mit Erfolg als BW.

Wenn die Art, mit der ein Klient in der Therapie seine Inhalte bearbeitet, für die Therapie wesentlich ist, dann müßte sich ein Zusammenhang nachweisen lassen zwischen diesem Prozeßmerkmal (BW) und Erfolgsmerkmalen. Wenn andererseits die Art der bearbeiteten Inhalte weniger wesentlich ist, dann sollte die Beziehung zwischen bearbeiteten Inhalten und Erfolg nur gering sein.

Die Korrelation zwischen dem Maximalwert der BW, die ein Klient in dem analysierten Ausschnitt erreicht und der Einschätzung des Therapieerfolgs durch den Therapeuten beträgt Tau = .690 ($p < .001$). Klienten, die in der Therapie (repräsentiert durch einen zufällig ausgewählten Abschnitt) eine hohe maximale BW zeigen (also in ihrem Explizierungsprozeß »sehr tief« kommen), werden vom Therapeuten auch als insgesamt erfolgreich eingeschätzt. BW erfaßt damit einen Aspekt von Therapie, der mit Therapieerfolg in signifikantem Zusammenhang steht.

Die Korrelation zwischen dem »maximalen Inhalt« der Klienten, also der Stufe der Inhaltsskala, die die Klienten in dem analysierten Ausschnitt maximal erreichen und dem durch den Therapeuten eingeschätzten Therapieerfolg beträgt Tau = $-.081$ ($p < .130$).

Es gibt somit keinen Zusammenhang zwischen der »Tiefe« des vom Klienten in der Stichprobe realisierten Inhalts und der Erfolgseinschätzung. Das Thema, bzw. die »Tiefe des Themas«, wie die SE-Skala sie nahelegt, ist für einen Therapieerfolg (eingeschätzt durch den Therapeuten) wenig relevant.

Insgesamt zeigt sich, daß die vom Klienten realisierte Bearbeitung seiner Inhalte, die Bearbeitungsweise, deutlich mit Therapieerfolg korreliert, das heißt, für den Erfolg der Therapie relevant ist. Dies gilt jedoch nicht für die »Tiefe« des jeweils bearbeiteten Inhalts.

Wie ausgeführt, werden in der SE-Skala die Aspekte der Bearbeitungsweise und der »Tiefe« der thematisierten Inhalte konfundiert. Trennt man diese Aspekte in zwei Skalen, dann zeigt sich, daß zwar die Bearbeitungsweise, nicht aber die »Tiefe« der Inhalte einen deutlichen Bezug zum Therapieerfolg aufweist. Aus diesem Grund kann man erwarten, daß die SE-Skala, in der beide Aspekte vermischt sind, weniger deutlich mit Erfolg korreliert als die Bearbeitungsweise.

Es ergibt sich ein Korrelationskoeffizient Tau von .556 ($p < .001$).

Damit besteht ein deutlicher Zusammenhang zwischen der SE-Einschätzung des gewählten Ausschnitts und dem (durch den Therapeuten eingeschätzten) Erfolg.

Korreliert man den jeweiligen Experiencing-Wert der Klienten mit der Erfolgseinschätzung, dann ergibt sich ein Tau von .569 ($p < .001$). Der Zusammenhang zwischen der Experiencing-Einschätzung und der Erfolgseinschätzung ist praktisch ebenso hoch wie der zwischen SE-Einschätzung und Erfolg.

Insgesamt zeigt sich, daß der Zusammenhang zwischen maximaler BW der Klienten und der Erfolgseinschätzung etwas höher ist als der Zusammenhang zwischen SE/EXP und Erfolg. Der Unterschied ist jedoch nicht sehr groß. Dennoch ist dieses Ergebnis für die BW-Skala sehr positiv: Die Einschätzungen der BW waren insbesondere mit dem Ziel entwickelt worden, Bearbeitung der Klienten, das heißt deren Explizierung, zu erfassen und eine Mikro-Analyse des Therapieprozesses zu ermöglichen. Das Hauptziel war nicht, den Therapieerfolg vorherzusagen. Daß die BW-Skala auch hier relevant ist, ist daher besonders positiv.

Einschätzung des Therapieerfolges durch das Freiburger Persönlichkeitsinventar (FPI)

Bei einer Unter-Stichprobe von 38 Klienten lag eine FPI-Erhebung vor und nach der Therapie (mit den Halbformen A und B; Fahrenberg et al. 1978) vor. Da dieser Persönlichkeitstest häufig in GT-Untersuchungen als Erfolgsmaß verwendet wurde, soll er hier auch zur Erfolgseinschätzung verwendet werden. Dabei wurden zur Beurteilung des Therapieerfolges die Unterskalen Nervosität, Depressivität, Gelassenheit, Gehemmtheit, Extraversion und emotionale Labilität herangezogen (vgl. Feindt 1978; Boeck-Singelmann 1978). Für diese 6 Skalen wurden die Veränderungen der Standardwerte (vom Vortest zum Nachtest) erhoben. Die Veränderungswerte der Skalen wurden addiert. Dabei wurden Veränderungen in konstruktiver Richtung positiv, Veränderungen in ungünstiger Richtung negativ gewertet (positiv: Abnahme von Nervosität, Depressivität, Gehemmtheit, emotionaler Labilität; Zunahme von Gelassenheit und Extraversion). Negative Summenwerte kamen nicht vor.

Daraus wurden drei Veränderungsgruppen gebildet:
- keine Veränderung: Veränderungen von 0 bis 2 Standardwerten;
- leichte Veränderung: Veränderungen von 3 bis 5 Standardwerten;
- deutliche Veränderung: Veränderungen von 6 und mehr Standardwerten.

Die Klienten wurden nach ihrer maximalen BW in drei »Explizierungs-Typen« eingeteilt:
- niedrige Explizierung: BW-Stufen 1 bis 3
- mittlere Explizierung: BW-Stufen 4 und 5
- hohe Explizierung: BW-Stufen 6 bis 8.

Es ergibt sich die Hypothese, daß niedrige BW-Niveaus auch nur zu geringen Veränderungen führen sollten; mittlere BW-Niveaus sollten leichte Veränderungen und hohe Niveaus deutliche Veränderungen zur Folge haben. **Tabelle 3.2** stellt die Häufigkeitsverteilung dar.

Man kann die von uns angenommene Hypothesenstruktur mit Hilfe der DEL-Analyse direkt abtesten (Hildebrand et al. 1974a, b; 1976; 1977a, b): Der sich dabei ergebende DEL-Wert gibt an, wie gut die »Vorhersagequalität« der jeweiligen Hypothese ist (ein DEL-Wert von 1 bedeutet eine optimale Vorhersage, alle beobachteten Daten entsprechen der Hypothese; bei einem negativen DEL-Wert sind insbesondere die »Fehlerzellen« besetzt, das heißt, die beobachteten Daten liegen gerade in den Zellen, in denen sie *nicht* erwartet werden).

Tab. 3.2: Veränderungen im FPI bei Klienten mit niedrigen, mittleren und hohen maximalen Bearbeitungswerten (»DEL« weist auf die in der DEL-Analyse überprüften Hypothesen hin: 0 = Ereigniszelle, 1 = Fehlerzelle)

MAX-BW	Veränderung im FPI			Gesamt
	keine	leichte	deutliche	
niedrig	2	3	1	6
DEL	0	1	1	
mittel	4	14	6	24
DEL	1	0	1	
hoch	0	2	6	8
DEL	1	1	0	
Summe	6	19	13	38

Rechnet man eine DEL-Analyse über diese Daten, dann ergibt sich ein DEL-Wert von .283 (p = .044; VAR = .017; R–K = .421; R–U = .587; Z = 1.988; 95%-Konf.: .004–.562): Die Beziehung zwischen Erfolg im FPI und dem Explizierungsniveau der Klienten ist nicht sehr ausgeprägt, wird aber signifikant.

Im Vergleich dazu soll die Beziehung zwischen dem SE-Niveau der Klienten und dem Ausmaß ihrer Veränderung (im FPI) ermittelt werden.

Dazu wird das SE-Niveau in drei Stufen eingeteilt:
- niedriges SE-Niveau: Stufen 1 und 2
- mittleres SE-Niveau: Stufen 3 und 4
- hohes SE-Niveau: Stufen 5 bis 8

Rechnet man eine DEL-Analyse über die sich dabei ergebenden Daten, dann ergibt sich ein DEL-Wert von .222 (p = .139, VAR = 0.019, R-K = .474, R-U = .609, z = 1.466): Eine signifikante Beziehung zwischen FPI-Erfolgswerten und dem SE-Niveau kann hier nicht aufgezeigt werden.

3.5.7 Diskussion

Diese Untersuchung diente in erster Linie dazu, die Güte und Relevanz der BW-Skala zu untersuchen. Es zeigte sich, daß die BW-Skala ihren Anspruch, eine Konfundierung von Bearbeitungs- und Inhalts-Beurteilung zu vermeiden, einlösen kann: Sie weist diese in der SE- und Experiencing-Skala vorhandene Konfundierung nicht auf. Die Ergebnisse zeigen auch, daß die Auflösung dieser Konfundierung wesentlich ist: Inhalt und Bearbeitung sind weitgehend unabhängig voneinander in dem Sinne, daß jeder Inhalt in jeder Weise bearbeitet werden kann. Aus diesem Grund darf eine Skala diese Aspekte auch nicht konfundieren.

Der Zusammenhang zwischen BW einerseits und SE und EXP andererseits ist so hoch wie erwartet und zeigt, unter Berücksichtigung der niedrigen Korrelation mit der Inhalts-Skala, eine »Konstruktvalidität« der BW-Skala: Man kann annehmen, daß die BW-Skala tatsächlich die »Bearbeitung« von Inhalten, also das Explizierungsniveau von Klienten, erfaßt. Die BW-Skala weist damit auch eine »diskriminative Validität« gegenüber den Skalen »Selbstexploration« und »Experiencing« auf: Das durch die BW-Skala erfaßte Konstrukt der »Bearbeitung« ist stringenter definiert, eindeutiger als die Konstrukte der Selbstexploration und des Experiencing. Die BW-Skala kann damit die Aspekte der »Bearbeitung von Inhalten« besser »aufklären« als die Skalen für SE oder EXP.

Diese Annahme wird auch durch die Beziehungen zu den Erfolgsmaßen unterstützt: Die BW-Skala erfaßt einen Aspekt des Klienten-Handelns, der erfolgsrelevant ist: Es handelt sich um ein relevantes Prozeßmerkmal. Dies ist konsistent mit der theoretischen Annahme, daß die Explizierung eigener Problemdeterminanten für einen Therapieerfolg relevant ist. Auch dieser Befund kann als Nachweis der (prädiktiven) Validität der BW-Skala gewertet werden.

Die Reliabilität der BW-Skala (Inter-Rater- und Re-Rate-Reliabilität) ist zufriedenstellend: Die Skala ist damit durch Rater zuverlässig anwendbar.

Insgesamt kann die BW-Skala somit als hinreichend reliables und valides Instrument zur Erfassung des Explizierungsniveaus von Klienten im Therapieprozeß angesehen werden. Gegenüber den Skalen für SE und EXP hat die BW-Skala folgende Vorteile:

- Sie ist, anders als die SE- oder EXP-Skala, von ihrer Definition her auf kleine Einheiten, einzelne Klienten-Aussagen anwendbar; sie ermöglicht damit eine genaue Analyse der Interaktion von Therapeut und Klient.
- Die Interpretation der analysierten Interaktion wird dadurch sehr erleichtert, daß für Klient und Therapeut parallele, aufeinander bezogene Skalen existieren (Intention des Therapeuten und Realisation durch den Klienten); dies ist bei den Skalen SE und VEE nicht der Fall.
- Sie vermeidet die Konfundierung zwischen Bearbeitung und Inhalt und ist damit eindeutiger interpretierbar: Sie erfaßt das Explizierungsniveau des Klienten unabhängig von den jeweils thematisierten Inhalten.
- Die BW-Skala ist andererseits der SE- und EXP-Skala in der Vorhersage des Therapieerfolges zumindest nicht unterlegen.

4 Prozeßsteuerung: Die steuernde Wirkung von Bearbeitungsangeboten auf den Explizierungsprozeß des Klienten

4.1 Das Konzept der »Steuerung«

Wir gehen in unserer Konzeption von GT davon aus, daß ein wesentliches Ziel der GT für den Klienten in einer »Explizierung des inneren Bezugssystems« im Hinblick auf relevante Probleme besteht. Die wesentlichen Aspekte des inneren Bezugssystems werden dabei als »persönlich-relevante Bedeutungsstrukturen« aufgefaßt (vgl. Kapitel 3.2).
Ein Klärungs- oder Explizierungsprozeß setzt voraus, daß ein Klient sich den relevanten Anteilen seiner Bedeutungsstrukturen zuwendet, indem er bestimmte Fragestellungen aufwirft, die sich zunächst auf eine Beschreibung des Problems, sodann auf eine Klärung der durch Problemaspekte beim Klienten ausgelösten Gefühle und gefühlten Bedeutungen beziehen und die letztlich auf eine Explizierung problemdeterminierender Bedeutungsstrukturen abzielen (Sachse 1986a, 1986b, 1986c). Diese vom Klienten explizit oder implizit aufgeworfenen Fragestellungen wurden als »Bearbeitungsweisen« des Klienten bezeichnet, und es wurde eine Skala mit acht Stufen der Bearbeitung vorgeschlagen, die der Klient bei der Explizierung von Bedeutungsstrukturen durchlaufen kann (vgl. Kapitel 3.2.2). Der Therapeut kann den Explizierungsprozeß des Klienten dadurch fördern, daß er in seinen Aussagen (explizit oder implizit) derartige Fragestellungen aufwirft und dem Klienten damit Bearbeitungsangebote macht, «Hinweise» gibt, wie der Explizierungsprozeß weitergetragen werden könnte. Wenn die Bearbeitungsangebote vom Klienten angenommen werden, geht der Klient dann den angeregten Fragestellungen nach.
Um festzustellen, welche Bearbeitungsangebote ein Therapeut mit der Aussage – gebunden an bestimmte Inhalte – macht, wurde eine der Bearbeitungsweise-Skala des Klienten parallele Skala entwickelt. Die Parallelität der Skalen ermöglicht eine Interaktionsanalyse (vgl. Pfeiffer 1976) auf einer Mikro-Ebene von Psychotherapie (Baumann u. v. Wedel 1981; Baumann et al. 1984). Im Hinblick auf eine Förderung des Klienten-Explizierungsprozesses ist nicht so sehr das »absolute Bearbeitungsangebot« von Bedeutung, sondern das »relative Bearbeitungsangebot«, also die Frage, in welchem Verhältnis das Bearbeitungsangebot des Therapeuten zur jeweils vorher vom Klienten realisierten Bearbeitungsweise steht. Dabei kann das therapeutische Angebot im Verhältnis zur Bearbeitungsweise des Klienten

- »gleichhalten«: Das Bearbeitungsangebot entspricht der vorher vom Klienten realisierten Bearbeitungsweise;
- »vertiefen«: Das Bearbeitungsangebot geht in Richtung auf das Explizierungsziel über die Bearbeitungsweise des Klienten hinaus (z.B.: Anregung »persönlicher Bewertung«, während sich der Klient auf der Stufe des »Berichts« befindet);

- »verflachen«: Das Bearbeitungsangebot liegt unter der vom Klienten realisierten Bearbeitungsweise (z.B.: Anregung von »Bericht«, während sich der Klient bereits auf der Ebene der »persönlichen Bedeutung« befindet).

Auch die Effekte der Bearbeitungsangebote des Therapeuten auf den Explizierungsprozeß des Klienten sollen als Veränderungen der BW von der Aussage *vor* der Therapeuten-Intervention zur Aussage *nach* der Intervention betrachtet werden: Die «BW-Effekte« des Klienten können damit gleichbleibend, vertiefend oder verflachend sein.

Therapeut und Klient sind in der therapeutischen Situation abwechselnd Hörer und Sprecher. Beide haben abwechselnd die Aufgabe, das, was sie jeweils meinen, in Sprache »umzusetzen« und das vom anderen sprachlich Geäußerte zu verarbeiten, um es verstehen zu können (vgl. Hörmann 1976; Herrmann 1982, 1985; Engelkamp 1984a, 1984b). Eine innerhalb der Sprachpsychologie wesentliche Annahme ist, daß ein Sprecher durch sein Sprechen potentiell immer auf den Hörer Einfluß nimmt. Hörmann (1976) spricht davon, daß der Sprecher »das Bewußtsein des Hörers lenkt«: »Der Sprecher verändert das, was der Hörer bewußt hat, und damit das, was er auf der Basis dieses Bewußtseins tun, erleben, denken kann« (Hörmann 1976, S. 500).

Die (zumindest kurzfristige) bewußtseinssteuernde Wirkung von Sprache konnte vielfach nachgewiesen werden (vgl. Bransford et al. 1972; Barclay et al. 1974; Loftus u. Palmer 1974; Jörg 1975), wenn sie auch nicht zwangsläufig ist: Ein Hörer kann sich durchaus auch gegen eine solche Steuerung »wehren«, z.B., indem er die Aussage des Sprechers »überhört« o.ä. (vgl. Jörg 1984). Dennoch sollte eine hohe Wahrscheinlichkeit für eine bewußtseinssteuernde Wirkung bestehen, das heißt, der Hörer nimmt die vom Sprecher gesetzten Impulse »an«.

Überträgt man dies auf die relativen Bearbeitungsangebote des Therapeuten an den Klienten, dann ergibt sich die Annahme einer starken Steuerung des Klienten-Explizierungsprozesses: Ein Therapeut sollte das Bewußtsein des Klienten zumindest kurzfristig auf die jeweiligen Fragestellungen lenken, das heißt, gleichbleibende, vertiefende oder verflachende Bearbeitungsangebote sollten vom Klienten jeweils in sehr hohem Maße angenommen werden.

Im einzelnen lassen sich daraus folgende Hypothesen über die steuernde Funktion relativer Bearbeitungsangebote ableiten:

1. Macht der Therapeut vertiefende Bearbeitungsangebote, dann vertieft der Klient mit hoher Wahrscheinlichkeit seine Bearbeitungsweise; das heißt, vertiefende Bearbeitungsangebote haben mehr Vertiefungen der Bearbeitungsweisen zur Folge als ein Gleichbleiben oder Verflachen der Bearbeitungsweise.
2. Macht der Therapeut gleichhaltende Bearbeitungsangebote, dann bleibt der Klient mit hoher Wahrscheinlichkeit in seinen Bearbeitungsweisen gleich; das heißt, gleichhaltende Bearbeitungsangebote haben häufiger ein Gleichbleiben der Bearbeitungsweisen zur Folge als Vertiefungen oder Verflachungen der Bearbeitungsweisen.
3. Macht der Therapeut verflachende Bearbeitungsangebote, dann verflacht der Klient mit hoher Wahrscheinlichkeit seine Bearbeitungsweise; das heißt, verflachende Bearbeitungsangebote haben mehr Verflachungen der Bearbeitungsweisen zur Folge als ein Gleichbleiben oder Vertiefungen der Bearbeitungsweisen.

4.2 Empirische Prüfung:
Die Untersuchung von Sachse u. Maus (1987)

Wir überprüften die Steuerungshypothese in einer ersten Untersuchung (Sachse u. Maus 1987) an einer Stichprobe von 51 Therapeuten (23 weiblich, 28 männlich) und 152 Klienten (91 weiblich, 61 männlich). Von den 51 Therapeutinnen und Therapeuten rechneten sich 26 selbst einer eher »klassischen« Form von GT zu (Realisierung von VEE, Ablehnung integrativer Vorgehensweisen), 14 rechneten sich selbst einem »erweiterten Ansatz« zu (Realisierung »erweiterten Therapeutenverhaltens« neben VEE, Realisierung auch anderer, nicht aus der GT stammender Interventionsformen) und 11 rechneten sich einem »interventionsorientierten Ansatz« zu (Akzeptierung von »Prozeßdirektivität«, erweitertes Therapeutenverhalten, gezieltes Fördern des Klienten-Prozesses durch Interventionen usw.).

Von den 51 Therapeuten befanden sich 7 in der Grundausbildung in Gesprächspsychotherapie, 13 in der Zusatzausbildung und 31 hatten die Ausbildung abgeschlossen. Die Therapeutinnen und Therapeuten arbeiteten in Kliniken, Beratungsstellen oder in freien Praxen.

Die Klienten hatten von sich aus um therapeutische Hilfe nachgesucht. Als Hauptsymptomatik wurden angegeben: Depressive Verstimmungen von 45 Klienten; soziale Probleme, Kontaktschwierigkeiten, soziale Ängste von 31 Klienten; Partnerschafts- und/oder sexuelle Probleme von 41 Klienten; Arbeits-, Lern- und Leistungsstörungen von 13 Klienten; allgemeine Unzufriedenheit, Lebenskrisen von 22 Klienten.

Von den Klienten hatten 57 einen Hauptschulabschluß, 45 hatten mittlere Reife, 14 hatten Abitur und 36 ein abgeschlossenes Hochschul- oder Fachhochschulstudium. Von jedem Klienten wurde ein Therapiegespräch aus dem Mittelbereich der Therapie zur Analyse verwendet. Zur Analyse der Therapeut-Klient-Interaktionen wurden Triples gebildet (Klientenaussage, Therapeutenaussage, Klientenaussage). Aus jeder Therapiesitzung wurden jeweils 10 Triples (beginnend nach den ersten fünf Minuten der Sitzung) gebildet. Insgesamt wurden 1520 Triples analysiert. Die Auswertung geht von einer Unabhängigkeit der Triples aus: Da die kurzfristige Steuerungswirkung der Therapeuteninterventionen in Abhängigkeit vom unmittelbar vorhergehenden Bearbeitungsstand des Klienten untersucht werden soll, werden alle Triples zu einer Gesamtstichprobe zusammengefaßt.

In längeren Aussagen können Klienten und Therapeuten mehrere Aussageeinheiten realisieren, die unterschiedliche Bearbeitungsweisen bzw. Bearbeitungsangebote enthalten. Um dem Rechnung zu tragen, wurden die Sequenzen nach der Methode von Davison et al. (1983) in sog. Idee-Einheiten unterteilt. Dabei gliederte ein Rater die Sequenz in inhaltlich zusammenhängende Einheiten. Diese Idee-Einheiten wurden dann nach den Skalen für Bearbeitungsweisen und Bearbeitungsangebote eingeschätzt. Durchschnittlich wurden pro Klientensequenz 2,7 und pro Therapeutensequenz 1,5 Idee-Einheiten gebildet.

In der Stichprobe der 1520 Triples beziehen sich Therapeuten beim Vorliegen mehrerer Idee-Einheiten in der Klientensequenz am häufigsten auf die letzte bzw. sie beziehen die letzte Idee-Einheit in ihre Verbalisierung mit ein (zu 81%).

Daher wurde zur Beurteilung der Bearbeitungsweise der ersten Klientenaussage die letzte Idee-Einheit herangezogen. Klienten beziehen sich in ihrer zweiten Aussage des Triples am häufigsten auf die letzte Idee-Einheit der Therapeutenaussage bzw. beziehen diese mit ein (zu 91%). Daher wurde die letzte Idee-Einheit der Therapeutenaussage zur Einschätzung von Bearbeitungsangeboten verwendet. Dabei bezieht sich überwiegend die erste Idee-Einheit des Klienten auf den Therapeuten (zu 94%). Es wurde daher die erste Idee-Einheit der zweiten Klientenaussage zur Einschätzung von Bearbeitungsweisen verwendet.
Um festzustellen, welche Art von Bearbeitungsangeboten der Therapeut im Vergleich zur Bearbeitungsweise des Klienten gemacht hat, wurde die Bearbeitungsweise der ersten Klientenaussage zum Bearbeitungsangebot des Therapeuten in Beziehung gesetzt: ist das Bearbeitungsangebot des Therapeuten auf der gleichen Stufe wie die Bearbeitungsweise des Klienten, dann wird das Bearbeitungsangebot als gleichhaltend eingeschätzt; liegt das Bearbeitungsangebot (BA) des Therapeuten auf der Skala niedriger als die Bearbeitungsweise (BW) des Klienten (BA < BW), dann ist das Bearbeitungsangebot verflachend; ist das Bearbeitungsangebot des Therapeuten auf der Skala höher als die Bearbeitungsweise des Klienten (BA > BW), dann ist das Bearbeitungsangebot vertiefend.
Die Bearbeitungsweise, die in der zweiten Klientenaussage eingeschätzt wird (im folgenden als »Effekt« bezeichnet), wurde entsprechend durch einen Vergleich der in der ersten Klientenaussage eines Triples mit der in der zweiten, der Therapeutenäußerung folgenden Klientenaussage realisierten Bearbeitungsweise festgestellt: Ist BW1 = BW2, ist der Effekt »gleichbleibend«, ist BW1 > BW2, ist der Effekt »verflachend«, ist BW1 < BW2, ist der Effekt »vertiefend«.

Ergebnisse

Die Ergebnisse unserer Studie stellt **Tabelle 4.1** dar: Die Häufigkeiten, mit denen auf vertiefende, gleichhaltende und verflachende Bearbeitungsangebote der Therapeuten vertiefende, gleichbleibende oder verflachende Bearbeitungsweisen der Klienten folgen, werden gezeigt.

Tab. 4.1: Häufigkeitsverteilungen der Effekte Vertiefen, Gleichbleiben und Verflachen des Klienten bei vertiefenden, gleichhaltenden und verflachenden Bearbeitungsangeboten (BA) des Therapeuten

Relative BA	BW-Effekte			Summe	Spalten (%)
	vertiefen	gleichbleiben	verflachen		
vertiefen	127	38	16	181	
Zeilen (%)	70,2	21	8,8		11,9
gleichhalten	411	560	235	1206	
Zeilen (%)	34,1	46,4	19,5		79,3
verflachen	15	20	98	133	
Zeilen (%)	11,3	15,0	73,7		8,8
Summe	553	618	349	1520	
Zeilen (%)	36,4	40,7	22,9		100,0

4.2.1 Reanalyse der Daten: Direkte Prüfung der Steuerungshypothese

Die von uns aufgestellte Steuerungshypothese besagt, daß Klienten in erster Linie die Bearbeitungsangebote annehmen, also nach einem vertiefenden Bearbeitungsangebot ihre Bearbeitungsweise vertiefen usw. Wir nehmen also an, daß in einer Matrix, in der Bearbeitungsangebote des Therapeuten und Bearbeitungsweise-Effekte angegeben sind, die Diagonalzellen sehr stark, die anderen gar nicht oder nur schwach besetzt sind (Diagonaleffekt).
Man kann die Steuerungshypothese mit Hilfe der DEL-Analyse (vgl. 3.6.7) direkt prüfen. Im vorliegenden Fall kann der DEL-Wert als »Maß für die Steuerung« interpretiert werden: Je höher der DEL-Wert ist, desto ausgeprägter ist die Steuerungswirkung der Bearbeitungsangebote des Therapeuten auf die Bearbeitungsweisen des Klienten.
Wendet man diese Analyse auf unsere Daten an, dann ergibt sich ein DEL-Wert von 0.212 (p = .000, VAR = .000, R-K = 0.484, R-U = .614, z = 12,59).
Die Hypothese kann somit als bestätigt gelten: Die steuernde Wirkung der Bearbeitungsangebote des Therapeuten auf die Bearbeitungsweisen des Klienten kann gezeigt werden. Allerdings ist der DEL-Wert nicht sehr hoch. Betrachtet man **Tabelle 4.1,** dann sieht man, daß insbesondere die Zeile »BA gleichhalten« relativ stark von der Erwartung abweicht: Hier gibt es relativ viele Fälle, in denen Klienten ihre Bearbeitungsweise vertiefen und auch noch etliche Klienten, die ihre Bearbeitungsweisen verflachen, obwohl der Therapeut ein gleichhaltendes Bearbeitungsangebot macht. Dies legt die Vermutung nahe, daß bei gleichhaltenden Bearbeitungsangeboten nur eine geringe Steuerung vorliegt: Hier hängt es stark von der »Eigenarbeit« der Klienten ab, ob und wie sie ihre Bearbeitungsweisen verändern.
Versuchsweise, eher unter hypothesengenerierender Intention, nehmen wir an, daß die Zeile »BA gleichhalten« insgesamt »Ereigniszellen« entspricht, also dort keine deutliche Steuerung nachweisbar ist. Rechnet man eine DEL-Analyse unter dieser Modifikation, dann ergibt sich ein DEL von 0.591 (p = .000, VAR = .001, RK = .059, RU = .143, z = 16,337; Konfidenz .518 bis .664): Unter dieser Hypothese kann ein sehr viel höherer DEL-Wert erzielt werden.
Dies zeigt: Ein Steuerungseffekt der Bearbeitungsangebote des Therapeuten auf die Bearbeitungsweise des Klienten kann für vertiefende und verflachende Bearbeitungsangebote nachgewiesen werden. Bei gleichhaltenden Bearbeitungsangeboten gibt es keinen nennenswerten Steuerungseffekt: Hier scheint die »Eigeninitiative« von Klienten bedeutsamer zu sein.

4.2.2 DEL-Analyse mit unabhängigen Daten

Zur Kontrolle von eventuellen Effekten der Verwendung abhängiger Daten wurde eine DEL-Analyse mit unabhängigen Daten gerechnet. Dazu wurde aus Transkripten jedes Klienten zufällig ein Triple herausgezogen und analysiert: Welches relative Bearbeitungsangebot macht der Therapeut dem Klienten in diesem Triple; wie verändert sich die Bearbeitungsweise des Klienten nach der Intervention des Therapeuten?

Dadurch erhält man eine Tabelle der Art von **Tabelle 4.2**, die sich von **Tabelle 4.1** darin unterscheidet, daß nun 152 voneinander unabhängige Triples analysiert werden.

Tab. 4.2: Häufigkeitsverteilungen der Effekte Vertiefen, Gleichbleiben und Verflachen des Klienten bei vertiefenden, gleichhaltenden und verflachenden Bearbeitungsangeboten (BA) des Therapeuten: Betrachtung unabhängiger Triples

Relative BA	BW-Effekte vertiefen	gleichbleiben	verflachen	Summe	Spalten (%)
vertiefen Zeilen (%)	18 72,0	5 20,0	2 8,0	25	16,4
gleichhalten Zeilen (%)	36 33,7	53 49,5	18 16,8	107	70,4
verflachen Zeilen (%)	2 10,0	4 20,0	14 70,0	20	13,2
Summe Zeilen (%)	56 36,8	62 40,1	34 25,1	152	100,0

Rechnet man über die unabhängigen Daten dieser Tabelle eine DEL-Analyse, dann ergibt sich ein DEL von .292 (p = .000, VAR = .003, R-K = .441, R-U = .623, Z = 4.890): Auch für unabhängige Daten kann die Steuerungshypothese beibehalten werden. Der DEL-Wert ist sogar höher als der, der mit »abhängigen Daten« gewonnen wurde.

4.2.3 DEL-Analyse mit nicht unmittelbar folgenden Klienten-Aussagen

Es wird angenommen, daß der Steuerungseffekt spezifisch und kurzfristig ist, das heißt, eine Intervention sollte jeweils die aktuelle Bearbeitungsweise des Klienten verändern.
Etwas später in der Sequenz auftretende Bearbeitungsweisen sollten dann wieder durch die nächste Intervention des Therapeuten beeinflußt sein usw. Aus diesem Grunde sollte der Effekt eines Bearbeitungsangebotes keinen Einfluß mehr auf die übernächste Klienten-Aussage haben. Es sei denn, der Therapeut macht noch einmal das gleiche Angebot und der Klient geht darauf ein: Dieser Effekt sollte aber umso geringer werden, je weiter die »Vorhersage« reicht.

KL1 – TH1 – KL2 – TH2 – KL3 – TH3 – KL4
BW1   BA1   BW2   BA2   BW3   BA3   BW4

Nimmt man KL1 (mit BW1) und TH1 (mit BA1) als Bezugspunkte, dann müßte ein Steuerungseffekt nachweisbar sein, wenn man zur Ermittlung der BW-Effekte KL2 einbezieht. Zieht man jedoch zur Ermittlung des Bearbeitungsweise-Effektes KL3 heran, dann müßte der Steuerungseffekt stark absinken; zieht man KL4 heran, dann müßte der Steuerungseffekt noch weiter absinken.
Wir haben eine solche Analyse durchgeführt, ausgehend von der bei jedem Klienten ersten transkribierten Klienten-Aussage.

Rechnet man mit den Daten der Triples KL1–TH1–KL2 eine DEL-Analyse (unabhängige Daten!), dann ergibt sich ein DEL von .323 (p = .000, VAR = .003, RK = .414, RU = .613, z = 5,509; Konfidenz .205 bis .442): Es ist somit auch mit diesem Satz (unabhängiger) Daten ein deutlicher Steuerungseffekt nachweisbar. Eine DEL-Analyse über die Triples KL1-TH1-KL3 ergibt ein DEL von .185 (p = .002, VAR = .003, R-K = .487, R-U = .600, Konfidenz .068 bis .311): Es ist zwar noch »Steuerungseffekt« nachweisbar, dieser ist jedoch bereits sehr viel schwächer als bei Einbezug von KL2. Bei der Analyse der Triples KL1–TH1–KL4 ergibt sich ein DEL von .091 (p = 157, VAR = .004, R-K = .520, R-U = .572, Konfidenz −.034 bis .216): Ein Steuerungseffekt ist nun nicht mehr nachweisbar.

4.2.4 Diskussion

Die Reanalyse und Erweiterung der Analyse der Untersuchung von Sachse und Maus (1987) zeigt folgendes:
1. Die »Steuerungshypothese«, das heißt, die Annahme, daß die jeweils aktuelle Bearbeitungsweise eines Klienten in hohem Maße durch das vom Therapeuten in der vorhergehenden Aussage geäußerte Bearbeitungsangebot gesteuert wird, konnte mit Hilfe der DEL-Analyse belegt werden. Der Vorteil der DEL-Analyse besteht darin, daß die Steuerungshypothese direkt getestet werden kann und der erhaltene DEL-Wert als ein »Kennwert für das Ausmaß der Steuerung« aufgefaßt werden kann.
Der hier erhaltene DEL-Wert kann auch für die folgenden Untersuchungen als ein Referenzwert verwendet werden: Man kann feststellen, ob unter bestimmten Bedingungen der Steuerungseffekt steigt oder sinkt, bzw. ob er an einer anderen Stichprobe repliziert werden kann.
2. Die Steuerung der Bearbeitungsweise des Klienten ist deutlich bei vertiefenden und verflachenden Bearbeitungsangeboten des Therapeuten, jedoch nicht bei gleichhaltenden Bearbeitungsangeboten. Es ist möglich, daß gleichhaltende Bearbeitungsangebote Klienten einen großen »Freiraum« für Eigenaktivitäten lassen, also weniger »Direktivität« aufweisen als andere Angebote. Es gibt jedoch noch eine andere Möglichkeit: Es kann sein, daß Klienten von sich aus wenig Neigung haben, gleichhaltenden Bearbeitungsangeboten von Therapeuten zu folgen: In diesem Fall würde dieses Bearbeitungsangebot auf starke »Eigentendenzen« der Klienten treffen und deshalb nicht »steuernd« wirken. Dies kann an dieser Stelle nicht entschieden werden. Ergebnisse, die in Kapitel 6 beschrieben werden, weisen allerdings eher in die letztere Richtung. Klienten scheinen insgesamt wenig geneigt zu sein, ihre Bearbeitungsweisen gleichzuhalten. ..
3. Ein möglicher methodischer Einwand, daß die Steuerungshypothese nur aufgrund der Verwendung »abhängiger Daten« signifikant bestätigt werden kann, konnte zurückgewiesen werden: Der Steuerungseffekt ist auch bei Verwendung unabhängiger Daten nachweisbar.
4. Die Hypothese, daß ein Steuerungseffekt spezifisch ist, das heißt, die Bearbeitungsweise des Klienten jeweils gezielt und damit kurzzeitig beeinflußt, wurde bestätigt: Schon in der übernächsten Klienten-Aussage (KL3)

kann nur noch ein sehr schwacher, in der 3. Klienten-Aussage (KL4) nach einem Bearbeitungsangebot des Therapeuten kann gar kein Steuerungseffekt mehr nachgewiesen werden. Dies zeigt, daß Bearbeitungsangebote »dynamische Prozeßvariablen« sind: Der Therapeut steuert »das Bewußtsein des Klienten«, seine jeweilige Bearbeitungsweise, zwar jeweils nur kurzfristig; damit steuert er sie allerdings auch *mit jeder Intervention aufs neue*.

4.3 Untersuchung zur Steuerungshypothese: Replikation

Eine Untersuchung zu Focusing-Prozessen, die von einer anderen Forschungsgruppe parallel an der Ruhr-Universität durchgeführt wurde, lieferte die Möglichkeit, unsere Analysen an einer anderen Stichprobe von Klienten zu wiederholen, um festzustellen, ob die Ergebnisse replizierbar sind.
An dieser Untersuchung waren 30 Psychotherapeuten und 80 Klienten beteiligt. Die dreißig Therapeuten (19 weiblich, 11 männlich; Durchschnittsalter 33 Jahre) hatten durchweg eine abgeschlossene Ausbildung in GT oder befanden sich in der Phase der Zertifizierung (also am Ende der Ausbildung). Sie hatten mindestens drei Jahre Berufserfahrung. Die Therapeuten arbeiteten in Kliniken, Beratungsstellen oder freien Praxen. Sie waren von Mitgliedern der Forschungsgruppe angesprochen und um Mitarbeit gebeten worden. Sechs der Therapeutinnen und Therapeuten rechneten sich selbst einem »Interventionsansatz« zu; 21 gaben an, einen »erweiterten Ansatz in der GT« zu praktizieren, und nur 3 der Therapeuten gaben an, einen »klassischen« GT-Ansatz zu realisieren.
Bei den 80 Klienten (23 männlich, 57 weiblich; Durchschnittsalter 29 Jahre, Range 18 bis 46 Jahre) handelte es sich um Klienten, die von sich aus um psychotherapeutische Hilfe nachgesucht hatten; alle Klienten waren von den Therapeuten als geeignet für eine GT angesehen worden. 19 davon hatten einen Hauptschulabschluß (32, 8%), 22 mittlere Reife (27, 5%) und 39 Abitur (48, 7%).
Die Therapeuten sollten möglichst alle Gespräche mit den Klienten auf Tonband aufzeichnen und den Untersuchern dann aus diesem Material bestimmte Tonkassetten zur Auswertung zur Verfügung stellen. Für unsere Replikationsstudie wollten wir solche Therapiestunden analysieren, die vor den von den Therapeuten mit den Klienten durchgeführten Focusing-Sitzungen lagen, da sonst die GT durch das Focusing beeinflußt sein kann. Da die Therapeuten das erste Focusing zu unterschiedlichen Zeitpunkten in der Therapie einsetzten, wir aber für unsere Stichprobe die gleiche Therapiestunde für alle Klienten analysieren wollten, setzten wir die fünfte Stunde (die immer noch vor einem Focusing lag) als Stichproben-Stunde fest.
Das Analyse-Verfahren war das gleiche wie bei Sachse u. Maus (1987; siehe auch Kapitel 4.2): Es wurden pro Klient auch hier 10 Triples gebildet und in die Analyse einbezogen. Die Einteilung der Idee-Einheiten für die Analyse der Bearbeitungsweisen des Klienten und der Bearbeitungsangebote des Therapeuten war genauso wie bei Sachse u. Maus (1987).

Es ergab sich somit insgesamt eine Stichprobe von 800 analysierten Triples, die in die Analyse einbezogen wurden.

Für jedes Triple (KL1–TH–KL2) wurde zunächst die BW in KL1 festgestellt, sodann die BW von KL2 und aus der BW-Diskrepanz der Effekt ermittelt: Der Effekt ist

- vertiefend, wenn die BW (KL2) > BW (KL1),
- verflachend, wenn BW (KL2) < BW (KL1),
- gleichbleibend, wenn BW (KL2) = BW (KL1) ist.

Um das relative BA des Therapeuten zu ermitteln, wurde die BW von KL1 mit dem BA des Therapeuten verglichen: Das relative BA ist

- vertiefend, wenn BA (TH) > BW (KL1),
- verflachend, wenn BA (TH) < BW (KL1),
- gleichhaltend, wenn BA (TH) = BW (KL1).

Um die Inter-Rater-Reliabilitäten abzuschätzen, rateten zwei trainierte Rater 400 Idee-Einheiten von Klienten und 300 Idee-Einheiten von Therapeuten unabhängig voneinander. Nach Kendalls Tau ergab sich für die Bearbeitungsangebote ein Korrelationskoeffizient von .68 und für Bearbeitungsweisen von .87.

Ergebnisse

Das Ergebnis der Analyse zeigt die Verteilungen der Häufigkeiten, mit denen Effekte der Bearbeitungsweise (BW-Effekte: vertiefend, gleichbleibend oder verflachend) bei verschiedenen relativen Bearbeitungsangeboten des Therapeuten (BA: vertiefend, gleichhaltend, verflachend) auftreten. **Tabelle 4.3** stellt die Ergebnisse dar.

Tab. 4.3: Häufigkeiten vertiefender (+), gleichbleibender (=) und verflachender (−) Effekte bei vertiefenden, gleichhaltenden und verflachenden BA des Therapeuten

Relative BA	Effekte (BW)			Summe	Spalten (%)
	+	=	−		
+ Zeilen (%)	245 78,5	44 14,1	23 7,4	312	39
= Zeilen (%)	157 36,3	222 51,4	53 12,3	432	54
− Zeilen (%)	2 3,6	5 8,9	49 87,5	56	7
Gesamt Zeilen (%)	404 50,5	271 33,9	125 15,6	800 100	

Zunächst wird deutlich, daß in dieser Stichprobe die Verteilung der relativen BA deutlich anders ist als in der Untersuchung von Sachse u. Maus (1987): Die Therapeuten machen von 800 analysierten BA 312 (39%) vertiefende BA, 432 (54%) gleichhaltende und 56 (7%) verflachende BA. Bei Sachse u. Maus (1987) hatten die Therapeuten nur 11,9% vertiefende, 79,3% gleichhaltende und 8,7% verflachende BA gemacht; der Prozentsatz vertiefender (gegenüber gleichhaltenden) BA ist hier somit deutlich höher.

Betrachtet man die Effekte der einzelnen relativen BA, so sieht man bei vertiefenden BA, daß diese zu 78,5% angenommen wurden: Der Prozentsatz der Annahme ist somit recht hoch (und liegt in der gleichen Größenordnung wie bei unserer früheren Studie).
In 14,1% der Fälle hat ein vertiefendes BA einen gleichbleibenden Effekt zur Folge: Die BW der Klienten verändert sich nicht. In 7,4% der Fälle führt ein vertiefendes BA zu einer Verschlechterung der BW.
Betrachtet man die gleichhaltenden BA, so wird auch hier wieder deutlich, daß diese BA den geringsten Steuerungseffekt haben: Sie werden nur zu 51,4% angenommen (dagegen werden vertiefende Bearbeitungsangebote zu 78,5% und verflachende BA zu 80,4% angenommen). In 36,3% der Fälle folgt auf ein gleichhaltendes BA des Therapeuten eine Vertiefung der BW des Klienten; in 12,3% der Fälle folgt eine Verflachung, also eine Verschlechterung der BW. Ein gleichhaltendes BA läßt den Klienten anscheinend relativ viel »Freiraum« für eigene Veränderungen der BW, wobei die Klienten diesen überwiegend konstruktiv nutzen.
Verflachende BA haben auch hier wieder (wie bei Sachse u. Maus 1987) die höchste Annahme-Rate: In 87,5% der Fälle folgt auf ein verflachendes BA eine Verschlechterung der BW, nur in 3,6% der Fälle folgt daraufhin eine Vertiefung der BW durch den Klienten. Verflachende BA scheinen damit besonders »durchschlagend« zu sein: Offenbar ist es für einen Therapeuten leichter, den Explizierungsprozeß des Klienten zu stören als ihn zu fördern. Interessant ist auch, daß der Wert für die Annahme verflachender BA hier deutlich höher liegt als bei Sachse u. Maus (1987), wo verflachende BA zu 73,7% angenommen wurden (auch damit lag der Annahmewert für verflachende BA aber schon höher als der für vertiefende BA (mit 70,2%)).
Berechnet man für **Tabelle 4.3** eine DEL-Analyse über die Steuerungshypothese, dann ergibt sich ein DEL-Wert von .417 ($p < .000$; VAR = .001; R–K = .355; R–U = .609, Z = 15.623; 95%-Konfidenz-Intervall: .364 bis .471).
Es läßt sich damit ein deutlicher Steuerungseffekt nachweisen. Die Ergebnisse von Sachse u. Maus (1987) konnten an dieser Stichprobe repliziert werden.

Unabhängige Daten

Auch an diesen Daten sollte der Steuerungseffekt für eine unabhängige Stichprobe von Triples berechnet werden. Dazu wurde bei jedem Klienten aus der Menge der transkribierten Triples zufällig ein Triple für die Analyse ausgewählt und der Effekt und das relative BA festgestellt; daraus ergeben sich 80 Triples.
Auch über die sich so ergebenden Daten wurde eine DEL-Analyse gerechnet. Dabei ergab sich ein DEL-Wert von .359 ($p < .000$; VAR = .007; R–K = .400; R–U = .624; Z = 4.203; 95%-Konf.: .186 bis .532): Bei Verwendung unabhängiger Daten ist somit ein Steuerungseffekt nachweisbar. Auch dies repliziert unsere früheren Befunde.

4.3.1 Zusammenhang mit Focusing-Erfolg

Allen Klienten dieser Stichprobe wurde ein Focusing vom Therapeuten angeboten. Der »Erfolg« im Focusing in der ersten von den Therapeuten durchgeführten Focusing-Sitzung wurde ermittelt. Hierzu wurde die von Sachse u.

Neumann (1986, 1987b) entwickelte Focusing-Rating-Skala verwendet: Sie erfaßt, wie weit der Klient im Focusing-Prozeß kommt (ob er z.B. einen felt sense entwickeln kann, ein Symbol zum felt sense entsteht, ein felt shift stattfindet, der Klient also einen »Erkenntnisgewinn« zu seinem Problem erreichen kann).

In einer Untersuchung wurde festgestellt (Sachse u. Neumann 1986), daß ein hoher Zusammenhang zwischen dem Selbstexplorations- und Experiencing-Niveau des Klienten in einer dem Focusing vorangehenden GT-Sitzung und dem Erfolg im Focusing besteht.

Theoretisch gehen wir davon aus, daß zwischen der »Fähigkeit« des Klienten, in einer GT seine eigenen problemrelevanten Bedeutungsstrukturen zu explizieren/verstehen und der Fähigkeit des Klienten, sich im Focusing-Prozeß einer Symbolisierung zu nähern bzw. diese zu erreichen, ein enger Zusammenhang besteht. Die Aufgaben oder Anforderungen an den Klienten sind in beiden Fällen ähnlich: Der Klient geht von einer Problem-/Situationsbeschreibung aus, identifiziert »eigene Anteile« an dem Problem und versucht, diese zu explizieren, sich selbst verständlich zu machen.

Wir unterstellen zwar nicht, daß jeder Klärungsprozeß über einen felt sense vollzogen wird und nur darüber vollzogen werden kann, wie Gendlin dies annimmt; dennoch muß eine Person zur Erreichung einer Explizierung Strategien anwenden, die, so vermuten wir, in allen Klärungsprozessen ähnlich sind: Die Aktivierung der eigenen Bedeutungsstrukturen, also letztlich die Aktivierung bestimmter Gedächtnisbestände, die Zentrierung der Aufmerksamkeit auf diese Aspekte, die Realisierung eines »intuitiv-holistischen Verarbeitungsmodus« (Bastick 1982; Kuhl 1983a) und die kognitive Repräsentation dieser Aspekte (Sachse 1989b).

Explizierungsprozessen, so nehmen wir an, liegen somit sowohl in der GT als auch im Focusing ähnliche »Klärungsstrategien« zugrunde. Ist die Person in der Lage, in der GT diese Strategien anzuwenden, dann besteht eine hohe Wahrscheinlichkeit, daß sie das auch im Focusing kann und umgekehrt. Die BW-Skala erfaßt damit, wie »gut« die Klienten in der GT eine Explizierung erreichen können; sie erfaßt damit indirekt auch, wie gut Klienten solche Klärungsstrategien anwenden können. Das Entsprechende erfaßt die Focusing-Rating-Skala für den Focusing-Prozeß. Wenn diese Annahmen zutreffen, dann sollte es eine deutliche Beziehung geben zwischen der von den Klienten in der GT erreichten durchschnittlichen BW-Stufe und dem »Focusing-Erfolg«.

Hier soll nun untersucht werden, welcher Zusammenhang besteht zwischen der vom Klienten in der GT realisierten durchschnittlichen BW und dem Focusing-Erfolg in der auf diese Sitzung folgenden Focusing-Sitzung. Um dies festzustellen, wird das vom Klienten in dem transkribierten Therapieausschnitt erreichte durchschnittliche BW-Niveau in drei Klassen eingeteilt:

1. BW von 3 bis 4.5 (ein Durchschnitt unter drei kommt nicht vor);
2. BW von 4.51 bis 5.99;
3. BW größer/gleich 6.

Der von den Klienten in der ersten Focusing-Sitzung erreichte Focusing-Erfolg wird (nach der Skala von Sachse u. Neumann, 1987a) ebenfalls in drei Klassen eingeteilt:

1. Focusing-Rating Werte 0 oder 1;
2. Focusing-Rating-Werte von 2 bis 4;
3. Focusing-Rating-Werte von 5 oder 6.

Verwendet man diese Einteilungen, dann kann man über die so entstehende Verteilung eine DEL-Analyse rechnen. Dabei ergibt sich ein DEL-Wert von .573 (p < 000; VAR = .007; R–K = .262; R–U = .615; Z = 6.857; 95%-Konf.: .402 bis .744): Es zeigt sich damit, daß ein enger Zusammenhang besteht zwischen dem BW-Niveau von Klienten und ihrem Focusing-Erfolg.

4.3.2 Diskussion

In der vorliegenden Studie konnte der von Sachse u. Maus (1987) gefundene Steuerungseffekt an einer anderen Stichprobe von Klienten und Therapeuten erneut gefunden werden: Der Steuerungseffekt kann damit als zuverlässig nachgewiesen gelten. Der Steuerungseffekt ist hier sogar ausgeprägter als bei Sachse u. Maus (1987): Der hier ermittelte DEL-Wert liegt deutlich höher als der in der vorliegenden Studie gefundene (DEL = .212).

Einen Grund dafür, warum der Steuerungseffekt hier ausgeprägter ist, sehen wir darin, daß in dieser Untersuchung der Anteil der gleichhaltenden BA geringer ist als bei Sachse u. Maus (1987): 54% gegenüber 79,3%. Es war bei Sachse u. Maus (1987) deutlich, daß der Steuerungseffekt bei gleichhaltenden BA des Therapeuten am geringsten war und daß dies den Gesamt-Steuerungseffekt beeinträchtigte. Man kann daher erwarten, daß eine Reduktion dieser BA zu einem Anstieg des Gesamt-Steuerungseffekts führt.

Der Grund für den geringeren Anteil gleichhaltender Interventionen könnte in der Orientierung der Therapeuten liegen: Es ist plausibel, anzunehmen, daß eher »klassisch orientierte« GT-Therapeuten auch eher paraphrasierende Aussagen machen, die überwiegend gleichhaltende BA enthalten, während Therapeuten des »erweiterten Ansatzes« Klienten eher zu weiterer Explizierung anregen.

Neben der Verminderung gleichhaltender Bearbeitungsangebote vermuten wir noch einen weiteren Aspekt, der zu einer Erhöhung des Steuerungseffektes beiträgt: Wie erkennbar wird, nehmen die Klienten dieser Studie die BA der Therapeuten in höherem Maße an als bei Sachse u. Maus (1987; vertiefende BA zu 78,5%, verglichen mit 70,2% bei Sachse/Maus; gleichhaltende BA zu 51,4%, verglichen mit 46,4%; verflachende BA zu 87,5% verglichen mit 73,6%).

Warum das der Fall ist, kann nicht mit Sicherheit gesagt werden. Wir vermuten aber, daß dies an der »besseren Klienten-Stichprobe« dieser Untersuchung liegt. In dieser Untersuchung weisen die Klienten in den analysierten Bändern einen durchschnittlichen SE-Wert von 5.46 auf; bei Sachse und Maus (1987) wiesen die Klienten durchschnittlich einen SE-Wert von 4.1 auf. Wir möchten anhand dieser Ergebnisse die Hypothese aufstellen (die an einer neuen Stichprobe untersucht werden muß), daß Klienten mit hohem SE-Niveau, das heißt, Klienten mit hoher Explizierungsfähigkeit, stärkere Steuerungseffekte aufweisen als Klienten mit geringer Explizierungsfähigkeit: Wir vermuten, daß die hoch explorativen Klienten die Bearbeitungsangebote (und zwar sowohl vertiefende als auch gleichhaltende und verflachende) eher annehmen als wenig explorative Klienten.

Auch hier wird wieder deutlich, daß Klienten verflachende BA in besonders hohem Ausmaß annehmen. Dies zeigt, daß ein Therapeut sehr genau bedenken sollte, ob ein verflachendes Angebot sinnvoll ist; dies könnte der Fall sein, wenn ein Klient ein neu gewonnenes Verständnis »innerer Problemdeterminanten« auf seine augenblickliche Situation anwenden soll, um die »Erkenntnisse im praktischen Handeln nutzbar zu machen«. In vielen Fällen wird aber ein verflachendes BA destruktiv sein, den Klienten »von einer Klärungsspur abbringen«. Gerade weil diese BA in so hohem Maße von Klienten angenommen werden, ist es besonders wichtig, solche ungünstigen Interventionen zu vermeiden.

In dieser Untersuchung konnte ebenfalls der Steuerungseffekt an unabhängigen Daten nachgewiesen werden. Dieser Effekt ist demnach so deutlich, daß er sowohl mit »abhängigen« als auch mit unabhängigen Daten unter Verwendung von Chi-Quadrat-Vergleichen wie bei Verwendung der DEL-Analyse und bei verschiedenen Stichproben nachgewiesen werden kann.

Es konnte eine deutliche Beziehung aufgezeigt werden zwischen der »Explizierungstiefe« der Klienten in der GT, erfaßt durch die BW-Skala und dem »Erfolg im Focusing«, erfaßt mit der Focusing-Rating-Skala. Dies steht im Einklang mit unserer Hypothese, daß sowohl die BW-Skala als auch die Focusing-Skala wesentliche Aspekte eines Explizierungsprozesses erfassen und daß diese »Explizierungs-Strategien« in beiden Zugängen, der GT und dem Focusing, ähnlich sind. Man muß allerdings sehen, daß diese Befunde zwar konsistent sind mit den Befunden von Sachse u. Neumann (1986): Ein Zusammenhang zwischen »Explizierungsmaßnahmen« der GT und des Focusing konnte somit mehrfach gefunden werden und kann als reliabel gelten. Die Beziehung dieser Befunde zur Theorie ist aber noch indirekt: Welche Prozesse hier wesentlich von Bedeutung sind, und wie der Zusammenhang genau vermittelt ist, kann im Augenblick noch nicht gesagt werden.

4.4 Der Einfluß von Interventionsformen des Therapeuten auf die Steuerungswirkung von Bearbeitungsangeboten

Die »Bearbeitungsangebote«, die Therapeuten den Klienten machen, beziehen sich darauf, was ein Therapeut »meint«, auf die vom Klienten wahrnehmbaren »Intentionen« des Therapeuten im Hinblick auf die Bearbeitung der relevanten Inhalte. Das, was ein Therapeut jeweils meint, kann er aber in sehr unterschiedlicher Form *sagen:* Wie ausgeführt, kann ein Sprecher das Gemeinte in unterschiedlicher Weise sprachlich realisieren. Man muß annehmen, daß die jeweilige Form der sprachlichen Realisierung einen Einfluß darauf hat, wie gut das vom Therapeuten Gemeinte vom Klienten verstanden und »umgesetzt« werden kann. Diesen Aspekten wollen wir uns nun zuwenden.

4.4.1 Interventionsformen des Therapeuten

Bearbeitungsangebote des Therapeuten müssen immer in irgendeiner sprachlichen Form »an den Klienten herangetragen« werden. Der Therapeut macht seine Bearbeitungsangebote damit immer im Rahmen bestimmter »Interventionsformen«. Wir möchten hier vier Interventionsformen unterscheiden:

Paraphrasieren:
Paraphrasieren soll hier bedeuten, daß der Therapeut das vom Klienten Gesagte aufnimmt und wiedergibt. Er bleibt dabei eng an dem vom Klienten explizit Gesagten und geht nicht darüber hinaus. Dabei kann der Therapeut andere Worte benutzen als der Klient.

Implizites herausarbeiten:
Der Therapeut versucht, das vom Klienten Gemeinte zu erfassen; er geht in seiner Aussage über das vom Klienten explizit Gesagte hinaus. Er faßt das vom Klienten implizit, indirekt Angesprochene in Worte. Dabei bezieht er auch Informationen ein, die er bereits vorher vom Klienten erhalten hat.

Fragen:
Der Therapeut stellt explizite Fragen an den Klienten. Dabei kann es sich um konkretisierende Fragen handeln: Der Therapeut fordert den Klienten z.B. auf, einen Sachverhalt zu schildern bzw. Informationen zu geben, die dem Therapeuten das Verstehen erleichtern/ermöglichen sollen. Oder es kann sich um vertiefende Fragen handeln, die die BW des Klienten vertiefen sollen.

Prozeßdirektiven:
Prozeßdirektiven sind solche Interventionen, die den Klienten zur Bearbeitung auffordern: Bei etwas zu bleiben, Informationen zu geben, Gefühle entstehen zu lassen usw. Diese Interventionsformen werden häufig im Focusing verwendet (vgl. Gendlin 1978; Sachse und Neumann 1986; Sachse 1985).
Wesentlich ist, daß die verschiedenen Interventionsformen prinzipiell nicht an bestimmte Bearbeitungsangebote »gebunden« sind, sondern mit allen Arten von Bearbeitungsangeboten gekoppelt werden können.

Interventionsformen sind auffaßbar als »Sprechakte« mit unterschiedlicher »illokutionaler Wucht« (vgl. Austin 1956/1957, 1962) und damit auch unterschiedlicher Direktivität. Diese Sprechakte allein genügen nicht, den Therapieprozeß aufzuklären. Es ist aber wesentlich, wie die Bearbeitungsangebote »verpackt« werden. Die Steuerung des Bearbeitungsprozesses durch Bearbeitungsangebote, die »Lenkung des Bewußtseins«, die Wahrscheinlichkeit, mit der ein Klient ein Bearbeitungsangebot annimmt, die Fragestellung aufnimmt, hängt auch davon ab, wie das Bearbeitungsangebot gestaltet wird.
Wir möchten in dieser Arbeit die folgenden Fragestellungen untersuchen, die sich auf Interventionsformen und ihre Wechselwirkungen mit Bearbeitungsangeboten beziehen:
- Wir möchten untersuchen, wie häufig die einzelnen Interventionsformen von Therapeuten überhaupt verwendet werden.
- Wir wollen dann untersuchen, wie häufig welche Bearbeitungsangebote mit welchen Interventionsformen gemacht werden: Gibt es besonders häufige oder besonders seltene Kombinationen?

- Es soll dann untersucht werden, welche generellen Effekte die Interventionsformen als solche haben: Gibt es z.B. Interventionsformen, die eher vertiefende Effekte haben?
- Zum Schluß sollen dann Wechselwirkungen untersucht werden: Wird die Wirkung von Bearbeitungsangeboten dadurch beeinflußt, mit welcher Interventionsform das Bearbeitungsangebot »transportiert« wird?

4.4.2 Statistisches Vorgehen

Die unserer Untersuchung zugrundeliegenden Untersuchungsfragen/Hypothesen können lediglich durch die Anwendung non-parametrischer Verfahren überprüft werden. Die Anwendung von parametrischen Verfahren erfordert eine Reihe von Voraussetzungen, welche nicht vorliegen, wie z.B. die Messung auf Intervallniveau.
Die unterschiedlichen Interventionstechniken lassen sich nur als kategoriale Daten (4 Kategorien) betrachten. Sie stellen sich gegenseitig ausschließende Teilklassen dar. Die Objekte jeder Teilklasse sind in bezug auf ein Merkmal gleich (=) und werden deshalb jeweils mit einem gemeinsamen Kategorie-Label gekennzeichnet. Eine Restkategorie für nicht zuordbares Therapeutenverhalten wurde aufgestellt.
Für die Untersuchungsfragen werden zwei statistische Verfahren angewandt, die sich aus dem vorliegenden Skalenniveau der Messungen und den Untersuchungsfragen ergeben.

Konfigurationsfrequenzanalyse

Die Konfigurationsfrequenzanalyse (KFA) ist ein Verfahren, mit dem die Fragestellung, welche Kombinationen von Bearbeitungsangeboten und Interventionstechniken häufiger bzw. seltener auftreten als erwartet, bearbeitet werden kann. Die KFA wird zur Typenselektion verwendet; das heißt, um festzustellen, welche Merkmalskombinationen signifikant häufiger oder seltener vorkommen als erwartet (Krauth u. Lienert 1973). Sie ist ein deskriptives Verfahren zur Analyse multivariater kategorialer Daten. Für jede Zelle der Datenmatrix (die Konfiguration) ergibt sich eine bestimmte Frequenz. Aus den Randsummen lassen sich die erwarteten Häufigkeiten ermitteln. Mit Hilfe von Chi-Quadrat-Tests ermittelt man nun
a. signifikant überfrequentierte Zellen. Sie werden als Typen bezeichnet.
b. signifikant unterfrequentierte Zellen. Sie werden als Antitypen bezeichnet.

Chi-Quadrat-Test für eine Stichprobe

Für die Untersuchungsfragen 2, 3 und 4 wurde ein Verfahren gewählt, um die Häufigkeitsunterschiede im Auftreten bestimmter Merkmale analysieren zu können. Mit Hilfe der Chi-Quadrat-Methode für eine Stichprobe (vgl. Siegel 1976) kann getestet werden, ob zwischen einer beobachteten Anzahl von Objekten/Reaktionen, die in jede Kategorie fallen, und einer erwarteten Anzahl –

entsprechend H_0 (Gleichverteilung der Häufigkeit) – ein signifikanter Unterschied besteht.

4.4.3 Inter-Rater-Reliabilität für die Kategorisierung der Interventionsformen

Die vier definierten Interventionsformen können als vier diskrete Kategorien aufgefaßt werden. Für den Fall, daß eine Therapeutenaussage nicht nach einer dieser Kategorien klassifiziert werden kann, wurde eine fünfte Kategorie als Restkategorie definiert.
Drei Rater wurden in der Anwendung dieser fünf Kategorien auf Idee-Einheiten aus Therapie-Texten trainiert. Analysiert wurde jeweils die erste Idee-Einheit des Therapeuten-Textes aus 1520 Triples.
Zwei der Rater schätzten jeweils 760 Triples nach den fünf Kategorien ein. Dabei zeigte sich, daß 69 der Therapeuten-Einheiten nicht nach einer der vier Interventionskategorien klassifiziert werden konnten (diese fielen somit in die Restkategorie): Für die weitere Analyse blieben damit 1451 Triples übrig.
Zur Ermittlung der Inter-Rater-Reliabilität wurden aus den 1520 Triples 350 zufällig ausgewählt. Die jeweiligen Idee-Einheiten der Therapeutenaussagen in jedem Triple wurden einem dritten Rater in zufälliger Reihenfolge vorgelegt, und er sollte sie bezüglich der fünf möglichen Kategorien einschätzen. Auf diese Weise konnte mit Hilfe des Kappa-Koeffizienten für jede der vier Interventionsformen die Inter-Rater-Reliabilität ermittelt werden. Es ergaben sich folgende Kappa-Werte:
Für »Paraphrasieren« .83; für »Implizites herausarbeiten« .85; für »Fragen« .96 und für »Prozeßdirektiven« .81. Die Rater-Übereinstimmung kann daher als zufriedenstellend betrachtet werden.

4.4.4 Ergebnisse

a) Kombination von Bearbeitungsangeboten und Interventionsformen

Theoretisch können alle Bearbeitungsangebote durch alle Interventionsformen realisiert werden. Die Frage ist aber, ob das in der therapeutischen Praxis durch die Therapeuten tatsächlich geschieht.
Es soll daher untersucht werden, welche Kombinationen von Bearbeitungsangeboten und Interventionsformen von den Therapeuten mit welchen Häufigkeiten realisiert werden; gibt es besonders »typische« Kombinationen, die besonders häufig realisiert werden, und gibt es besonders »untypische« Kombinationen, die nur selten oder gar nicht realisiert werden?
Betrachtet man zunächst die Häufigkeiten, mit denen Therapeuten die vier definierten Interventionsformen realisieren, dann wird deutlich, daß die Interven-

tionsart »Implizites herausarbeiten« am häufigsten (596mal; 41,07%) vorkommt, gefolgt von »Fragen« (517mal; 35,63%) und Paraphrasieren (243mal; 16,75%), relativ selten sind Prozeßdirektiven (95mal; 6,55%). Trennt man wie hier genauer zwischen »paraphrasieren« und »Herausarbeiten von Implizitem«, dann zeigt sich, daß Therapeuten sich, wie es theoretisch sinnvoll ist, stark auf das vom Klienten »Gemeinte« beziehen und nicht beim »Gesagten« stehenbleiben (Vergleich Paraphrasieren/Implizites herausarbeiten: 234–596, Chi-Quadrat = 148, 52, p < .001)

Auffällig ist der unerwartet hohe Anteil an Fragen (35,63%): Trotz der weitgehend ablehnenden Haltung, die in vielen GT-Konzepten Fragen gegenüber vertreten werden, ist der Anteil dieser Interventionsform sehr hoch. Dagegen spielen Prozeßdirektiven (mit 6,55%) nur eine untergeordnete Rolle.

Konfigurationsfrequenzanalyse:

Tab. 4.4 stellt die Häufigkeiten dar, mit denen die Kombinationen von bestimmten Bearbeitungsangeboten mit bestimmten Interventionsformen auftreten sowie die erwarteten Häufigkeiten, die aufgrund der Randsummen ermittelt wurden. (Zu beachten ist, daß wir diese Untersuchung als »Explorationsstudie« verstanden wissen wollen und die eigentlich notwendige Alpha-Adjustierung deshalb hier nicht vorgenommen wurde.)

Tab. 4.4: Beobachtete Häufigkeiten. (Es werden die aufgetretenen Kombinationen von Bearbeitungsangeboten und Interventionstechniken ausgezählt; die Bezeichnung der BA entspricht den Skalenstufen und Chi-Quadrat-Tests für jede Zelle.)

IF	Bearbeitungsangebote								Summe
	1	2	3	4	5	6	7	8	
Para.	3	11	103	51	30	41	3	1	243
Chi^2	2,8	10,1	0,5	8,1 B	0,1	2,2	3,7	0,2	
Impl.	2	4	227	98	94	153	16	2	596
Chi^2	0,3	4,2 A	7,3 A	2,3	3,8	5,4 B	1,3	0,1	
Frage	2	9	285	46	54	98	22	1	517
Chi^2	0,1	0,0	10,4 B	10,0 A	2,4	1,3	0,7	0,1	
Proz.	0	2	46	10	9	17	11	0	95
Chi^2	0,5	0,1	0,2	0,9	0,9	0,5	16,9	0,4	
Summe	7	26	661	205	187	309	52	4	1451

BA = Bearbeitungsangebot (vgl. Kap. 3.3)
IF = Interventionsform
A = Anti-Type e > f
B = Typ e < f

Aufgrund der Ergebnisse lassen sich für die Therapeuten-Stichprobe folgende Kombinationen von Interventionsformen und Bearbeitungsangeboten aufzeigen:
- Die Merkmalskombination »Implizites herausarbeiten« und »Intellektualisierung anregen« tritt viermal auf. Die erwartete Häufigkeit liegt bei 10,7. Daraus ergibt sich ein Chi-Quadrat-Wert von 4,2 (Testwert muß > 3,84 sein).

Weil die erwartete Häufigkeit (e) > als die beobachtete Häufigkeit (f) ist, liegt ein *Anti-Typ* vor, das heißt, die Merkmalskombination (Konfiguration) tritt signifikant seltener auf, als aufgrund der Randverteilung zu erwarten gewesen wäre.
- Die Merkmalskombination »*Implizites herausarbeiten*« und »*Bericht anregen*« tritt 227mal auf. Die erwartete Häufigkeit liegt bei 271,5. Der Chi-Quadrat-Testwert beträgt 7,3. Weil e > f, liegt ebenfalls ein *Anti-Typ* vor.
- Die Konfiguration *Fragen und* »*Bericht anregen*« tritt 285mal auf. Die erwartete Häufigkeit beträgt 235,5. Daraus ergibt sich ein Chi-Quadrat von 10,4. Weil e < f, liegt ein *Typ* vor, das heißt, die Merkmalskombination tritt signifikant häufiger auf, als aufgrund der Randverteilung zu erwarten gewesen wäre.
- Die Merkmalskombination *Paraphrasierung und* »*Bewertung anregen*« tritt 51mal auf. Die erwartete Häufigkeit liegt bei 34,4 (Chi-Quadrat = 8,1). Weil e < f, liegt ein *Typ* vor.
- Die Merkmalskombination *Fragen und Bewertung anregen* liegt 46mal vor. Die erwartete Häufigkeit beträgt 73. Daraus ergibt sich ein Chi-Quadrat-Wert von 10. Weil e > f, liegt ein *Anti-Typ* vor.
- Die Merkmalskombination »*Implizites herausarbeiten*« und »*persönliche Bedeutung anregen*« liegt 153mal vor. Die erwartete Häufigkeit beträgt 126,9 (Chi-Quadrat 5,4). Weil e < f, liegt ein *Typ* vor.

Insgesamt konnten somit in der KFA für die Therapeuten-Stichprobe jeweils drei signifikante Typen und Anti-Typen ermittelt werden.

Signifikante Typen sind:
1. Das Bearbeitungsangebot »Bericht anregen« wird insbesondere durch die Interventionsform »Fragen« realisiert.
2. Das Bearbeitungsangebot »Bewertung anregen« wird insbesondere durch die Interventionsform »Paraphrasieren« realisiert.
3. Das Bearbeitungsangebot »Persönliche Bedeutung anregen« wird insbesondere durch die Interventionsform »Implizites herausarbeiten« realisiert.

Die »Anti-Typen« sind:
1. Das Bearbeitungsangebot »Intellektualisierung anregen« wird besonders selten mit der Interventionsform »Implizites herausarbeiten« realisiert.
2. Das Bearbeitungsangebot »Bericht anregen« wird besonders selten durch die Interventionsform »Implizites herausarbeiten« realisiert.
3. Das Bearbeitungsangebot »Bewertung anregen« wird besonders selten durch die Interventionsform »Fragen« realisiert.

Demzufolge scheint »Implizites herausarbeiten« eine Interventionsform zu sein, die von Therapeuten zur Anregung »tieferer« Explizierungsstufen (persönliche Bedeutung), aber nicht zur Realisierung »flacherer Bearbeitungsangebote« verwendet wird.
Für die Intervention »Fragen« scheint das Umgekehrte zu gelten: Sie werden zur Anregung von »Bericht«, aber nicht (mehr) für »Bewertung« verwendet. Interessant ist die Kombination von »Paraphrasierung« mit dem Bearbeitungsangebot »Bewertung anregen«.

Weiter ist von Interesse, daß es keine deutlichen Zusammenhänge zwischen der Interventionsform »Prozeßdirektiven« und den Bearbeitungsangeboten gibt.

Daß das Bearbeitungsangebot »Persönliche Bedeutung anregen« durch »Implizites herausarbeiten« und nicht durch Fragen oder Prozeßdirektiven vermittelt wird, und daß es keine deutlichen Zusammenhänge gibt zwischen »tiefen« Bearbeitungsangeboten (Stufen 5, 6, 7 und 8) und Fragen/Prozeßdirektiven, kann man (vorsichtig) so interpretieren, daß Therapeuten »tiefe« Bearbeitungsangebote eher »behutsam« an einen Klienten herantragen. Dagegen wird die eher »massive« Interventionsform »Fragen« eher zur Anregung eines Berichtes genutzt.

Tab. 4.5: Verteilung der Effekte der Bearbeitungsweisen bei vertiefenden, gleichhaltenden und verflachenden Bearbeitungsangeboten des Therapeuten, getrennt für die vier Interventionsformen

IF	BA	BW-Effekte +	=	−	Summe
	+	8	8	4	20
Para.	=	71	91	41	203
	−	2	3	15	20
Summe		81	102	60	
	+	71	13	5	89
Impl.	=	146	222	87	455
	−	6	9	37	52
Summe		223	244	129	
	+	39	11	5	55
Frage	=	148	191	78	417
	−	4	7	34	45
Summe		191	209	117	
	+	6	4	1	11
Proz.	=	27	35	13	75
	−	1	1	7	9
Summe		34	40	21	
Gesamtsumme		529	595	327	1451

b) Generelle Effekte der Interventionsformen

Es soll nun untersucht werden, ob die vier Interventionsformen als solche betrachtet, ohne Berücksichtigung der damit jeweils vom Therapeuten vermittelten Bearbeitungsangebote, deutliche konstruktive oder destruktive Einflüsse auf die Bearbeitungsweise des Klienten haben. Wenn solche Effekte vorliegen, dann bedeutet das, daß bereits die Berücksichtigung von Interventionsformen (ohne Berücksichtigung der Bearbeitungsangebote) von großer therapeutischer Relevanz ist. Zeigen die Interventionsformen als solche jedoch keine deutlichen Effekte auf die Bearbeitungsweise von Klienten, dann heißt das, daß der Explizierungsprozeß des Klienten durch diese Interventionsformen allein nicht wesentlich beeinflußt wird.

Verglichen werden die Häufigkeiten vertiefender, gleichbleibender und verflachender Effekte bei Realisation der vier Interventionsformen durch den Therapeuten. Berechnet man einen Chi-Quadrat-Test über die Daten, dann ergibt sich ein Wert von 1,7 (n.s.): Betrachtet man die Interventionsformen *ohne* Berücksichtigung der jeweils *durch* diese Interventionsformen vom Therapeuten gemachten BA, dann ergeben sich keine Effekte auf die relativen Bearbeitungsweisen; keine der vier Interventionsformen erzeugt für sich betrachtet deutliche vertiefende, gleichhaltende oder verflachende Effekte, die über zu erwartende Effekte hinausgehen. Es gibt damit, absolut gesehen, keine besonders günstige oder besonders ungünstige Interventionsform.

Man kann heuristisch die Vermutung formulieren, daß »mittel-direktive« Interventionsformen wie »Herausarbeiten von Implizitem« oder »Fragen« insgesamt in stärkerem Maße vertiefende Effekte haben, während »Paraphrasieren« und »Prozeßdirektiven« eher gleichbleibende Effekte haben. Eine solche Hypothese kann man mit einer DEL-Analyse direkt prüfen. Tut man dies, dann ergibt sich ein DEL-Wert von .013 ($p = .437$): Eine solche Hypothese läßt sich nicht bestätigen.

Man muß daraus schließen, daß die Interventionsformen, allein betrachtet, nicht differentiell wirksam sind.

c) Wechselwirkungen

Dies besagt aber noch nicht, daß die Interventionsformen irrelevant sind: Es ist möglich, daß die Interventionsformen mit den (durch sie vermittelten) Bearbeitungsangeboten in Wechselwirkung stehen: So kann es sein, daß vertiefende Bearbeitungsangebote dann von Klienten leichter angenommen werden, also mehr vertiefende Effekte zur Folge haben, wenn sie mit der Interventionsform A realisiert werden als mit der Interventionsform B. Selbst wenn die vier Interventionsformen als solche betrachtet nicht differentiell auf die Effekte wirken, so können sie die Effekte der Bearbeitungsangebote doch *moderieren*.

Wesentlich ist es vor allem zu untersuchen, ob es Unterschiede in der Effektivität bei vertiefenden Bearbeitungsangeboten gibt: Ist die Effektivität vertiefender Bearbeitungsangebote unterschiedlich, wenn sie mit Hilfe von Paraphrasierungen, Herausarbeiten von Implizitem, Fragen oder Prozeßdirektiven gemacht werden?

Paraphrasen sollten zu schwach sein, zu wenig direktiv, um ein solches Bearbeitungsangebot »zu transportieren«: Die »Bewußtseinslenkung« des Klienten in Richtung auf eine Vertiefung sollte zu schwach sein. Diese Interventionsform sollte auch bei vertiefenden Bearbeitungsangeboten hauptsächlich gleichbleibende Effekte erzeugen.

Prozeßdirektiven sollten als sehr direktive Interventionen in der Gefahr stehen, den Klienten zu überfordern: Der Klient kann das vertiefende Bearbeitungsangebot nur schwer annehmen und bleibt eher gleich.

Die günstigsten Effekte werden von den »mittel-direktiven« Interventionsformen »Implizites herausarbeiten« und »Fragen« erwartet: Hier sollten vertiefende Bearbeitungsangebote auch zu vertiefenden Effekten führen. Um dies zu prüfen, werden die Verteilungen der Effekte (Vertiefung, Gleichbleiben oder Verflachen der Bearbeitungsweise) bei vertiefenden, gleichhaltenden oder verflachenden Bearbeitungsangeboten für die vier Interventionsformen *getrennt* ermittelt. **Tabelle 4.5** (s. S. 86) stellt die Ergebnisse dar.

Aus den Ergebnissen wird deutlich, daß die Annahme vertiefender Bearbeitungsangebote bei den vier Interventionsformen deutlich unterschiedlich ist: Werden vertiefende Bearbeitungsangebote durch »Paraphrasieren« vermittelt, dann werden diese Bearbeitungsangebote zu 40% angenommen; werden sie durch »Implizites herausarbeiten« vermittelt, dann werden sie zu 79,8% angenommen; bei »Fragen« beträgt die »Annahmerate« 70,9% und bei »Prozeßdirektiven« 51,5%.

Vertiefende Bearbeitungsangebote werden damit am stärksten angenommen, wenn sie in Form von Herausarbeiten von Implizitem oder in Form von Fragen gemacht werden; die Annahme ist deutlich schwächer, wenn sie in Form von Prozeßdirektiven und nur gering, wenn sie in Form von Paraphrasierungen gemacht werden.

Berechnet man getrennte DEL-Analysen für jede Interventionsform, dann ergibt sich:

- für »Paraphrasieren« ein DEL-Wert von .118 ($p = .004$; VAR = .002; R–K = .531; R–U = .602; $z = 2.923$; 95%-Konf.: .038 bis .198),
- für »Implizites Herausarbeiten« ein DEL-Wert von .272 ($p < .001$; VAR = .001; R–K = .446; R–U = .613; $z = 9.652$; 95%-Konf.: .215 bis .328);
- für »Fragen« ein DEL-Wert von .204 ($p < .001$; VAR = .001; R–K = .489; R–U = .615; $z = 7.163$; 95%-Konf.: .147 bis .261) und
- für »Prozeßdirektiven« ein DEL-Wert von .183 ($p = .013$; VAR = .005; R–K = .495; R–U = .605; $z = 2.473$; 95%-Konf.: .036 bis .329).

Der deutlichste Steuerungseffekt ergibt sich damit für die Interventionsform »Explizieren«, gefolgt von »Fragen«; der geringste Steuerungseffekt ergibt sich für »Paraphrasieren«.

4.4.5 Diskussion

Eine erste Fragestellung dieses Kapitels war, wie die Interventionsformen »Paraphrasieren«, »Implizites Herausarbeiten«, »Fragen« und »Prozeßdirektiven« von Gesprächspsychotherapeuten in der praktischen Arbeit verwendet werden, insbesondere wie sie mit Bearbeitungsangeboten kombiniert werden.

Es zeigte sich, daß die Interventionsform »Implizites Herausarbeiten«, das heißt, der Ausdruck eines Verstehens, der das vom Klienten Gemeinte einbezieht, von Therapeuten am häufigsten realisiert wird und zwar deutlich häufiger als »Paraphrasieren«: Therapeuten beschränken sich in der Regel nicht darauf, das vom Klienten *Gesagte* zu verstehen und wiederzugeben, sondern versuchen, das vom Klienten *Gemeinte* zu erfassen. Gesprächspsychotherapeuten sind damit deutlich besser als das Vorurteil der »Papageien-Therapie« vermuten läßt.

Die weniger direktiven Interventionsformen »Paraphrasieren« und »Implizites Herausarbeiten « werden zwar häufiger verwendet als die direktiven »Fragen« und »Prozeßdirektiven«; dennoch stellen diese mit 42,18% einen erheblichen Anteil an der Gesamtzahl der Interventionen dar. Gemessen an der von der »klassischen Gesprächspsychotherapie« vertretenen Maxime, der Therapeut dürfe nicht direktiv sein und keine Fragen stellen, ist dies ein sehr beträchtlicher Prozentsatz. Dies zeigt erneut, wie schon in anderen Studien deutlich wurde (vgl. Dennig 1984; Howe 1980), daß das faktische Verhalten von Gesprächspsychotherapeuten von dem in der Literatur propagierten Verhalten abweicht. Die Ideologie von »Non-Direktivität« ist angesichts der gesprächspsychotherapeutischen Praxis nicht aufrechtzuerhalten.
Betrachtet man, mit welchen Interventionsformen Gesprächspsychotherapeuten welche Bearbeitungsangebote »an den Klienten herantragen«, so zeigt sich, daß insbesondere »Implizites Herausarbeiten« von Therapeuten genutzt wird, um »tiefere« Bearbeitungsangebote an den Klienten heranzubringen (persönliche Bedeutung); »Implizites Herausarbeiten« wird jedoch nicht verwendet, um »flachere« Bearbeitungsangebote (Intellektualisierung, Bericht) zu »transportieren«. Überhaupt scheinen Therapeuten dazu zu neigen, tiefere Bearbeitungsangebote eher »behutsam« zu machen und nicht mit Interventionsformen hoher Direktivität. Betrachtet man die Ergebnisse der Wechselwirkungsanalyse, dann scheint dies auch therapeutisch sinnvoll zu sein: Vertiefende Bearbeitungsangebote werden besonders dann von Klienten angenommen, wenn sie durch »Herausarbeiten von Implizitem« gemacht werden.
Was die Interventionsform »Fragen« betrifft, so steht diese mit dem Bearbeitungsangebot »Bericht« in Zusammenhang. Dies legt die Vermutung nahe, daß Therapeuten in erster Linie konkretisierende Fragen oder Verständnisfragen stellen und weniger vertiefende Fragen. In folgenden Arbeiten müssen somit diese Fragen-Kategorien getrennt werden.
Was die Wirkung der Interventionsformen auf die Veränderung der Bearbeitungsweise von Klienten, also auf den Explizierungsprozeß, betrifft, so läßt sich kein deutlicher *absoluter* Effekt nachweisen: Betrachtet man nur die Interventionsformen allein, ohne die jeweiligen Bearbeitungsangebote der Therapeuten in Rechnung zu stellen, dann läßt sich keine besonders »gute« oder besonders »schlechte« Interventionsform bestimmen. Stellt man aber die jeweiligen Bearbeitungsangebote in Rechnung, dann zeigen sich deutliche Unterschiede: Vertiefende Bearbeitungsangebote werden von Klienten besonders häufig angenommen, wenn sie in Form von »Herausarbeiten von Implizitem« gemacht werden. Man kann vermuten, daß diese Interventionsform es den Klienten erleichtert, eine vom Therapeuten angebotene Vertiefung auch tatsächlich zu realisieren. Auch »Fragen« (in diesem Fall: vertiefende Fragen) wirken sich deutlich konstruktiv auf den Explizierungsprozeß aus. Dagegen sind »Prozeßdirektiven« weit weniger konstruktiv. Warum dies so ist, ist jedoch nicht völlig klar: Es kann sein, daß diese Interventionsform Klienten leicht überfordern kann; sie könnte jedoch auch wegen ihrer höheren »Direktivität« leichter Reaktanz (Widerstand) bei Klienten auslösen. Genauere Analysen des Interaktionsverhaltens sind hier nötig (auch schon wegen der geringen Fallzahl).
Besonders wenig hilfreich, was die Förderung des Explizierungsprozesses betrifft, sind »Paraphrasierungen«: Die Annahme vertiefender Bearbeitungsan-

gebote liegt nur wenig über dem Zufallsniveau. Auch ist der Steuerungseffekt bei dieser Interventionsform insgesamt gering. Diese Interventionsform, die häufig entsteht, wenn ein Therapeut die Variable der »Verbalisierung emotionaler Erlebnisinhalte (VEE)« realisiert, »dämpft« den Einfluß des Therapeuten auf den Explizierungsprozeß des Klienten, insbesondere den konstruktiven, fördernden Einfluß. Dies spricht deutlich *dagegen,* eine Variable wie »VEE« als wesentlichste oder gar alleinige Handlungsmöglichkeit des Therapeuten anzusehen.

5 Der Einfluß des aktuellen Bearbeitungsstandes von Klienten auf die Wirkung von Bearbeitungsangeboten

Die Fragestellungen der Arbeit Sachse/Maus (1987) gingen implizit davon aus, daß es für die Annehmbarkeit von bestimmten Angeboten gleichgültig ist, auf welcher Bearbeitungsstufe sich ein Klient vor der Intervention befindet: Die Effekte werden überall gleichermaßen generell erwartet. Es ist jedoch möglich, daß die Häufigkeit oder Wahrscheinlichkeit, mit der Bearbeitungsangebote angenommen werden und damit auch die Auftretenshäufigkeit bestimmter Effekte, die Stärke der Steuerung, abhängig ist vom Standort des Klienten; das heißt, die Effekte werden möglicherweise überlagert von der Klientenvariablen »Ausgangsbearbeitungsweise«. Es wird somit eine Interaktion in Betracht gezogen: Die Annehmbarkeit/Wirkung bestimmter relativer Bearbeitungsangebote kann durch die Ausgangsbearbeitung des Klienten verstärkt oder vermindert werden. Das bedeutet, daß man die Fähigkeit oder eventuell auch Bereitschaft eines Klienten, ein Angebot anzunehmen, entsprechend der gezeigten Bearbeitungsweise differenzieren muß.

Zur Untersuchung dieser Annahme bilden wir zunächst drei Bereiche:
- der erste (flache/obere) umfaßt die Bearbeitungsstufen 1 und 2 der Bearbeitungsweise-Skala;
- der zweite (mittlere) Bereich die Stufen 3, 4 und 5;
- der tiefe (untere) Bereich die Stufen 6, 7 und 8.

Die generelle Hypothese lautet:
(Relative) Bearbeitungsangebote des Therapeuten an den Klienten haben je nach Ausgangslage des Klienten (Bearbeitungsweise in der der Intervention vorausgehenden Sequenz KL1) unterschiedliche Effekte zur Folge.

Im 1. Teil werden zunächst die zugrundeliegenden Daten, die dem Projekt von Sachse u. Maus (1987) entstammen, beschrieben.

Dabei soll untersucht werden, ob es insgesamt abhängig von der Ausgangslage (aktueller Explizierungsstand) eines Klienten ist, ob er Bearbeitungsangebote eher annimmt oder ablehnt. Verglichen werden die Gesamtzahlen der Ablehnungen mit der Zahl der Annahmen von Angeboten pro Bereich.

Im Anschluß daran sollen die Annahme-Effekte differenzierter betrachtet werden: Die Annahmen vertiefender, verflachender und gleichhaltender Angebote werden verglichen.

Dann wird jeder der drei Ausgangsbearbeitungsbereiche für sich betrachtet: Wie häufig sind im jeweiligen Bereich vertiefende, gleichbleibende und verflachende Klienten-Reaktionen nach vertiefenden, gleichhaltenden oder verflachenden Bearbeitungsangeboten des Therapeuten? Beschrieben werden damit die generellen Effekte der BA in den einzelnen Bereichen.

Im Anschluß daran werden kurz die Verteilungen der Therapeuten-Bearbeitungsangebote betrachtet.
Der zweite Untersuchungsbereich beschäftigt sich vor allem mit der Steuerungswirkung/-funktion von Bearbeitungsangeboten.
Zunächst wird jeder Bereich daraufhin untersucht, ob ein Steuerungseffekt von Bearbeitungsangeboten nachweisbar ist: Anhand von DEL-Analysen wird zunächst überprüft, ob sich statistisch nachweisen läßt, daß die Angebote überzufällig häufig von Klienten angenommen werden.
Dann werden wir uns der »Eigenaktivität« von Klienten zuwenden: Es wird betrachtet, was Klienten tun, wenn sie BA nicht annehmen. Wir werden versuchen, zu zeigen, daß Bearbeitungsangebote eine über Eigenaktivitäten hinausgehende steuernde Wirkung aufweisen, indem wir die Annahmeeffekte und Eigenaktivitäten vergleichen.
Daneben werden wir versuchen, aus den Ergebnissen auch Aussagen über den Explizierungsprozeß abzuleiten: Sowohl die Untersuchung zur Steuerung als auch zu Eigenaktivitäten sollten eine zunehmende Schwierigkeit des Explizierungsprozesses erkennen lassen.
Die anschließende Diskussion versucht, die Ergebnisse zu integrieren.

5.1 Unterschiede in der Annahme von Bearbeitungsangeboten auf verschiedenen Explizierungsniveaus

Bevor die Effekte der Bearbeitungsweisen differenziert betrachtet werden, soll zunächst im Überblick untersucht werden, ob die Annahme von Bearbeitungsangeboten in den drei Bereichen der »Explizierungstiefe« unterschiedlich ist.
Man muß beachten, daß die folgenden Analysen eine hypothesengenerierende Funktion haben. Die Untersuchung war ursprünglich nicht speziell auf diese Fragestellung hin angelegt, und es erscheint uns nötig, die Ergebnisse zu replizieren, bevor die Effekte stringent interpretiert werden können. Dennoch hoffen wir, durch die Untersuchung wichtige Informationen über den Therapieprozeß gewinnen zu können.

5.1.1 Annahme versus Ablehnung aller Angebote

Untersucht werden soll hier, ob es insgesamt abhängig von der Ausgangslage eines Klienten ist, daß er Bearbeitungsangebote des Therapeuten eher ablehnt oder eher annimmt. Das würde bedeuten, daß die Steuerbarkeit (und damit auch das Maß der Eigenaktivität) von Klienten, abhängig von deren vorliegender BW, unterschiedlich ist.
Man kann die Gesamtzahl aller Annahmen (über alle Bearbeitungsangebote) bzw. Ablehnungen in jedem Ausgangsbereich vergleichen (diese Zahl wird dann auf die Gesamtzahl aller Angebote pro Stufe relativiert). Verglichen werden damit die Anzahl der Annahmen und (implizit) der Ablehnungen von Bearbeitungsan-

geboten (relativ zur Zahl der Angebote) in jedem Bereich (siehe Spalte »Gesamt« in Tab. 5.1).

Es zeigt sich insgesamt eine deutliche Zunahme der Annahmehäufigkeiten von Therapeuten-Angeboten: Klienten nehmen die BA kaum an, wenn sie sich auf flachen Stufen befinden, jedoch in hohem Maß, wenn sie sich auf tiefen Stufen befinden:

- Im oberen Bereich (keine problemrelevanten Inhalte/Intellektualisierung) werden von insgesamt 96 Bearbeitungsangeboten 30 angenommen (31,25%) und 66 (68,75%) abgelehnt;
- im mittleren Bereich (Bericht/Bewertung/persönl. Bewertung) werden von 1177 Angeboten 606 angenommen (51,48%) und 571 (48,52%) abgelehnt. Die Annahmehäufigkeit ist hier deutlich höher als im oberen Bereich (Chi-Quadrat = 7,1; $p < .01$);
- Im unteren Bereich (persönliche Bedeutung/Explizierung relevanter Bedeutungsstrukturen/Integration) werden 145 von 230 Angeboten angenommen (63,04%), 85 (36,96%) abgelehnt. Das sind mehr als im mittleren (Chi-Quadrat = 5,0; $p < .05$) und oberen Bereich (Chi-Quadrat = 12,82; $p < .001$). Therapeutenangebote werden damit im mittleren Bereich wesentlich häufiger angenommen als im oberen Bereich, im unteren Bereich wieder häufiger als im mittleren und oberen Bereich.

5.1.2 Annahme vertiefender, gleichhaltender und verflachender Bearbeitungsangebote im Vergleich

Betrachtet man nun in einer direkten Gegenüberstellung nur die »die Annahme-Effekte« differenziert für die jeweiligen Bearbeitungsangebote in den BW-Bereichen, so ergibt sich folgendes Bild (wesentlich sind die *Prozentzahlen*, da in diese bereits die Unterschiede der Zeilen- bzw. Spalten-Gesamtbesetzung eingehen):

Tab. 5.1: Häufigkeit der jeweils zu erwartenden Effekte in den drei Bereichen (vertiefende Effekte nach vertiefenden, gleichbleibende Effekte nach gleichhaltenden und verflachende Effekte nach verflachenden Bearbeitungsmethoden), prozentual bezogen auf die Gesamtzahl der jeweiligen Angebote:

Bereich	Bearbeitungsangebote			
	+	=	−	Gesamt
1/2	23/26	7/70	0/0	30/96
%	88,46	10,0		
3/4/5	103/144	449/946	55/87	606/1177
%	70,83	47,46	63,22	
6/7/8	3/7	102/180	40/43	145/230
%	42,86	56,7	93,0	

- Es zeigt sich, daß im oberen Bereich vertiefende Angebote häufig (88,46%), gleichbleibende BA selten (10,0%) angenommen werden. Verflachende BA treten nicht auf.
- Im mittleren Bereich werden prozentual ebenfalls vertiefende Angebote am häufigsten (70,83%), verflachende Angebote etwas seltener (63,22%), und gleichbleibende BA am wenigsten häufig (47,46%) angenommen. Die Häufigkeiten unterscheiden sich jedoch relativ wenig.
- Im tiefen Bearbeitungsbereich werden eindeutig am häufigsten verflachende Angebote angenommen (93%). Damit wird das Angebot »Verflachen« nahezu nie abgelehnt. Gleichbleibende BA werden zu 56,7%, vertiefende zu 42,86% angenommen. Das heißt, daß die unter 1 ermittelte zunehmende Annahmehäufigkeit im tiefen BW-Bereich vor allem auf die Annahme verflachender BA zurückgeht, während vertiefende BA seltener angenommen werden.
  Die steigende Annahmehäufigkeit entspricht also eher einer negativen Tendenz; Klienten sind sehr störbar durch verflachende Angebote.

Deutlich wird insgesamt, daß *Annahmen vertiefender Bearbeitungsangebote* mit zunehmender Bearbeitungstiefe seltener werden: Vertiefende Effekte sind am häufigsten im oberen Bereich zu finden (88,46%). Mit größerer Bearbeitungstiefe werden vertiefende Angebote seltener angenommen: Im mittleren Bereich haben vertiefende Angebote noch 70,83%, im flachen Bereich 42,86% vertiefende Effekte zur Folge.

Die *Annahmehäufigkeit gleichbleibender Bearbeitungsangebote* steigt leicht an: Gleichbleibende Effekte treten im flachen Bearbeitungsbereich (10%) signifikant seltener auf als im mittleren ($\chi^2 = 20,43$; $p < .001$) und im tiefen Bearbeitungsbereich ($\chi^2 = 25,18$, $p < .001$).

Die Häufigkeiten gleichbleibender Reaktionen im mittleren und tiefen Bereich unterscheiden sich nicht signifikant.

Bei Betrachtung der Prozentwerte (47,46% gleichbleibender Effekte im mittleren, 56,46% im tiefen Bereich) ist jedoch erkennbar, daß im tiefen Bereich gleichbleibende Effekte etwas häufiger sind als im mittleren Bereich. Es ist also hier die Tendenz erkennbar, daß gleichhaltende Angebote mit zunehmender Bearbeitungstiefe häufiger angenommen werden. Daneben zeigt sich, daß gleichhaltende Angebote nur im tiefen Bearbeitungsbereich insgesamt häufiger angenommen als abgelehnt werden.

Die *Annahmehäufigkeit verflachender Bearbeitungsangebote* steigt deutlich an: Obwohl der Unterschied beim Vergleich der verflachenden Reaktionen im mittleren und tiefen Bearbeitungsbereich statistisch nicht signifikant ist, sieht man doch, daß verflachende Reaktionen im tiefen Bearbeitungsbereich prozentual häufiger sind als im mittleren Bereich (93% vs. 63,2%). Das spricht für eine mit der Bearbeitungstiefe zunehmende Tendenz, derartige Angebote anzunehmen.

Klienten haben demnach auf tiefen Ausgangslagen stärker als auf mittleren und (nur für gleichhaltende BA erkennbar) tiefen Ausgangslagen die Tendenz, gleichhaltende und verflachende Bearbeitungsangebote anzunehmen. Dagegen sinkt die Annahmehäufigkeit vertiefender BA: Vertiefende BA werden auf tiefen Ausgangslagen seltener angenommen als auf mittleren oder flachen.

5.2 Differenzierte Betrachtung der Effekte von Bearbeitungsangeboten auf den drei »Explizierungsebenen«

Nachdem die Annahmehäufigkeit von Bearbeitungsangeboten auf den drei »Explizierungsebenen« betrachtet worden ist, sollen nun die Effekte im einzelnen analysiert werden. Dies soll sichtbar machen, mit welchen Effekten der Klienten-Bearbeitungsweisen zu rechnen ist, wenn Therapeuten bei bestimmten »Ausgangslagen« von Klienten vertiefende, gleichhaltende oder verflachende Angebote machen. Dies ermöglicht eine differenziertere Beschreibung der Prozesse. **Tabelle 5.2** gibt einen Überblick über die Verteilung der Effekte bei den drei Bearbeitungsangeboten, differenziert nach den drei Ausgangsbereichen.

Tab. 5.2: Veränderungen der Klienten-BW (Effekte) bei vertiefenden, gleichhaltenden oder verflachenden BA des Therapeuten und bei »flachen«, »mittleren« und »tiefen« Ausgangslagen der BW in KL1

Ausgangslagen	BA	BW-Effekte +	=	−	Summe
	+	23	3	0	26
	%	88,5	11,5	0	
flach	=	62	7	1	70
	%	88,6	10,0	1,4	
	−	0	0	0	0
	%	0	0	0	
Summe		85	10	1	96
	%	88,5	10,4	1,1	100
	+	102	32	10	144
	%	70,8	22,3	6,9	
mittel	=	339	449	158	946
	%	35,8	47,5	16,7	
	−	14	18	55	87
	%	16,1	20,7	63,2	100
Summe		455	499	223	1177
	%	38,7	42,4	18,9	
	+	3	2	2	7
	%	42,9	28,55	28,55	
tief	=	10	102	68	180
	%	5,5	56,7	37,7	
	−	1	2	40	43
	%	2,3	4,7	93,0	
Summe		14	106	110	230
	%	6,1	46,1	47,8	100

5.2.1 »Flache« Ausgangsbearbeitungsweisen

Verteilung der Effekte

Es sollen nun alle Klienten-Ausgangslagen betrachtet werden, die eine »flache« BW aufweisen, also nach der BW-Skala den Wert 1 (keine Bearbeitung problemrelevanter Inhalte) oder 2 (Intellektualisierung) erhalten. Bezüglich dieser Ausgangslagen kann ein Therapeut vertiefende (+), gleichhaltende (=) oder verflachende (-) BA machen (letzteres aber natürlich nur von Stufe 2 aus). Die Reaktionen der Klienten auf diese BA, das heißt, die BW-Effekte, können ebenso vertiefend (+), gleichbleibend (=) oder verflachend (-) sein.
Man sieht hier (bei Betrachtung der Summenspalte), daß bei »flachen Ausgangslagen« der Klienten die Therapeuten von 96 Bearbeitungsangeboten 26 vertiefende Angebote machen (27,1%) und 70 gleichhaltende Angebote (72,9%), dagegen keine verflachenden BA. Bei flachen Ausgangslagen machen Therapeuten somit überwiegend gleichhaltende BA, das heißt solche, die der Intention nach den Klienten auf dieser (ungünstigen) Stufe halten.
Dennoch zeigen die Klienten (Summenzeile) von diesen Ausgangslagen aus überwiegend vertiefende Effekte (88,5%) und nur einen geringen Prozentsatz von gleichbleibenden Effekten (10,4%).
Man sieht an diesen Daten: Obwohl die Klienten bei flachen Ausgangslagen überwiegend gleichhaltende BA erhalten, zeigen sie einen sehr hohen Prozentsatz vertiefender Effekte.
Bei flachen Ausgangslagen besteht offenbar bei Klienten eine starke Tendenz zur Vertiefung der BW, Bearbeitungsangebote des Therapeuten werden überwiegend nicht angenommen.

Chi-Quadrat-Vergleiche

Um differenziertere Aussagen machen zu können, führen wir nun Chi-Quadrat-Berechnungen durch: Für jedes BA getrennt (+, = und -) werden Einzelvergleiche berechnet (verglichen werden die Effekte + gegen =, + gegen - und = gegen -). Durch diese Vergleiche kann festgestellt werden, wie groß die jeweiligen Effekte im Vergleich zu den anderen Effekten sind, also z.B., ob es bei vertiefenden BA mehr vertiefende als gleichbleibende Effekte gibt usw. und ob auftretende Unterschiede signifikant sind.
Vertiefende BA: Für vertiefende BA gilt, daß sie signifikant mehr vertiefende Effekte anregen als gleichbleibende (Chi-Quadrat = 15,38, $p < .001$) oder verflachende (Chi-Quadrat = 23,0, $p < .001$) und als gleichbleibende und verflachende zusammen (Chi-Quadrat = 15,38, $p < .001$): Vertiefende BA ziehen damit deutlich mehr vertiefende Effekte nach sich als andere Effekte, sie werden überwiegend angenommen.
Gleichhaltende BA: Betrachtet man gleichhaltende BA, dann sieht man, daß sie signifikant mehr vertiefende Effekte nach sich ziehen als gleichbleibende (Chi-Quadrat = 43,8, $p < .001$) und überwiegend nicht angenommen werden (Chi-Quadrat = 44,8, $p < .001$). Daneben ist deutlich, daß gleichhaltende BA auch signifikant mehr vertiefende als verflachende Effekte haben (Chi-Quadrat = 59,0, $p < .001$).

Verflachende Angebote kommen in diesem Bereich nicht vor.
Damit kann man für flache Ausgangslagen folgendes sagen:
- Klienten weisen hier überwiegend vertiefende Effekte auf;
- Klienten weisen bei allen Angeboten des Therapeuten überwiegend vertiefende Effekte auf: Es besteht offenbar bei flachen Ausgangslagen eine sehr starke Tendenz zur Vertiefung.

5.2.2 »Mittlere« Ausgangsbearbeitungsweisen

Verteilung der Effekte

Es werden nun die Effekte der BA bei Klienten-Ausgangslagen betrachtet, die im mittleren Skalenbereich liegen, also den BW-Niveaus 3 (Bericht), 4 (Bewertung) oder 5 (persönliche Bewertung) entsprechen (vgl. **Tabelle 5.2**).
Bei mittleren Ausgangslagen machen Therapeuten wiederum überwiegend gleichhaltende BA (80,4%) und an zweiter Stelle vertiefende BA (12,2%), verflachende BA sind selten (7,4%). Die BW-Effekte sind hier in erster Linie gleichbleibend (42,4%) und erst in zweiter Linie vertiefend (38,7%); der Unterschied ist jedoch nur minimal.

Chi-Quadrat-Vergleiche

Auch für mittlere Ausgangslagen sollen wieder Chi-Quadrat-Einzelvergleiche durchgeführt werden, damit differentielle Aussagen möglich sind.
Vertiefende BA: Betrachtet man zunächst die vertiefenden BA (+), dann zeigt sich, daß diese BA signifikant mehr vertiefende Effekte nach sich ziehen als gleichbleibende (Chi-Quadrat = 36,56, $p < .001$) oder verflachende Effekte (Chi-Quadrat = 75,57, $p < .001$); sie werden signifikant häufiger angenommen als nicht angenommen (Chi-Quadrat = 25,0, $p < .001$); es gilt zusätzlich noch, daß es auch signifikant mehr gleichbleibende als verflachende Effekte gibt (Chi-Quadrat = 11,5, $p < .001$).
Gleichhaltende BA: Bei gleichhaltenden BA gibt es nun signifikant mehr gleichbleibende Effekte als vertiefende (Chi-Quadrat = 280,78, $p < .001$) oder verflachende Effekte (Chi-Quadrat = 15,3, $p < .001$); dennoch wird dieses BA nicht signifikant häufiger angenommen als abgelehnt. Es erzeugt signifikant mehr vertiefende als verflachende Effekte (Chi-Quadrat = 65,9, $p < .001$).
Verflachende BA: Bei verflachenden BA zeigen sich signifikant mehr verflachende als gleichbleibende (Chi-Quadrat = 18,75, $p < .001$) oder vertiefende Effekte (Chi-Quadrat = 24,36, $p < .001$); das BA wird signifikant häufiger angenommen als abgelehnt (Chi-Quadrat = 6,08, $p < .02$).
Insgesamt kann man für mittlere Ausgangslagen folgendes sagen:
- Interessant ist es, daß vertiefende BA nur in 7% der Fälle zu verflachenden Effekten führen: Vertiefende BA sind im mittleren Bearbeitungsbereich somit wenig riskant, sie können daher von Therapeuten gut angewandt werden.
- Hier zeigt sich auch, daß Klienten bei gleichhaltenden BA offenbar einen Freiraum haben: Sie nehmen diese BA nicht häufiger an, als sie sie ablehnen. Nehmen sie diese BA nicht an, dann zeigen sie (von sich aus) mehr konstruktive als destruktive Aktivität: Im mittleren Bearbeitungsbereich verhalten sich die Klienten »von sich aus« somit überwiegend konstruktiv.

5.2.3 »Tiefe« Ausgangsbearbeitungsweisen

Verteilung der Effekte

Es werden hier die BW-Effekte bei sogenannten tiefen Ausgangslagen der Klienten ermittelt, also bei Ausgangslagen, die sich auf den BW-Stufen 6 (Persönliche Bedeutung), 7 (Explizierung des Inneren Bezugssystems) oder 8 (Integration) befinden (vgl. **Tabelle 5.2**).
Bei »tiefen Ausgangslagen« machen Therapeuten wieder überwiegend gleichhaltende BA (78,3%), sie machen nur noch sehr wenig vertiefende BA (3,1%), was plausibel ist, da Klienten hier schon tief arbeiten und vertiefende BA kaum noch sinnvoll möglich sind; Therapeuten machen allerdings zu einem beträchtlichen Teil (18,7%) verflachende BA; das heißt, sie machen BA, die (der Intention nach) Klienten aus diesen »tiefen« Bearbeitungen herausführen. Die Klienten zeigen überwiegend verflachende Effekte (47,8%) und verschlechtern so ihre BW wieder. Nur in 6,1% der Fälle vertiefen sie weiter, aber in 46,1% der Fälle bleiben sie gleich, und das bedeutet hier: Sie bleiben in einem konstruktiven Bearbeitungsbereich.

Chi-Quadrat-Vergleiche

Auch für tiefe Ausgangslagen werden wieder Chi-Quadrat-Einzelvergleiche durchgeführt (vgl. **Tabelle 5.2**).
Vertiefende BA: Wegen zu geringer Zellenbesetzung können bezüglich vertiefender und verflachender BA hier leider keine Signifikanzen berechnet werden. Prozentual läßt sich sagen, daß im tiefen Ausgangsbereich 42,9% der Effekte vertiefender BA vertiefend sind, gleichbleibende und verflachende Effekte sind mit je 28,55% gleich häufig und seltener als vertiefende Effekte. Vertiefende Angebote werden häufiger abgelehnt als angenommen.
Gleichhaltende BA: Was gleichhaltende BA betrifft, so zeigt sich, daß sie signifikant mehr gleichbleibende als vertiefende (Chi-Quadrat = 75,57, p < .001) oder verflachende Effekte (Chi-Quadrat = 6,8, p < .01) nach sich ziehen; sie werden aber nur tendenziell häufiger angenommen als abgelehnt (Chi-Quadrat = 3,2, p < .10). Und sie erzeugen signifikant mehr verflachende als vertiefende Effekte (Chi-Quadrat = 43,13, p < .001). Gleichhaltende BA führen signifikant seltener zu verflachenden BW als zu anderen Reaktionen (Chi-Quadrat = 10,8, p < .001).
Verflachende BA: Verflachende BA erzeugen signifikant mehr verflachende als gleichbleibende oder vertiefende Effekte und werden signifikant häufiger angenommen als nicht angenommen.
Insgesamt kann man bei tiefen Ausgangslagen folgendes sagen:
- Klienten nehmen in tiefen Bearbeitungsbereichen verflachende BA zu 93% an. Das bedeutet, daß sie in diesem Bereich extrem störanfällig sind: Praktisch jedes verflachende BA des Therapeuten wird aufgegriffen. Dies macht deutlich, daß ein Therapeut in diesem Bearbeitungsbereich große Verantwortung hat: Er muß seine Interventionen sehr genau auf mögliche destruktive Wirkungen hin prüfen.
- Auch der Umgang des Klienten mit gleichhaltenden BA ist hier interessant: Sie werden zwar noch tendenziell eher angenommen als nicht angenommen;

es ist also noch möglich, Klienten mit solchen Angeboten eher im tiefen Bearbeitungsbereich zu halten.
Wenn Klienten dieses BA aber nicht annehmen, dann verflachen sie eher als daß sie von sich aus weiter vertiefen: Bei Klienten besteht damit eine Tendenz, diesen Bearbeitungsbereich wieder zu verlassen.
- Vertiefende BA gibt es hier wenig, aber die Zahlen zeigen die Tendenz, daß sie überwiegend nicht angenommen werden.

Grundsätzlich muß ein Therapeut davon ausgehen, daß dieser Bearbeitungsbereich für Klienten schwierig ist; er erfordert daher sehr wahrscheinlich vom Therapeuten die höchste Sensibilität. Therapeuten müssen auch damit rechnen, daß Klienten diesen Bereich wieder verlassen.

5.2.4 Diskussion

In diesem Block sollte untersucht werden, ob die relativen Bearbeitungsangebote (BA) der Therapeuten unterschiedliche Verteilungen der Bearbeitungsweise- (BW-)Effekte nach sich ziehen, wenn man unterschiedliche aktuelle Ausgangslagen der Klienten betrachtet.
Dies geht der Frage nach, ob die BA in verschiedenen BW-Bereichen unterschiedlich konstruktiv wirken und ob sie unterschiedlich relevant sind.
Betrachtet man den »flachen« Bearbeitungsbereich, dann sieht man, daß vertiefende BA überwiegend vertiefende Effekte haben.
Dies ist ein positives Ergebnis, da Therapeuten offenbar die Klienten mit vertiefenden Angeboten relativ leicht aus diesem ungünstigen Bearbeitungsbereich »herausführen« können: Klienten können im Durchschnitt relativ leicht veranlaßt werden, irrelevante Themen oder Intellektualisierungen zu verlassen und sich zumindest einem »Bericht« zuzuwenden.
Zieht man die Effekte gleichhaltender BA in Betracht, dann wird jedoch deutlich, daß auch hier überwiegend vertiefende Effekte auftreten. In diesem Bearbeitungsbereich scheint es daher weniger wesentlich zu sein, was ein Therapeut tut: Der Klient verhält sich hier überwiegend »konstruktiv«. Daher kann ein Therapeut in diesem Bereich kaum etwas »falsch machen«.
Untersucht man den »mittleren« Bearbeitungsbereich, dann sieht man ein anderes Bild: Hier werden die BA des Therapeuten überwiegend angenommen. Besonders deutlich ist die Annahme vertiefender und verflachender BA. Klienten sind im mittleren Bearbeitungsbereich durch vertiefende BA förderbar, aber auch durch verflachende BA störbar. Insbesondere sind hier vertiefende BA sinnvoll: Sie werden größtenteils angenommen und führen nur selten zu Verflachungen. Die Verantwortung des Therapeuten für den Bearbeitungsprozeß des Klienten ist in diesem Bereich deutlich. Gezieltes therapeutisches Handeln ist hier wesentlich: Es ist entscheidend, was der Therapeut konkret tut.
Ähnliches zeigt sich auch im »tiefen« Bearbeitungsbereich:
Klienten nehmen vertiefende BA noch zu 42,9% an, sie sind also noch weiter durch den Therapeuten förderbar. Der Therapeut kann Klienten durch vertiefende oder gleichhaltende BA auch mit hoher Wahrscheinlichkeit in diesem konstruktiven Bearbeitungsbereich halten.

Die Verantwortung des Therapeuten wird im tiefen Bearbeitungsbereich jedoch bei verflachenden BA am deutlichsten: Klienten nehmen hier 93% dieser Angebote an, lassen sich also sehr leicht aus diesem Bearbeitungsbereich »herausführen«. Dies macht sehr deutlich, wie wichtig es gerade in diesem Bereich ist, ungünstiges therapeutisches Handeln zu vermeiden.

Dabei muß allerdings beachtet werden, daß es vom jeweiligen Stand der therapeutischen Arbeit abhängt, ob eine »Verflachung« »destruktiv« oder »konstruktiv« ist: Es kann durchaus sein, daß es sinnvoll ist, nach einer »Klärungsphase« in »tiefen« Bearbeitungsbereichen wieder (vorübergehend) auf Berichtebene zurückzukehren, schon um »neue Erkenntnisse« wieder auf Situationen anzuwenden, um neue Aspekte zu finden, die noch »klärungsbedürftig« sind usw.

Diese Ergebnisse zeigen damit nur, »was sich mit welcher Wahrscheinlichkeit ereignet«. Ob dies für den Therapieprozeß als Ganzes konstruktiv ist, hängt mit von übergreifenden Kriterien ab.

Die Bedeutung des konkreten Handelns des Therapeuten konnte hier insbesondere für den mittleren und tiefen Bearbeitungsbereich gezeigt werden: Es ist keineswegs gleichgültig, was ein Therapeut konkret tut (aus welchen Haltungen heraus auch immer), sondern es ist für den Klienten-Bearbeitungsprozeß entscheidend, daß er das Richtige tut.

5.2.5 Betrachtung der Bearbeitungsangebote der Therapeuten in den Ausgangsbereichen

Im folgenden Abschnitt soll die Verteilung der verschiedenen relativen Bearbeitungsangebote in den drei Ausgangsbearbeitungsbereichen der Klienten betrachtet werden, da es uns wesentlich erscheint, zumindest überblicksartig anzugeben, welche Bearbeitungsangebote von Therapeuten bei Klienten in verschiedenen Bereichen bevorzugt werden. Diese Verteilung hat (wie in den folgenden Abschnitten gezeigt werden soll) einen wesentlichen Einfluß auf die Verteilung der Bearbeitungsweisen von Klienten bzw. deren Veränderungen.

Wir gehen davon aus, daß die unten dargestellte Verteilung einer zur Zeit in der therapeutischen Praxis vorhandenen entspricht, da die Therapeuten unserer Stichprobe nicht über das Konzept der »Bearbeitungsweisen/Bearbeitungsangebote« informiert waren, eine etwaige Verzerrung also ausgeschlossen werden kann.

Die folgende **Tabelle 5.3** soll einen Überblick über die Verteilung der BA geben. Zunächst fallen deutliche Unterschiede in der Anzahl der Bearbeitungsangebote pro Bereich auf: Im flachen Bereich werden 6,4% (96), im mittleren Bereich 78,3% (1177) und im tiefen Bearbeitungsbereich 15,3% (230) Bearbeitungsangebote gemacht. Diese Verteilung geht zunächst auf die Ausgangslagen der Klienten zurück, was bedeutet, daß diese Verteilung nicht unmittelbar vom Therapeuten, sondern in erster Linie von der BW des Klienten in der der Intervention vorangehenden Sequenz abhängt (indirekt ist diese BW allerdings z. T. wieder auf BA des Therapeuten zurückzuführen).

Daneben aber gibt es auch wesentliche Unterschiede, die in erster Linie auf den Therapeuten zurückgehen: Mit Abstand am häufigsten (79,6%; 1196) werden gleichhaltende BA gemacht; vertiefende (11,8%; 177) sind zwar noch etwas häufiger als verflachende BA (8,6%; 130), der Unterschied ist jedoch gering.

Tab. 5.3: Verteilung der relativen BA in den drei Ausgangs-BW-Bereichen

BW-Bereich	BA +	BA =	BA −	Summe	Spalten (%)
1/2	26	70	0	96	6,4
%	27,1	72,9	0		
3/4/5	144	946	87	1177	78,3
%	12,2	80,4	7,4		
6/7/8	7	180	43	230	15,3
%	3,0	78,4	18,7		
Summe	177	1196	130	1503	
%	11,8	79,6	8,6	100	

Eine ähnliche Verteilung findet sich auch in den einzelnen Bereichen: Überall sind gleichhaltende Angebote deutlich am häufigsten (72,9% im flachen, 80,4% im mittleren und 78,4% im tiefen Bereich). Das Verhältnis von vertiefenden zu verflachenden BA entspricht im flachen und mittleren Bereich der allgemeinen Verteilung (27,1% vs. 0 im flachen; 12,2 vs. 7,4 im mittleren Bereich) und kehrt sich nur im tiefen Bereich um: Hier werden seltener vertiefende als verflachende Angebote gemacht (7,0% vs. 18,7%).
Insgesamt kann man also sagen:
- Therapeuten weisen eine deutliche Tendenz auf, gleichhaltende Angebote zu machen. Diese Tendenz ist unabhängig von der Ausgangslage der Klienten.
- Bei Klienten im flachen und mittleren Bereich neigen Therapeuten dazu, eher vertiefende als verflachende Angebote zu machen.
- Wenn sich Klienten im tiefen BW-Bereich befinden, werden verflachende BA häufiger als vertiefende BA gemacht.

5.3 Einfluß des aktuellen Explizierungsniveaus auf den »Steuerungseffekt« von Bearbeitungsangeboten

Es wurde in Kapitel 3. die Hypothese aufgestellt, daß der Prozeß für die Klienten zunehmend schwieriger wird, je tiefer sie bereits arbeiten. Diese zunehmende Schwierigkeit sollte Klienten veranlassen, zunehmend Hilfen, Hinweise von Therapeuten anzunehmen. Klienten sind um so mehr auf Hilfestellungen, auf Bearbeitungsangebote des Therapeuten angewiesen, je schwieriger der Prozeß wird; sie werden dadurch zunehmend in ihrem Explizierungsprozeß »steuerbar«. Daraus leiten sich Hypothesen über die »allgemeine Steuerungswirkung« ab: Die Hypothese ist zunächst, daß insgesamt der Steuerungseffekt

zunimmt, je tiefer die Ausgangs-Bearbeitungsweise ist.
Die Stärke der Steuerung in jedem der drei Ausgangsbereiche kann mit DEL-Analysen direkt geprüft werden. (Zu den Daten siehe **Tabelle 5.2.**)
1. *»Flache« Ausgangs-BW*
   Die DEL-Analyse ergibt ein DEL von $-.005$ (p = .766, VAR = .002, R–K = .687, R–U = .684, z = $-.294$, 95%-Konf.: $-.095$ bis .085): Ein Steuerungseffekt ist somit nicht nachweisbar.
2. *»Mittlere« Ausgangs-Bearbeitungslagen*
   Es ergibt sich ein DEL von .189 (p = .000, VAR = .000, R–K = .485, R–U = .598, z = 9.722, 95%-Konf.: .150 bis .229): Bei mittleren Ausgangslagen ist somit ein Steuerungseffekt nachweisbar, der jedoch nicht sehr ausgeprägt ist.
3. *»Tiefe« Ausgangslagen*
   Es ergibt sich ein DEL von .326 (p = .000, VAR = .002, R–K = .370, R–U = .548, z = 6.970, 95%-Konf.: .231 bis .420): Im »tiefen« Bereich der Ausgangslagen ist damit ein deutlicher Steuerungseffekt nachweisbar.

Die DEL-Analysen zeigen damit, daß die allgemeine Steuerungswirkung von BA mit der Tiefe des Ausgangs-Bearbeitungsbereichs zunimmt.

6 Steuerung und Eigenaktivität

In diesem Teil wird versucht, den bisher allgemein als »Steuerung« bezeichneten Effekt genauer zu differenzieren.
Diese »Steuerung« geht im wesentlichen auf den Wert zurück, der sich aus der Häufigkeit, mit der Bearbeitungsangebote des Therapeuten in den einzelnen Bereichen *angenommen* werden, ergibt.
Dennoch ist es unserer Ansicht nach unzureichend, jede »Annahme von Angeboten« als durch therapeutische Lenkung oder Steuerung bewirkt zu betrachten und damit implizit davon auszugehen, daß eine geringere Annahmehäufigkeit auch auf eine geringere Steuerungswirkung hinweist. Vielmehr machen die »Ablehnungen« bestimmter Angebote auf *Eigenaktivitäten* des Klienten aufmerksam: Klienten weisen unabhängig vom (und sogar gegen den) Therapeuten und dessen Angebot bestimmte Tendenzen auf. Die Tendenzen oder Eigenaktivitäten des Klienten können nun in die gleiche Richtung wie die Angebote des Therapeuten gehen, sie können aber auch gegenläufig sein: Klienten können vertiefen, obwohl sie gleichbleibende oder verflachende Angebote erhalten haben usw.
Bedauerlicherweise ist es für eine einzelne Reaktion unmöglich zu differenzieren, zu welchem Teil die Reaktion eines Klienten tatsächlich auf eine Steuerung oder auf die möglicherweise ohnehin vorhandene Tendenz des Klienten zurückgeht. Das heißt, wenn ein Klient nach einem vertiefenden Angebot seine BW vertieft, könnte es sein, daß er dies in jedem Fall, möglicherweise auch bei anderen Angeboten des Therapeuten getan hätte, es könnte aber auch eine echte Steuerung vorliegen: Das würde dann bedeuten, daß der Klient ohne das Angebot seine BW nicht vertieft hätte.
Obwohl also eine exakte Differenzierung von Eigenaktivität und Steuerung schwierig ist, wollen wir doch versuchen, einen zumindest annähernden Wert für die vorhandenen Eigen-Tendenzen der Klienten in den verschiedenen Bereichen zu erhalten: Dazu werden speziell die Ablehnungen betrachtet, das heißt also, die Effekte, die eindeutig *nicht* auf Angebote des Therapeuten zurückgehen, sondern durch Eigenaktivität des Klienten entstanden sind. Dabei ist zu beachten, daß die Eigenleistung des Klienten in dieser Analyse immer *unterschätzt* wird: Es können nur die Reaktionen betrachtet werden, die *gegen* den Therapeuten ausgeführt werden.
Die durch eine Analyse der Ablehnungen gefundenen Tendenzen der Klienten, zu vertiefen, zu verflachen oder gleichzubleiben, werden dann auf die Häufigkeit der *Annahmen* bezogen: z. B. wenn deutlich wird, daß Klienten die Tendenz haben, auch ohne ein entsprechendes Angebot ihre BW zu etwa 33% selbständig zu vertiefen, müßte, will man einen über Eigenaktivität hinausgehenden

steuernden Einfluß vertiefender BA nachweisen, die Häufigkeit vertiefender Effekte nach vertiefenden Angeboten höher liegen als 33%. Nur dann kann man tatsächlich von »Steuerung« durch BA sprechen. Es müßte also, um die Relevanz therapeutischer Angebote und damit einen Steuerungseffekt nachzuweisen, sichergestellt werden, daß therapeutische Angebote einen über die Eigenaktivität des Klienten hinausgehenden Effekt haben (dies gilt natürlich vor allem für vertiefende Angebote, also solche BA, die den Klientenprozeß über die eigenen Möglichkeiten des Klienten hinaus fördern sollen). Das bedeutet, es müßte deutlich werden, daß z. B. nach vertiefenden Angeboten des Therapeuten mehr Vertiefungen des Klienten folgen, als ohne dieses Angebot, aus der Eigenaktivität heraus, zu finden sind.

Man kann demnach den Befund, daß vertiefende Angebote mit zunehmender Bearbeitungstiefe des Klienten weniger häufig angenommen werden, nicht so interpretieren, daß es sinnlos ist, Klienten mit tiefen Ausgangslagen vertiefende Angebote zu machen, da diese insgesamt seltener angenommen als abgelehnt werden (42,86%) bzw. sagen, daß hier der Steuerungseffekt absinkt. Vielmehr ist ja das wesentliche Kriterium für die Relevanz von Bearbeitungsangeboten, daß sie einen Effekt über die Eigenaktivität von Klienten hinaus haben: Wie nachgewiesen, ist eine solche positive Eigenaktivität im unteren Bereich kaum zu finden (4,9% aller möglichen Vertiefungen). Ein vertiefendes Angebot kann zwar – absolut gesehen – wenig Annahmen, also wenig positive Effekte zur Folge haben, es kann aber immer noch mehr Vertiefungen anregen, als Klienten von sich aus, als Eigenaktivität, leisten würden.

Diese Analyse soll über alle Ausgangs-Bearbeitungsbereiche vorgenommen werden, da – wie bereits gezeigt – angenommen werden kann, daß sich Unterschiede bezüglich der Annahme- bzw. Ablehnungshäufigkeiten in den einzelnen Bereichen ergeben.

6.1 »Eigenaktivität« in den drei Explizierungsbereichen

Es soll hier zunächst die »Eigenaktivität« der Klienten in den drei »Explizierungsbereichen« untersucht werden.

Ergebnisse

Wir wollen nun vorerst global betrachten, was Klienten tun, wenn sie Bearbeitungsangebote des Therapeuten *nicht* annehmen: Verflachen Klienten eher oder vertiefen sie ihre Bearbeitungsweise? Unterscheiden sich diese Tendenzen bei Klienten mit verschiedenen Ausgangslagen? Die Ergebnisse bieten möglicherweise auch Anhaltspunkte für Schwierigkeiten im Verlauf des Explizierungsprozesses.

In **Tabelle 6.1** auf S. 104 sind für die drei Bereiche die Klienten-Reaktionen dargestellt, die auf Ablehnungen zurückgehen, das heißt, aus Eigenaktivität, gegen therapeutische Angebote entstanden sind. Diese Daten ergeben sich aus **Tabelle 5.2**.

Tab. 6.1: Vertiefende, gleichbleibende oder verflachende Reaktionen des Klienten ohne entsprechende Angebote (jeweils erster Wert) relativ zur Zahl der jeweiligen möglichen Effekte (jeweils zweiter Wert), aufgeteilt nach Ausgangsbearbeitungsbereichen

Bereich	BW-Effekte			Summe
	+	=	−	
1/2	62/70	3/26	1/96	66
%	88,58	11,5	1,0	
3/4/5	353/1033	50/231	168/1090	571
%	34,17	21,7	15,4	
6/7/8	11/223	4/50	70/187	85
%	4,9	8,0	37,4	

Aus den Ergebnissen wird ersichtlich:
- Im oberen Bereich werden von 70 möglichen eigenständigen Vertiefungen ohne vertiefendes Angebot (also bei 70 gleichbleibenden und verflachenden Angeboten) 62 Vertiefungen durchgeführt (88, 58%), von 26 möglichen gleichbleibenden Reaktionen (vertiefenden und verflachenden Angeboten) werden 3 durchgeführt (11,5%), von 96 möglichen Verflachungen findet nur 1 statt (1%). Damit finden Eigenaktivitäten am deutlichsten in vertiefender Richtung statt, selten werden gleichbleibende oder verflachende BW-Veränderungen selbständig durchgeführt.
- Im mittleren Bereich werden von allen möglichen Vertiefungen nach anderslautenden Angeboten tatsächlich 34,17% durchgeführt; gleichbleibende Reaktionen sind zu 21,7% von allen möglichen Gleichbleiben-Aktivitäten vorhanden und verflachende Aktivitäten zu 15,4%. Damit ergibt sich für den mittleren Bereich die gleiche Reihenfolge in der Tendenz der Klienten, wenn sie BA ablehnen, wie im oberen Bereich, wenn auch die Unterschiede deutlich geringer sind.
- Im tiefen Bearbeitungsbereich werden Vertiefungen der Bearbeitungsweise nach nicht-vertiefenden Angeboten nur in 4,9% der Fälle realisiert: Die »vertiefende Eigenaktivität« ist hier demnach sehr gering. Gleichbleibende Bearbeitungsweisen werden nach anderslautenden Angeboten in 8% der Fälle, verflachende Bearbeitungsweisen nach anderslautenden Angeboten in 37,4% der Fälle realisiert.

Insgesamt kann man sagen, daß Klienten in allen Bereichen selten von sich aus gegen den Therapeuten gleichbleiben, im oberen und mittleren Bereich am häufigsten vertiefen, im unteren am häufigsten und auch im mittleren Bereich schon oft selbständig verflachen.

Vertiefende Eigenaktivität:
Es unterscheidet sich die Auftretenshäufigkeit vertiefender Effekte bei nicht-vertiefenden Angeboten über die drei Ausgangs-Bereiche: Die Eigenaktivität des Klienten in positiver Richtung ist am höchsten, solange sich der Klient im oberen BW-Bereich befindet: Hier ist es für den Klienten am leichtesten, selbständig vertiefend zu arbeiten (die Tendenz des Klienten, auf Stufe 3/Bericht zu arbeiten, wirkt positiv); dagegen ist es hier kaum möglich zu verflachen.

Schwierig für Klienten sind selbständige Vertiefungen erst ab dem mittleren Bereich: Je weiter der Klient in seinem Explizierungsprozeß bereits ist, desto weniger leicht gelingen selbständige Vertiefungen, desto mehr ist der Klient hinsichtlich vertiefender Effekte auf den Therapeuten angewiesen.

Gleichbleibende Eigenaktivität:
Die Auftretenshäufigkeit gleichbleibender Effekte bei nicht-gleichhaltenden Angeboten, also von gleichhaltender Eigenaktivität, unterscheidet sich kaum über die drei Ausgangsbereiche: Die Eigenaktivität des Klienten in dieser Richtung liegt im flachen und tiefen Bereich etwa bei 10%, im mittleren Bereich bei 20%.

Verflachende Eigenaktivität:
Wie auch bei vertiefenden Effekten unterscheidet sich die Häufigkeit verflachender Eigenaktivitäten in den Bereichen: Mit steigender Bearbeitungstiefe nimmt die Tendenz der Klienten, trotz anderer Angebote der Therapeuten, selbständig zu verflachen, deutlich zu. Offenbar ist es für Klienten sehr schwierig, längere Zeit im tiefen Bereich zu arbeiten.

Diskussion

Wesentlich war für uns in diesem Abschnitt die Betrachtung der Eigenaktivität der Klienten: Was machen Klienten »von sich aus« in den drei Bearbeitungsbereichen? Man muß allerdings bei der Interpretation unserer Ergebnisse immer berücksichtigen, daß wir nur die Eigenaktivität erfassen können, die gegen ein BA des Therapeuten vom Klienten realisiert wird: Dies bedeutet, daß die Eigenaktivität des Klienten eher unterschätzt wird.
Betrachtet man die Eigenaktivitäten der Klienten, dann wird bei »eigenständigen Vertiefungen« deutlich, daß diese im flachen Bearbeitungsbereich häufig sind: Klienten haben hier offenbar eine starke eigene Tendenz zur Vertiefung.
Im unteren BW-Bereich ist die vertiefende Eigenaktivität jedoch nur noch minimal: Dies steht im Einklang mit unserer Hypothese und zeigt, daß für Klienten eine Vertiefung um so schwieriger ist, je tiefer sie bereits arbeiten. Diese Ergebnisse lassen auch die Interpretation zu, daß der Explizierungsprozeß für Klienten zunehmend schwieriger wird: Die psychischen Anforderungen, die eine Vertiefung an den Klienten stellt, werden immer größer, je tiefer ein Klient schon arbeitet.
Betrachtet man die verflachende Eigenaktivität, dann zeigt sich, daß die Tendenz der Klienten, von sich aus zu verflachen, mit der Tiefe des aktuellen Bearbeitungsniveaus zunimmt. Dies zeigt, daß es für Klienten um so schwieriger ist, auf einer Bearbeitungsstufe zu bleiben und nicht zu verflachen, je tiefer dieser Bereich aktuell schon ist, je tiefer sie bereits arbeiten. Sie haben eine deutliche Tendenz, tiefe BW-Bereiche verflachend selbst zu verlassen.
Bei gleichbleibender Eigenaktivität zeigt sich: Die eigene Gleichbleiben-Tendenz nimmt zwar vom flachen zum mittleren Bereich hin zu, dann aber zum tiefen Bereich hin wieder ab: Auf den tiefen BW-Stufen zeigen die Klienten die geringste gleichbleibende Eigenaktivität.
Man sieht auch, wenn man die Eigeninitiativen über alle Bereiche hinweg betrachtet, daß die gleichbleibenden Eigeninitiativen insgesamt am geringsten ausgeprägt sind (auf jeder einzelnen Bearbeitungsstufe steht das Ausmaß der gleichbleibenden Eigenaktivität zwar immer an zweiter Stelle, über alle Bereiche

hinweg jedoch an letzter). Dies zeigt, daß Klienten insgesamt nur eine geringe Tendenz zeigen, in ihrer BW gleich zu bleiben: Sie realisieren »von sich aus« (gegen den Therapeuten) kaum gleichbleibende Bearbeitungsweisen.

6.2 Differenzierte Betrachtung »eigenständiger« Vertiefungen, Verflachungen und Beibehaltung des Bearbeitungsniveaus in den drei Explizierungsbereichen

Die »Eigenaktivitäten« von Klienten sollen nun noch etwas differenzierter betrachtet werden: Diese Analyse geht der Frage nach, ob Vertiefungen, Verflachungen oder ein Gleichbleiben der Bearbeitungsweise eher auf »Eigeninitiative« der Klienten zurückgehen oder eher auf Bearbeitungsangebote der Therapeuten. Diese Frage ist für die Beurteilung der »Steuerungswirkung« von Bearbeitungsangeboten von großer Bedeutung.

6.2.1 Vertiefungen der Bearbeitungsweise

Es wurde gezeigt, daß die Steuerung durch den Therapeuten nicht hundertprozentig ist und vertiefende Effekte auch bei nicht-vertiefenden Bearbeitungsangeboten auftreten. Wenn therapeutische Angebote jedoch eine über diese Eigenaktivität hinausgehende steuernde Funktion haben, sollten eigenständige Vertiefungen (Vertiefungen nach gleichbleibenden und verflachenden Angeboten) nicht häufiger als bei vertiefenden Angeboten sein, das heißt, vertiefende Angebote sollten eine höhere Zahl von Vertiefungen zur Folge haben, als Klienten aus »Eigenleistung« erbringen. Bearbeitungsangebote sollten sich also zumindest nicht negativ, eher deutlich förderlich auswirken. (Beeinträchtigt wird die Untersuchung und Interpretation durch die Tatsache, daß mit der Tiefe der Ausgangs-BW Vertiefungen in immer geringerem Umfang möglich sind (Bottom-Effekt), daher auch Unterschiede aufgrund zu geringer Zellenbesetzungen schlecht berechnet werden können. Dennoch sollte der Unterschied zwischen der Anzahl vertiefender Effekte nach vertiefenden bzw. nicht-vertiefenden Angeboten sichtbar sein.)
Verglichen wird also die Anzahl vertiefender Effekte nach einerseits nicht-vertiefenden und andererseits vertiefenden Angeboten des Therapeuten, abhängig von den drei Ausgangsbereichen. Vergleicht man die »Vertiefungen aus Eigeninitiative« mit »Vertiefungen nach vertiefenden Bearbeitungsangeboten« in den drei Ausgangsbereichen, dann ergibt sich folgendes:
- Für den oberen Bereich zeigt sich, daß nicht-vertiefende Angebote (62 von 70, 88,58%) ebenso viele vertiefende Reaktionen zur Folge haben wie vertiefende Angebote (23 von 26, 88,46%), Klienten demnach ebenso häufig von sich aus vertiefen wie nach entsprechenden BA des Therapeuten. (Das BA Vertiefen hat damit im oberen Bereich keine über die Eigeninitiative hinausgehende steuernde Wirkung.)

- Im mittleren Bereich liegt die Anzahl positiver Veränderungen nach anderen als vertiefenden Angeboten (353 von 1033, 34,17%) deutlich unter der Anzahl der Vertiefungen nach vertiefenden Angeboten (102 von 144, 70,83%; Chi-Quadrat 44,5, df = 1; p < .001), ebenso unter der Zahl eigenständiger Vertiefungen im oberen Bereich. Auch die Zahl positiver Effekte nach vertiefenden Angeboten ist geringer als im oberen Bereich, der Unterschied ist jedoch nur bei nichtvertiefenden BA signifikant (Chi-Quadrat 52,7; p < .001).
- Im unteren Bereich ist die Zahl positiver Effekte nach anderslautenden BA extrem niedrig. Nicht-vertiefende Angebote haben signifikant weniger vertiefende Effekte (11 von 223, 4,9%; Chi-Quadrat = 17,4; p < .001) zur Folge als vertiefende Angebote (3 von 7, 42,86%), ebenso weniger als im oberen (88,58%) und mittleren (34,17%) Bereich (Chi-Quadrat = 54,4, p < .001). Auch die Zahl positiver Effekte nach vertiefenden Angeboten ist geringer als im oberen (88,46%) und mittleren (70,83%) Bereich; der Unterschied ist jedoch geringer als bei nicht-vertiefenden Angeboten und nicht signifikant.

Demzufolge ist die Anzahl der eigenständigen Vertiefungen des Klienten im mittleren und unteren Bereich geringer als die Anzahl der Vertiefungen nach vertiefenden BA; im oberen Bereich ist die Anzahl der Vertiefungen etwa gleichermaßen hoch bei beiden Arten von Angeboten. Im mittleren und unteren Bereich ist demnach ein steuernder Einfluß der Bearbeitungsangebote nachweisbar. Deutlich wird auch, daß insgesamt die Anzahl vertiefender Reaktionen mit der Tiefe der Ausgangs-BW des Klienten absinkt. Während im oberen Bereich noch 88,58% nicht-vertiefender Angebote einen positiven Effekt haben, die Eigenaktivität also sehr hoch ist, sind vertiefende Reaktionen ohne entsprechende Angebote im mittleren Bereich nur noch in 34,17%, im unteren Bereich in 4,9% der Fälle gegeben.

Dieses Absinken ist bei selbständigen Vertiefungen (also ohne entsprechende BA) weitaus stärker als bei Vertiefungen nach vertiefenden Angeboten. Hier sinken die vertiefenden Effekte von 88,46% im oberen Bereich auf 70,83% im mittleren und 42,86% im unteren BW-Ausgangsbereich; die Unterschiede sind signifikant.

Die Ergebnisse machen insgesamt deutlich, daß Bearbeitungsangebote des Therapeuten zur Erzielung von Vertiefungen der Bearbeitungsweise wesentlich sind, insbesondere, wenn Klienten im Explizierungsprozeß schon »tief« sind: Hier geht die »Steuerungswirkung« deutlich über die »Eigeninitiative« hinaus. Dies zeigt auch, daß die Abnahme vertiefender Effekte in tiefen Bereichen des Explizierungsprozesses nicht einfach nur als »bottom-Effekt« interpretiert werden kann: Im Falle eines »bottom-Effekts« müßten gerade Unterschiede zwischen Steuerungswirkung und Eigeninitiative verschwinden.

6.2.2 Gleichbleiben der Bearbeitungsweise

Es wurde bereits deutlich, daß auch Gleichbleiben-Tendenzen gegen den Therapeuten vorhanden sind. Es soll nun untersucht werden, ob BA des Therapeuten eine über die Eigentendenzen des Klienten hinausgehende Steuerungsfunktion haben.

Tab. 6.2: Anzahl gleichbleibender Effekte relativ zur Anzahl gleichhaltender und nicht-gleichbleibender Bearbeitungsangebote, getrennt für drei Ausgangsbereiche

Bereich	= Effekte (1. Wert) nach = BA (2. Wert)	= Effekte (1. Wert) nach anderslaut. BA
1/2	7/70 10,0%	3/26 11,5%
3/4/5	449/946 47,5%	50/231 21,7%
6/7/8	102/180 56,6%	4/50 8,0%

Die Ergebnisse machen deutlich:
- Im oberen Bereich unterscheiden sich die Häufigkeiten gleichbleibender Effekte mit entsprechendem Angebot und nach verflachenden/vertiefenden Angeboten kaum voneinander. Sie finden sich in beiden Fällen nur zu einem geringen Prozentsatz.
- Im mittleren Bereich bleiben Klienten nach gleichhaltenden Angeboten signifikant häufiger gleich, als sie dies ohne entsprechendes Angebot tun (47,5 vs 21,7%; Chi-Quadrat = 29,1, p < .001). Außerdem ist die Zahl der Gleichbleiben-Reaktionen nach BA signifikant angestiegen (Chi-Quadrat = 20,5, p < .001), ohne BA bleiben Klienten zwar etwas häufiger gleich als im oberen Bereich, der Unterschied ist jedoch nicht signifikant.
- Im unteren Bereich sind gleichbleibende Reaktionen nach gleichhaltenden BA des Therapeuten ebenfalls signifikant häufiger als ohne BA (Chi-Quadrat = 20,1, p < .001). Der Anstieg gleichbleibender Effekte im Vergleich zum mittleren Bereich ist nur geringfügig.

Daraus geht hervor, daß die Anzahl der Gleichbleiben-Reaktionen des Klienten nach nicht-gleichhaltenden Angeboten im mittleren und tiefen Bereich geringer ist als die Anzahl der Gleichbleiben-Reaktionen nach gleichhaltenden BA; im oberen Bereich ist die Anzahl des Gleichbleibens etwa gleichermaßen hoch bei beiden Arten von Angeboten.

Des weiteren ist zu erkennen, daß die Anzahl gleichbleibender Reaktionen mit der Tiefe der Ausgangs-BW des Klienten ansteigt. Während im oberen Bereich nur 10,0% gleichhaltender Angebote einen entsprechenden Effekt haben, sind gleichbleibende Reaktionen im mittleren Bereich in 47,5% der Fälle gegeben. Dieser Anstieg ist nur nach gleichhaltenden BA zu finden: Die Eigentendenz zu gleichbleibenden Reaktionen ist in allen Bereichen nicht signifikant verschieden, tendenziell größer im mittleren Bereich. Auch bezüglich »gleichbleibender Effekte« wird damit die Bedeutung der »Steuerung« durch den Therapeuten deutlich.

6.2.3 Verflachungen der Bearbeitungsweise

Verglichen wird nun die Anzahl verflachender Effekte nach einerseits nicht-verflachenden und andererseits verflachenden Angeboten des Therapeuten, abhängig von den drei Ausgangsbereichen.

Tab. 6.3: Anzahl verflachender Effekte relativ zur Anzahl verflachender und nicht-verflachender Bearbeitungsangebote, getrennt für drei Ausgangsbereiche

Bereich	Verfl. Effekte (1. Wert) nach verfl. BA (2. Wert)	Verfl. Effekte (1. Wert) nach anderslaut. BA
1/2	0/0 0%	1/96 1,0%
3/4/5	55/87 63,2%	168/1090 15,4%
6/7/8	40/43 93,0%	70/187 37,4%

Aus den Ergebnissen wird deutlich:
- Im oberen Bereich gibt es keine verflachenden BA, jedoch eine Verflachung aus Eigeninitiative.
- Im mittleren Bereich verflachen Klienten signifikant häufiger nach Bearbeitungsangeboten des Therapeuten als ohne entsprechende BA (Chi-Quadrat = 97, p < .001). Ein Anstieg vom flachen zum mittleren Bereich ist sowohl für die Eigenaktivität wie auch für Annahmen deutlich, jedoch ist der Anstieg nach verflachenden Angeboten deutlich höher.
- Auch für den tiefen BW-Bereich gilt, daß Verflachungen häufiger nach verflachenden Angeboten als ohne diese Angebote erfolgen (Chi-Quadrat = 22,5, p < .001). Während nach verflachenden BA fast immer auch Verflachungen folgen, verflachen Klienten ihre BW selbständig nur zu 37,4%. Dennoch ist der Anstieg der Verflachen-Tendenz aus Eigenleistung von mittleren zum tiefen Bereich bei Klienten signifikant (Chi-Quadrat = 42, p < .001).

Die Bedeutung der Steuerung zeigt sich somit auch für »Verflachungen«, hier sogar besonders deutlich.

6.2.4 Diskussion

Die Einbeziehung der Eigenaktivität des Klienten ist für uns besonders wesentlich, um den »Steuerungseffekt« stringenter interpretieren zu können: Wir gehen davon aus, daß man nur dann in einem strengen Sinne von Steuerung sprechen kann, wenn z. B. die vertiefenden Effekte, die nach einem vertiefenden BA des Therapeuten auftreten, deutlich häufiger sind als die vertiefenden Effekte, die ohne ein entsprechendes BA, also aus der »Eigeninitiative« des Klienten heraus, zu finden sind (entsprechend für gleichhaltende und verflachende Effekte).

Zieht man *vertiefende Effekte* in Betracht, dann fällt zunächst auf, daß die absolute Annahme vertiefender BA abnimmt, je tiefer der Ausgangs-BW-Bereich ist: Im oberen Bereich werden 88%, im tiefen Bereich nur noch 42,8% der BA angenommen. Dies entspricht der Hypothese, daß Vertiefungen für Klienten um so schwieriger sind, je tiefer sie bereits arbeiten. Eine genaue Betrachtung der Ergebnisse zeigt aber, daß dies nicht bedeutet, daß

Steuerung durch vertiefende BA im tiefen BW-Bereich abnimmt (wie man aus der abnehmenden Annahmerate vorschnell folgern könnte). Vergleicht man nämlich die vertiefenden Effekte, die nach vertiefenden BA auftreten, mit den Effekten der »Eigeninitiative der Klienten«, dann sieht man, daß das Gegenteil der Fall ist:

Im oberen Bereich gibt es nach vertiefenden BA prozentual genauso viele vertiefende Effekte wie aus Eigeninitiative. In diesem Bereich kann daher von einer »vertiefenden Steuerung« keine Rede sein: Die Effekte, die aufgrund der BA auftreten, können nicht auf die Wirkung therapeutischer Interventionen zurückgeführt werden. Dies ändert sich jedoch, je tiefer die Ausgangs-BW ist: Im tiefen BW-Bereich gibt es aus Eigeninitiative nur noch minimale vertiefende Effekte, nach vertiefenden BA jedoch noch 42,8%. Dies zeigt, daß hier eindeutig von einer »vertiefenden Steuerung« gesprochen werden kann. Zwar nimmt die Annahme vertiefender BA vom flachen zum tiefen Bereich ab; der »vertiefende Steuerungseffekt« nimmt jedoch zu.

Diese Ergebnisse weisen darauf hin, daß, insbesondere im mittleren und tiefen Bearbeitungsbereich, vertiefende BA des Therapeuten von großer Bedeutung sind: Die Angebote haben vertiefende Effekte, die in ihrer Häufigkeit deutlich über die Eigenaktivität der Klienten hinausgehen. Daß die vertiefende Eigenaktivität der Klienten mit der Tiefe der Ausgangs-BW abnimmt, der »vertiefende Steuerungseffekt« aber zunimmt, bedeutet, *daß vertiefende BA des Therapeuten immer wichtiger werden, je tiefer der Klient bereits arbeitet*. Im oberen Bearbeitungsbereich ist es zumindest nicht schädlich, vertiefende BA zu machen; im mittleren Bereich sollte ein Therapeut, der eine Vertiefung der Klienten für sinnvoll hält, auch ein entsprechendes Angebot machen und nicht auf die Eigeninitiative des Klienten warten. Man kann also sagen: Die Wahrscheinlichkeit für vertiefende Effekte nach vertiefenden Angeboten sinkt zwar mit der Bearbeitungstiefe ab, um jedoch dennoch einen vertiefenden Effekt zu erreichen, wird die Anwendung von Bearbeitungsangeboten immer wesentlicher, da Klienten von sich aus kaum vertiefen. Dieser Befund spricht damit deutlich für Bearbeitungsangebote; sich auf Eigenaktivitäten des Klienten zu verlassen, wäre mit Sicherheit zu wenig.

Diese Ergebnisse scheinen auf den ersten Blick Befunden zu widersprechen, daß Klienten auf niedrigen Selbstexplorationsstufen (das heißt, auf einer flachen Bearbeitungsebene) kaum zu erreichen/fördern sind und auch selbständig nicht vertiefen können (vgl. Sachse 1986 b). Wie nehmen jedoch an, daß die hohe Zahl positiver Eigenaktivitäten im oberen Bereich vor allem darauf zurückzuführen ist, daß die Klienten eine starke Tendenz haben, auf Stufe 3/Bericht zu arbeiten (tatsächlich sind die Vertiefungen von den Stufen 1 und 2 aus zu über 90% solche, die auf Stufe 3 »Bericht« führen). »Bericht« ist eine auch für niedrig selbstexplorative Klienten erreichbare und angenehme Stufe. Erst ab dieser Stufe sollten sich Klienten mit niedriger Selbstexploration deutlich von anderen Klienten unterscheiden, das heißt, ab dieser Stufe sollte die positive Eigenaktivität bei niedrig selbstexplorativen Klienten deutlich abnehmen.

Die Wichtigkeit der Steuerung kann auch für *gleichbleibende Effekte* gezeigt werden: Der »gleichhaltende Steuerungseffekt« nimmt zu, je tiefer die BW-Ausgangslage ist.

Es zeigt sich, daß, obwohl eine Eigenaktivität der Klienten bezüglich einer Gleichbleiben-Tendenz in geringem Umfang vorhanden ist, gleichhaltende Bearbeitungsangebote die Arbeit darüber hinaus deutlich beeinflussen. Dies gilt vor allem für den mittleren und tiefen Bereich, aber auch im oberen Bereich geht die Eigenaktivität zumindest nicht über die Annahmehäufigkeiten hinaus.

Daß die Steuerungswirkung gleichhaltender Angebote mit der Bearbeitungstiefe zunimmt, zeigt auch, daß die Annahme der gleichhaltenden BA nicht einer Eigentendenz des Klienten entspricht, sondern über diese hinausgeht. Da gleichhaltende Angebote als durchaus wichtig für den Explizierungsprozeß gelten können, kann man diese erhöhte Steuerungswirkung als nützlich ansehen. Es ist also günstig, sich (zumindest bei Klienten im mittleren und tiefen Bereich) nicht nur auf die Eigenaktivität des Klienten zu verlassen, wenn man gleichbleibende Reaktionen erreichen will, sondern den Klientenprozeß mit gleichbleibenden Angeboten zu fördern.

Diese Ergebnisse zeigen auch, daß Klienten unerwartet selten von sich aus, gegen Angebote des Therapeuten, gleichbleiben. Das kann zwar zum einen durch die extrem starke Steuerungswirkung anderer Angebote erklärt werden, die in diesem Fall eine Eigenaktivität vermindert; dennoch wird hier durch die Tatsache, daß auch gleichhaltende BA nur zu etwa 50% angenommen werden, die Vermutung nahelegt, daß Klienten sich durchaus in dynamischen Prozessen bewegen: Sie bleiben nicht bei bestimmten Bearbeitungsweisen, sondern verändern sie von sich aus häufig. Das kann positiv sein, kann aber auch zur Folge haben, daß Klienten nicht lange genug an bestimmten Punkten bleiben, nicht erst auf einer Stufe klären, sondern ein möglicherweise ineffektives Springen von Stufe zu Stufe bevorzugen.

Bei *verflachenden Effekten* wird erkennbar, daß hier, im Gegensatz zu vertiefenden Effekten, die Annahme verflachender BA mit der Tiefe der BW-Ausgangslage zunimmt. Auch hier ist ein klarer verflachender Steuerungseffekt sichtbar: Im mittleren und tiefen Bearbeitungsbereich sind verflachende Effekte nach entsprechenden BA deutlich häufiger als aus Eigeninitiative des Klienten. Die Anzahl der Verflachungen der Klienten ist dennoch nach verflachenden Angeboten im mittleren und unteren Bereich höher als die Anzahl der Verflachungen nach nicht-verflachenden BA. Das bedeutet, daß verflachende therapeutische Angebote über die ohnehin schon deutlich ausgeprägte Klienten-Tendenz hinaus noch deutliche Effekte haben: Klienten haben bereits von sich aus im unteren Bereich eine deutliche Tendenz, »gegen« Therapeutenangebote (Vertiefen und Gleichhalten) zu verflachen; wenn Therapeuten auch noch verflachende Angebote machen, ist eine Verflachung des Klienten in der folgenden Sequenz so gut wie sicher. Auch verflachende BA haben somit eine über die Eigentendenz hinausgehende steuernde Wirkung.

Man sieht also hier, daß die steuernde Wirkung verflachender Angebote zwar zunimmt, aber doch nicht so stark, wie dies zunächst nahegelegt wurde: In immer größerem Ausmaß ist an der zunehmenden Annahmehäufigkeit auch eine Eigentendenz des Klienten zu Verflachungen beteiligt.

Insgesamt bestätigt sich der durch die DEL-Analyse erhaltene Befund, daß im tiefen Bearbeitungsbereich Steuerung am deutlichsten nachweisbar ist, im oberen Bereich am wenigsten. Hier wurde differenziert, worauf die

Steuerung im einzelnen zurückgeht: Nicht nur die hohe Annahmehäufigkeit verflachender Angebote ist wesentlich, sondern auch die gegen die Klientententendenz bestehende Annahmehäufigkeit vertiefender Angebote. Damit ist eine erhöhte Steuerungswirkung jedes BA im unteren Bereich erkennbar; Klienten haben im tiefen Bearbeitungsbereich in jedem Fall deutlich eher die Tendenz, Angebote anzunehmen als ihren eigenen Tendenzen zu folgen.

Wir möchten an dieser Stelle jedoch darauf hinweisen, daß die Befunde nur zeigen, was sich im Explizierungsprozeß des Klienten aufgrund von Bearbeitungsangeboten des Therapeuten oder aus »Eigeninitiative« des Klienten *kurzfristig* ereignet. Ob ein Vertiefen, Gleichbleiben oder Verflachen jeweils konstruktiv oder destruktiv ist, kann genaugenommen nur in einem größeren Kontext beurteilt werden. So kann z.B. ein »vertiefendes Bearbeitungsangebot« eines Therapeuten zu früh erfolgen, etwa dann, wenn ein Klient auf »Berichtebene« relevante Sachverhalte noch gar nicht konkret genug herausgearbeitet hat; ein gleichhaltendes Bearbeitungsangebot kann auf »tiefer Explizierungsebene« konstruktiver sein, wenn ein Klient für einen Klärungsprozeß mehr Zeit benötigt; es ist auch denkbar, daß ein verflachendes Angebot konstruktiv ist, z.B. wenn Klienten »im Prozeß steckenbleiben« und damit ein neuer »Klärungsanlauf« angezeigt ist. Im allgemeinen ist unser Eindruck aber, daß vertiefende Angebote überwiegend konstruktiv und verflachende BA überwiegend destruktiv sind; weitere Forschung ist hier jedoch notwendig.

6.3 Die Schwierigkeit des Explizierungsprozesses für den Klienten

In Kapitel 3 wurde eine »Theorie des Explizierungsprozesses« vorgeschlagen. Die Implikationen dieser Theorie können an unseren Daten nicht direkt untersucht werden. Aus den dargestellten Ergebnissen ergeben sich jedoch Schlußfolgerungen, die sich auf die zunehmende Schwierigkeit des Explizierungsprozesses für den Klienten beziehen: daß es für Klienten zunehmend schwieriger wird, ihren Explizierungsprozeß zu vertiefen (sowohl aus »Eigeninitiative« als auch aufgrund therapeutischer Bearbeitungsangebote) und daß die Tendenz der Klienten, wieder zu verflachen, zunimmt, je »tiefer« sie bereits arbeiten. Deutlich wurde auch, daß Klienten insgesamt nur eine geringe Neigung haben sollten, ihre BW gleich zu halten.

Es ergibt sich die Frage, wie häufig die Effekte Vertiefen, Verflachen und Gleichbleiben in den verschiedenen Ausgangsbereichen sind, das heißt, wie »schwierig« die verschiedenen Reaktionen für Klienten mit unterschiedlichen Ausgangslagen sind.

Es wurde zum einen die »Annahmehäufigkeit« betrachtet, das heißt, die Anzahl der erwarteten Effekte eines Angebots (z.B. vertiefende Effekte nach vertiefenden BA, verflachende Effekte nach verflachenden BA usw., vgl. Kapitel 5.1.2). Durch die Betrachtung der Tendenz von Klienten, Angebote mehr oder weniger anzunehmen, konnte auch etwas über die Schwierigkeit des Prozesses ausgesagt werden.

Zum anderen wurden die Häufigkeiten untersucht, mit denen Klienten aus »Eigeninitiative«, gegen BA des Therapeuten, eine bestimmte Reaktion aufweisen (vertiefende Effekte nach anderslautenden Angeboten; vgl. Kapitel 6.1). Insgesamt lassen sich aus den Ergebnissen folgende Schlußfolgerungen ableiten.

Vertiefende Effekte

Betrachtet man zunächst vertiefende Effekte nach vertiefenden BA (also Annahme-Reaktionen der Klienten; Kapitel 5.1.2), dann erkennt man, daß die Häufigkeit dieser Effekte abhängt von der jeweiligen Ausgangslage der Klienten: Vertiefende BA werden zum »tiefen« Bereich hin deutlich weniger häufig angenommen. Anscheinend ist für einen Klienten, der bereits im tiefen Bereich arbeitet, eine weitere Vertiefung schwierig: Man muß auch theoretisch davon ausgehen, daß der Übergang von Stufe 6 auf Stufe 7 besonders hohe Anforderungen an Klienten stellt.
Auch nach anderslautenden BA nehmen vertiefende Effekte vom mittleren zum tiefen Bereich ab (vgl. Kapitel 6.1). Dies deutet darauf hin, daß nicht nur die Annahme von Angeboten zunehmend schwierig wird, sondern auch Vertiefungen aus Eigeninitiative werden schwieriger und seltener.

Verflachende Effekte

Bei verflachenden BA (Kapitel 5.1.2) sind die Unterschiede zwischen den Häufigkeiten verflachender Effekte in den einzelnen Bearbeitungsbereichen nicht signifikant, der Tendenz nach sieht man aber, daß die Annahme verflachender BA vom mittleren zum unteren Bereich zunimmt.
Auch bei anderslautenden Angeboten (Kapitel 6.1) nehmen Verflachungen aus Eigeninitiative mit größerer Bearbeitungstiefe zu.
Daß im tiefen Bearbeitungsbereich verflachende BA extrem häufig angenommen werden, weist also in die gleiche Richtung wie die »Eigeninitiative« der Klienten: Die Tendenz, diesen Bearbeitungsbereich wieder zu verlassen, ist sehr deutlich. Auch die zunehmende Häufigkeit verflachender Effekte spricht also für größere Schwierigkeiten im tiefen Bereich.

Gleichbleibende Effekte

Gleichbleibende Effekte nach entsprechenden Angeboten (Kapitel 5.1.2) nehmen mit der Bearbeitungstiefe des Klienten zu. Das heißt, Klienten sind um so eher bereit, gleichhaltende Angebote des Therapeuten anzunehmen, je tiefer sie bereits arbeiten. Für gleichbleibende Effekte nach anderslautenden Angeboten gilt das gleiche (Kapitel 6.1): Klienten tendieren dazu, um so eher aus Eigeninitiative gleichzubleiben (und nicht zu vertiefen), je tiefer sie arbeiten.
Die hier gefundenen Effekte können im Augenblick nur als »Hinweise« auf die zunehmende Schwierigkeit des Explizierungsprozesses für Klienten gedeutet werden; in weiteren Untersuchungen muß diesem Problem systematischer nachgegangen werden.

7 Die Bedeutung von Bearbeitungsangeboten: Folgerungen für die Praxis

Jede Konzeption von Psychotherapie befindet sich in einem Spannungsfeld zwischen »Praxiskomplexität« und »empirischer Fundierung«: Auf der einen Seite muß eine Therapiekonzeption *komplex* sein, um die tatsächliche Komplexität des Therapieprozesses zumindest so hinreichend abzubilden, daß effektive Handlungsregeln abgeleitet werden können. Aus einer solchen komplexen Konzeption leitet sich dann eine Vielzahl von heuristischen Handlungsregeln ab, die den »Handlungsspielraum« des Therapeuten erweitern, den Prozeß strukturieren helfen und die Effekte der Interventionen verbessern sollen.

Auf der anderen Seite erlaubt die empirische Forschung aus methodischen und forschungspragmatischen Gründen nur die Untersuchung einer geringen Zahl von Variablen und ihrer Wechselwirkungen simultan; viele Aspekte des Therapieprozesses sind nur mit hohem Aufwand zu erfassen oder lassen sich nur schwer operationalisieren. Aus diesen Gründen ist in naher Zukunft sehr wahrscheinlich nicht damit zu rechnen, daß »Psychotherapie« in ihrer gesamten Komplexität empirisch fundiert werden kann.

Daraus folgt einmal, daß Therapiekonzeptionen immer »breiter« und differenzierter sein werden (und sein müssen) als das, was augenblicklich empirisch fundiert ist: Psychotherapie ist in erster Linie anwendungsorientiert, ist eine »Praxiskonzeption«, deren vorrangiges Ziel es ist, Klienten möglichst effektiv zu helfen; eine solche Praxiskonzeption kann nicht auf das reduziert werden, was empirisch erforschbar ist (sonst resultieren z.B. aus Operationalisierungen von »Therapievariablen« Handlungskonzepte, die »Psychotherapie« völlig reduzieren: Ein gutes Beispiel dafür ist das Konzept der »Verbalisierung emotionaler Erlebnisinhalte«).

Die Tatsache, daß nicht alle Aspekte der Therapiekonzeption empirisch fundierbar sind, impliziert aber nicht, daß empirische Forschung unsinnig oder unnötig ist: Wie sich schon vielfach gezeigt hat und wie auch unsere Untersuchungen zeigen, ist die Prüfung wesentlicher Konzeptannahmen entscheidend, denn oft halten diese einer empirischen Prüfung nicht stand (wie z.B. die Annahme von »Non-Direktivität«, der Basisvariablen als »notwendige und hinreichende Bedingungen« usw.) und machen Neukonzeptionen oder Weiterentwicklungen notwendig: Die »Prüfung an der Realität«, so schwierig sie ist und so eingeschränkt sie auch nur möglich ist, ist ein wesentliches Mittel zur Weiterentwicklung von Psychotherapie (und damit zur Verhinderung von Dogmatisierung und Ideologisierung einer Psychotherapieform). Auf eine empirische Prüfung zumindest der zentralen Konzepte eines Ansatzes, und auf den Versuch, so viele Aspekte wie möglich einer empirischen Prüfung zu unterziehen, kann somit nicht verzichtet werden.

In den beiden folgenden Kapiteln werden wir versuchen zu diskutieren, welche Folgerungen sich aus unseren empirischen Untersuchungen bisher ergeben, also welche Aspekte unseres Ansatzes bis jetzt als empirisch »gestützt« gelten können (Kapitel 7). Danach sollen praktische Handlungsmöglichkeiten aufgezeigt werden, wobei das Schwergewicht darauf liegt, zu zeigen, welche Aspekte im Therapieprozeß von Therapeuten berücksichtigt werden sollten, welche Ziele ein Therapeut jeweils sinnvoll anstreben kann und welche Interventionen bei den jeweiligen Ausgangslagen des Klienten und angestrebten Zielen realisiert werden können (Kapitel 8).

7.1 Steuerungswirkung

In der Untersuchung von Sachse und Maus (1987) konnte eine »allgemeine Steuerungswirkung« von Bearbeitungsangeboten nachgewiesen werden: Die von Klienten zu einem bestimmten Zeitpunkt realisierte Bearbeitungsweise hängt in hohem Maße davon ab, welche Art von relativem BA ein Therapeut in der vorhergehenden Intervention macht: Ob ein vertiefendes, gleichhaltendes oder verflachendes.
Diese Steuerungswirkung konnte hier an einer neuen Stichprobe von Klienten und Therapeuten repliziert werden.
Dies zeigt ganz allgemein, *daß der Therapeut tatsächlich »das Bewußtsein des Klienten in hohem Maße steuert«* (vgl. Hörmann 1976), daß der Therapeut einen starken Einfluß auf den Klienten ausübt.
Somit kann auch die GT nicht nur als »Beziehungsangebot« oder als »Wachstumsraum« aufgefaßt werden: Sie ist eine Form von sozialer Beeinflussungssituation (wie jede andere Interaktion auch). Der Therapeut macht nicht nur ein Beziehungsangebot, sondern *er macht »Bearbeitungsangebote innerhalb eines Beziehungsangebotes«* (Sachse 1985). Des weiteren sind in der Tat die konkreten Handlungen des Therapeuten wesentlich, und man muß diese zum Verstehen des Therapieprozesses beachten; eine Betrachtung von Haltungen genügt nicht; das konkrete Handeln des Therapeuten darf nicht ignoriert werden.
Deutlich ist jetzt, daß der Therapeut eine große *Verantwortung* hat: Er kann mit seinem Handeln den Explizierungsprozeß des Klienten fördern, aber auch stören. Auch deshalb ist die Betrachtung des Handelns wesentlich. Deshalb sollte ein Therapeut über Handlungsregeln verfügen, über Kompetenzen, die es ihm ermöglichen, an der richtigen Stelle im Prozeß konstruktiv zu handeln und ungünstiges Handeln zu vermeiden.
Wir meinen auch, daß die Betrachtung konkreter Handlungen des Therapeuten und die Betrachtung der kurz- und langfristigen Wirkungen dieser Handlungen auf den Explizierungsprozeß von Klienten eine wesentliche Bedeutung hat für die Ausbildung in klientenzentrierter Psychotherapie: Die Ausbildung kann sehr viel konkreter gestaltet werden, Therapeuten können eine klare Vorstellung von »helfenden und behindernden Handlungen« (Lietaer et al. 1985; Lietaer u. Neirinck 1985, 1986) bekommen, Rückmeldungen an Therapeuten können konkret gegeben und an allgemeinen Prinzipien begründet werden. Wir haben

bisher in der Ausbildung die Erfahrung gemacht, daß die »angehenden Therapeuten« die hohe Konkretheit, die stringentere Begründung von Handlungen und die sich aus unserer Konzeption ergebende größere Handlungsflexibilität und breitere Handlungsmöglichkeit (verglichen mit »klassischen« Konzeptionen von GT) sehr positiv aufgenommen haben; die vielfach vorhandene Frustration über die klassische »Papageien-Therapie« kann unserer Erfahrung nach überwunden werden.

7.2 Steuerung und Eigenaktivität

Unsere Daten erlauben es, die »Eigenaktivität« des Klienten bezüglich der Explizierung mit zu erfassen und in Rechnung zu stellen, allerdings nur die »Eigenaktivität gegen die BA des Therapeuten«. Daher muß man berücksichtigen, daß die tatsächliche Eigenaktivität der Klienten unterschätzt wird. Sie in Rechnung zu stellen ist wesentlich, wenn man Aussagen darüber machen will, wie stark Interventionen des Therapeuten den Explizierungsprozeß des Klienten tatsächlich steuern.
Wir konnten zeigen, daß für vertiefende BA eine Steuerungswirkung vorliegt: Vertiefungen der BW werden von den Klienten weitaus häufiger nach vertiefenden Angeboten des Therapeuten vorgenommen, als Klienten dies »von sich aus tun« tun; sie gilt um so mehr, je »tiefer« die Klienten bereits arbeiten.
Berücksichtigt man das »Ziel von Psychotherapie«, dann kann man hier den Schluß ziehen, daß ein Therapeut sich in der Therapie nicht allein auf die Eigenaktivität des Klienten verlassen sollte: Therapie hat die Aufgabe, einen Klienten konstruktiv zu fördern, dem Klienten ein Angebot zu machen, das ihm wirksam hilft und das über die Hilfe hinausgeht, die ein Klient im Alltag erhält; wenn sie dies nicht gewährleistet, ist sie überflüssig.
Sie kann dies aber offenbar nicht dadurch gewährleisten, daß sie dem Klienten lediglich einen »Wachstumsraum« anbietet, in dem der Klient sich aus eigener Initiative selbst entfalten kann. Diese in der GT lange vertretene »Pflänzchen-Ideologie« (Keupp u. Bergold 1973) erweist sich auch nach unseren Ergebnissen als nicht haltbar: *Der wesentliche Anteil konstruktiver Klienten-Aktivitäten ist nicht auf die »Selbstentfaltung« des Klienten, sondern auf konstruktive Therapeuten-Interventionen zurückzuführen.* Das bedeutet zum einen, daß ein Therapeut für den Explizierungsprozeß des Klienten Verantwortung übernehmen muß, er muß die große Relevanz seiner Handlungen anerkennen. Vorstellungen von »Nicht-Direktivität« oder von GT als »reinem Beziehungsangebot«, in dem das Handeln des Therapeuten keine Rolle spielt und der Therapeut »ganz absichtslos« sein kann, sind nicht aufrechtzuerhalten. Vielmehr kann man sagen: Wenn ein Therapeut möchte, daß der Klient Fortschritte macht, wenn er möchte, daß ein Klient seine Probleme klärt und von der Therapie profitiert (und wie sollte ein Therapeut das wohl nicht wollen), dann muß er ihm konstruktive Angebote machen, die den Explizierungsprozeß des Klienten steuern.

Dies impliziert jedoch nicht, daß der Therapeut nun als der einzig entscheidende Faktor der Therapie anzusehen wäre: Der Therapeut kann dem Klienten nur *Angebote* machen, ihm Hinweise und Hilfen geben. Umsetzen und nutzen muß der Klient diese Angebote selbst, er bleibt derjenige, der den Explizierungsprozeß vollziehen muß. Der Therapeut hat den Prozeß keineswegs »unter Kontrolle« (das wäre wohl auch nicht wünschenswert), sondern fungiert eher als ein »*Katalysator*« für einen konstruktiven Klienten-Prozeß.

Von großer Bedeutung ist auch der »durchschlagende« Steuerungseffekt verflachender BA: Solche Angebote werden von Klienten mit hoher Wahrscheinlichkeit angenommen, auch und insbesondere dann, wenn sie bereits in einem tiefen Bearbeitungsbereich arbeiten.

Dies macht deutlich, daß Klienten sehr leicht aus einem Explizierungsprozeß »herausgeholt« werden können. Man kann zwar annehmen, daß in bestimmten Fällen die Anregung einer »Verflachung« therapeutisch sinnvoll sein kann, z. B. wenn ein Klient eine neue Erkenntnis auf seine augenblickliche Situation anwenden soll. In sehr vielen Fällen bedeuten diese Angebote aber eine Störung des Klienten, die Angebote sind destrukiv.

Auch hier wird deutlich, wie wichtig es ist, daß ein Therapeut die Auswirkungen seines Handelns abschätzen, antizipieren kann, um derartige Effekte zu vermeiden. Dazu benötigt der Therapeut heuristische Regeln, die einen solchen Zusammenhang aufzeigen und damit handlungsleitend sein können. Diese BA und ihre Effekte machen besonders deutlich, daß die Auffassung, es sei gleichgültig, was ein Therapeut konkret tut, therapeutisch nicht zu verantworten ist.

7.3 Schwierigkeit des Explizierungsprozesses

Unsere Ergebnisse zeigen, daß der *Explizierungsprozeß im allgemeinen für Klienten um so schwieriger wird, je tiefer die Klienten bereits arbeiten* (man muß allerdings beachten, daß unsere Ergebnisse in diesem Bereich nur »erste Hinweise« und eher von heuristischem Nutzen sind. Weitere anwendungsorientierte Forschung ist hier wesentlich). Eine »Explizierung eigener Problemdeterminanten« muß als ein anspruchsvoller, den Klienten stark fordernder Prozeß angesehen werden, als eine schwierige, »mühsame« Arbeit. Dies macht es, wie wir schon ausgeführt haben, erforderlich, Klienten gezielte Hilfen zu geben, also BA zu machen, um sie nicht in diesem Prozeß allein zu lassen.

Dennoch darf man einen Aspekt hier nicht unberücksichtigt lassen, den wir zwar nicht explizit untersucht haben, der aber bei der Diskussion wesentlich ist: Man muß wohl, auch nach bisherigen Studien zur GT, davon ausgehen, daß Klienten, was ihre »Explizierungsfähigkeit« betrifft, sehr unterschiedliche *Eingangsvoraussetzungen* in die Therapie mitbringen (dieser Frage wird in einem eigenen Forschungsprojekt nachgegangen). Damit ist aber der insgesamt schwierige Explizierungsprozeß keineswegs für alle Klienten gleich schwierig: Man kann annehmen, daß die sogenannten »hoch selbstexplorativen Klienten«

weniger Schwierigkeiten haben werden als die »weniger selbstexplorativen Klienten«. Dies wird auch schon von unseren Focusing-Untersuchungen bestätigt (Sachse u. Neumann 1986).
Wenn dies so ist, dann hat das folgende Konsequenzen:
- Klienten, die unterschiedliche Eingangsvoraussetzungen mitbringen, werden Therapeuten unterschiedlich »fordern«: Klienten, die relativ gut selbst arbeiten, werden wenig Hilfestellungen brauchen; je mehr Schwierigkeiten die Klienten im Prozeß haben, desto mehr Hilfen werden sie benötigen. Daher kann das therapeutische Angebot nicht für alle Klienten gleich sein, es muß sich hochgradig nach den Möglichkeiten des Klienten richten. Zu fordern ist daher eine »differentielle Gesprächspsychotherapie« (Tscheulin 1976, 1983a, b; Sachse 1982).
- Die therapeutischen Interventionen müssen weiter verbessert und weitere Angebote müssen entwickelt werden, um die Klienten, für die eine solche Therapieform sinnvoll ist, die jedoch große Prozeßschwierigkeiten aufweisen, besser fördern zu können: Die Therapieentwicklung muß dem Modell der adaptiven Indikation folgen, sie muß Interventionen bereitstellen, die den Möglichkeiten der Klienten besser entsprechen. Es genügt nicht, daß wir mit Psychotherapie den Klienten am besten helfen können, die sie am wenigsten brauchen.
- So lange solche Interventionsmöglichkeiten nicht zur Verfügung stehen, muß man aber auch eine selektive Indikation bedenken. Man muß überlegen, ob man Klienten, die sehr ungünstige Eingangsvoraussetzungen für eine bestimmte Therapie haben, diese überhaupt anbieten sollte. Eine solche Überlegung ist nicht nur aus ökonomischen Gründen (Zeit, Kosten) wichtig, sondern auch zum Schutz der Klienten: Es besteht im Einzelfall die Gefahr, daß Klienten einen Mißerfolg selbstattribuierend verarbeiten und man so Verschlechterungseffekte erzeugen kann. Dies sollte im Einzelfall immer berücksichtigt werden.

7.4 Prozeßdynamik

Die Ergebnisse unserer Studien zeigen, daß ein Steuerungseffekt zwar sehr »durchschlagend« ist, aber immer nur relativ kurzfristig wirkt. Der Klient hat trotz der Steuerungswirkung immer noch hohe Freiheitsgrade: Er nimmt in manchen Fällen das BA des Therapeuten nicht an, aber selbst wenn, führt er immer wieder von sich aus neues Material ein und kann in einer Aussage damit seine BW verändern. Auch der Therapeut kann in der nächsten Intervention wieder ein neues BA einführen, wodurch der Prozeß wieder anders gelenkt wird (die Konsequenz daraus hat Grawe (1988) bezeichnet als »der Weg entsteht im Gehen«: Ein Therapeut kann zum Zeitpunkt X1 noch nicht wissen, wo der Klient oder er selbst zum Zeitpunkt X2 sein werden, wie die therapeutische Situation zu diesem Zeitpunkt aussehen wird). Aus diesen Gründen kann eine einzelne Intervention nur kurzfristig wirken.

Aber: Der Therapeut steuert den Prozeß des Klienten zwar nur kurzfristig, jedoch in jeder Intervention wieder aufs Neue. Auch bei nur kurzfristiger Steuerung ist das Handeln des Therapeuten hoch relevant. Der Therapeut muß sich dabei gleichzeitig »vom Prozeß des Klienten tragen lassen« und den Prozeß immer wieder steuern: Was seine Interventionen bewirken, ist inhaltlich, bearbeitungs- und beziehungsmäßig nicht völlig vorhersehbar und stellt immer wieder einen aktuellen Bewußtseinszustand des Klienten her, auf den der Therapeut sich wieder einstellen muß. *Klientenzentriertes Intervenieren heißt damit immer gleichzeitig, sich auf den Klienten einzustellen und den Bearbeitungsprozeß zu steuern.*
Unsere Ergebnisse illustrieren auch noch etwas anderes: Der psychotherapeutische Prozeß ist ein hochgradig »dynamisch« verlaufender Prozeß. Was in der übernächsten Sequenz passiert, ist aufgrund der »Freiheitsgrade« von Klient und Therapeut nur noch schwer vorhersagbar. Dies bestätigt die Auffassung von Grawe (1982), daß der therapeutische Prozeß nicht »algorithmisch« bestimmt werden kann: Ein Therapeut kann z.B. nicht am Anfang einer Therapiestunde die fünfte Intervention vorausplanen. Jede Intervention des Therapeuten verändert den »Zustand des Klienten«: Dem Klienten fällt neues Material ein, er verändert seine BW, seine Intention, die Beziehung zum Therapeuten kann sich ändern, kurz: Jede Intervention erzeugt einen neuen Zustand, einen neuen Ausgangszustand für die nächste therapeutische Intervention. Diesen Zustand muß der Therapeut wieder wahrnehmen und verarbeiten, auf ihn muß er sich einstellen, von ihm muß er ausgehen (vgl. Bommert 1987).
Man muß hier allerdings auch in der GT die Möglichkeit stärker berücksichtigen und explizit in die Konzeption der Therapie einbeziehen, daß ein Therapeut gleichzeitig sowohl eher »strategische«, längerfristige Ziele haben und verfolgen kann als auch eher »taktische«, kurzfristige Ziele (Arend u. Ludwig 1980; Sachse 1989b). Wahrscheinlich muß sich der Therapeut gerade bezüglich der Ziele sehr flexibel auf Klienten einstellen können, ohne dabei aber längerfristige Ziele aus dem Auge zu verlieren.
Der Therapeut kann nun heuristische Regeln zur Verfügung haben, die Möglichkeiten angeben, wie von bestimmten Prozeßzuständen aus ein neues Ziel erreicht werden kann: Diese Regeln kann der Therapeut nutzen, um eine angemessene Intervention zu finden. Sie helfen ihm somit, sich im Therapieprozeß flexibel bewegen zu können. An dieser Stelle wird dann auch deutlich, daß mit Handlungsregeln keine »algorithmischen« Planungsregeln gemeint sind, denen ein Therapeut folgen muß und mit deren Hilfe er den Klienten vergewaltigt. Der Therapeut kann diese Regeln sinnvoll immer nur dann einsetzen, *wenn sie auf den aktuellen Ausgangszustand des Klienten passen:* Dann und nur dann ist ihre Anwendung auch klientenzentriert. Dies bedeutet auch, daß die Existenz »heuristischer Regeln« emphatisches Verstehen keineswegs überflüssig macht oder gar verhindert: Ein genaues Verstehen der Inhalte und des Prozesses von Klienten, also der jeweiligen »Ausgangslagen«, ist vielmehr *notwendige* Voraussetzung für eine »passende« Anwendung von Handlungsregeln.
Regeln bedeuten auch nicht, daß der Therapeut nun in bestimmten Situationen in bestimmter Weise handeln *muß*: Regeln bilden Zusammenhänge ab und sind

keine Handlungsvorschriften (Sachse u. Musial 1981). Regeln geben an, wie von einer Ausgangslage ein Ziel erreicht werden *kann* und bezeichnen sinnvolle Handlungen; das heißt nicht, daß nicht auch noch andere Handlungen sinnvoll sein könnten. *Regeln sollen den Therapeuten beraten, nicht einengen.*

7.5 Bedeutung der Interventionsformen und Verarbeitungsmodi

Unsere Ergebnisse bezüglich der Interventionsformen »Paraphrasieren«, »Implizites herausarbeiten«, »Fragen« und »Prozeßdirektiven« zeigen, daß auch die Art der »Sprechakte« von Therapeuten bedeutsam ist (was wiederum auf die große Bedeutung konkreten Handelns hinweist): Vertiefende Bearbeitungsangebote sind unseren Ergebnissen zufolge (im Durchschnitt!) am effektivsten, wenn sie mit Hilfe der Interventionsformen des »Herausarbeitens von Implizitem« und der »Fragen« realisiert werden. Paraphrasierungen sind zur Anregung von Vertiefungen des Explizierungsprozesses weit weniger effektiv. Dies bedeutet nicht, daß sie insgesamt unsinnig sind: Paraphrasierungen haben die wichtige Funktion, das Verständnis des Therapeuten zu überprüfen: Der Klient erhält Gelegenheit, zu sehen, ob der Therapeut ihn verstanden hat, er kann den Therapeuten gegebenenfalls korrigieren usw. Für eine »Dialogvalidierung« (Groeben u. Scheele 1977) sind Paraphrasierungen unerläßlich. Sicher spielen diese Interventionen auch im Anfang der Psychotherapie zur Etablierung einer vertrauensvollen Arbeitsbeziehung eine wesentliche Rolle. Zur optimalen Förderung des Klientenprozesses ist es jedoch nicht ausreichend, sich auf diese Interventionsform zu beschränken. Dies ist unseres Erachtens auch aus einem anderen Grunde nicht sinnvoll: Die ausschließliche Verwendung von Paraphrasierungen erzeugt im Therapieprozeß eine hochgradig artifizielle Sprachform, die von Klienten als nicht angenehm erlebt wird (vgl. Wiedemann 1983).
Die »Kunstform« einer klientenzentrierten Therapie sollte unseres Erachtens zwar *kunstvoll* sein (schon dadurch, daß ein Therapeut sehr viel mehr wahrnehmen und verarbeiten und sehr viel gezielter, überlegter und fundierter handeln muß als Personen im Alltag), sie sollte aber nicht *»künstlich wirken«*. Für uns hört sich eine alleinige Verwendung der Variablen »Verbalisierung emotionaler Erlebnisinhalte« an wie eine »Plastik-Psychotherapie"«, eine Kultivierung des Oberflächlichen; der tiefere Sinn von Psychotherapie liegt nicht darin, daß ein Therapeut sich einer artifiziellen Sprechweise bedient (vgl. Schulz v. Thun 1983).
Unsere Ergebnisse geben auch Hinweise darauf, daß es keineswegs sinnvoll ist, daß Therapeuten (wie in der klassischen GT üblich) ausschließlich in einem »synthetischen Modus« verarbeiten, also lediglich versuchen, zu verstehen, was schon verstehbar ist. Es ist oft für die Förderung des Klientenprozesses sehr wesentlich, zu verstehen, was noch nicht klar genug, noch nicht verstehbar genug ist. Diesen Aspekten zu folgen und sie weiter zu klären, vertieft nicht nur das Verständnis des Therapeuten (das wäre als Ziel nicht ausreichend); es vertieft insbesondere das Verständnis des Klienten von wesentlichen Aspekten seines »inneren Bezugssystems«.

Das Arbeiten in einem »analytischen Modus« ist für die GT ungewohnt (insbesondere, da es lange Zeit die unsinnige Regel gab, ein Therapeut dürfe keine Fragen stellen, so als sei ein Therapeut ein Telepath, der alles auch dann verstehen kann, wenn er vom Klienten gar keine ausreichende Information erhält); auch hier kann es aber nicht um die Rettung einer Ideologie gehen (die im Falle der Vorstellung von »Non-Direktivität« sowieso nicht zu retten ist), sondern es muß darum gehen, sinnvolle, effektive Interventionsformen zu akzeptieren.

8 Zielorientiertes Handeln in der Gesprächspsychotherapie: Anwendung der Konzeption in der therapeutischen Praxis

8.1 Einige Regeln für zielorientiertes Handeln

In den vorigen Kapiteln haben wir versucht aufzuzeigen, daß das *Handeln* des Therapeuten für den therapeutischen Prozeß wesentlich ist. Dieses Handeln des Therapeuten ist immer zielorientiert und hat sehr großen Einfluß auf die beim Klienten ablaufenden Prozesse. Wir haben uns in der dargelegten Konzeption primär mit dem Ziel der »Explizierung des inneren Bezugssystems« durch den Klienten beschäftigt und mit den Prozessen, die auf ein solches Ziel hinführen, insbesondere der »Vertiefung der Bearbeitungsweise«. Wir konnten zeigen, daß Therapeuten den Explizierungsprozeß von Klienten durch Bearbeitungsangebote stark beeinflussen und Klienten sowohl fördern als auch behindern können.

In den nun folgenden Fallbeispielen wollen wir an konkretem Therapiematerial die Anwendung unserer Konzepte demonstrieren. Um dieses tun zu können, müssen wir jedoch den Rahmen der Konzepte »Bearbeitungsangebot« und »Bearbeitungsweise« überschreiten und damit auch die von uns bisher empirisch untersuchten Bereiche. Dieses ist notwendig, da, wie wir in den ersten Kapiteln deutlich gemacht haben, bei der Realisierung von Bearbeitungsangeboten viele Aspekte in der praktischen Arbeit mit berücksichtigt werden müssen, die bisher noch nicht Gegenstand der Forschung waren (damit begeben wir uns, wie im vorigen Kapitel diskutiert, in den Bereich von »Psychotherapie als Handlungskonzept für die Praxis«, das Wissen umfaßt und umfassen muß, das über den jeweils empirisch abgesicherten Kenntnisstand hinausgeht).

Auf die folgenden (im Theorieteil dieses Buches abgeleiteten und zum Teil empirisch untermauerten) Aspekte werden wir bei der Diskussion der Fallausschnitte besonders eingehen:

1. Basisaspekt: Verstehen

Um überhaupt mit einem Klienten therapeutisch arbeiten zu können, muß der Therapeut das, was der Klient sagt, was er meint, und schließlich sein »inneres Bezugssystem« verstehen. Dieses ist in der Tat eine unabdingbare Basisvoraussetzung therapeutischer Arbeit: Ohne (gegenseitiges) Verstehen kann es keine sinnvolle therapeutische Arbeit geben.

Auch um dem Klienten sinnvolle und »passende« Bearbeitungsangebote machen zu können, muß der Therapeut das vom Klienten Gemeinte korrekt verstanden haben: Der Therapeut muß das Bearbeitungsangebot immer *bezüglich bestimmter Inhalte* machen; mit *diesen* soll der Klient weiterarbeiten, zu *diesen* wirft der Klient Fragestellungen auf.

Verfehlt der Therapeut die zentralen Inhalte des Klienten (also den »Kern« des Gemeinten), dann macht er u. U. Bearbeitungsangebote zu peripheren, irrelevanten Inhalten; oder er mißversteht den Klienten völlig und macht Bearbeitungsangebote zu Inhalten, die nicht die Inhalte des Klienten sind und die von ihm gar nicht realisiert werden können (Sachse 1988c).

Daher ist es immer wesentlich, die »Qualität des Verstehens« zu beurteilen, zu sehen, wie gut der Therapeut den »Kern« versteht und ob der Therapeut seine Bearbeitungsangebote überhaupt an zentrale Inhalte »anknüpft«. Diese Qualität des Verstehens wird durch einige Aspekte mitbestimmt:

a) Es genügt nicht, daß der Therapeut nur das Gesagte versteht, sondern er muß das vom Klienten *zentral Gemeinte* (den »Kern« des Gemeinten) verstehen: Worum geht es dem Klienten? Was sind die zentralen Aspekte, die ihm wesentlich sind? Verfehlt der Therapeut das zentral Gemeinte, ist sein Verstehen oberflächlich (vgl. Sachse 1988c).

b) Um das zentral Gemeinte zu verstehen, muß der Therapeut ein *»übergreifendes Verstehen«* realisieren: Er muß Informationen, die der Klient früher gegeben hat, einbeziehen und ein »Modell« der relevanten Inhalte (des »inneren Bezugssystems«) rekonstruieren. Bezieht der Therapeut wichtige (frühere) Informationen nicht in seine Rekonstruktion ein, dann »greift sein Verstehen zu kurz«. Therapeut und Klient reden dann oft aneinander vorbei.

c) Der Therapeut muß (schon da er auch immer eigene Wissensbestände zum Verstehen heranziehen muß) sein Verstehen immer *überprüfen*; seine Rekonstruktionen müssen *belegbar* sein, sich aus den »Klientendaten« ableiten lassen. Ist das, was der Therapeut rekonstruiert, nicht belegbar, eine Spekulation, dann geht seine Intervention an den Inhalten des Klienten vorbei; ist es nachweislich falsch, dann gibt es (kurzfristig) eine Störung der Kommunikation.

d) Der Therapeut kann sich auf das beziehen, was verstehbar ist (synthetisch verarbeiten) oder auf das, was noch nicht verstehbar ist (analytisch verarbeiten). Wesentlich ist, daß der Therapeut diese Modi *flexibel handhaben* kann, also sowohl sorgfältige Rekonstruktionen erstellt und mit dem Klienten überprüft als auch sensibel ist für die Aspekte, die noch nicht oder nicht ausreichend verstehbar sind, und auch den Klienten auf diese Aspekte aufmerksam machen kann (z. B. auf unkonkrete Aussagen, auf unklare Themen, auf mögliche Vertiefungen usw.). Nur *einen* Verstehensmodus zu verwenden würde bedeuten, die therapeutischen Möglichkeiten künstlich und unnötig einzuschränken. Wesentlich ist auch, daß der Therapeut versteht, wie ein Klient selbst an seinen Inhalten arbeitet, ob er selbst Fragestellungen aufwirft und seine Bearbeitungsweise vertieft oder Schwierigkeiten im Prozeß hat (sog. Prozeßempathie): Wesentlich ist ebenfalls, daß der Therapeut versteht, wie die Beziehung ist, ob der Klient Vertrauen zum Therapeuten hat, ob die Beziehung gestört ist (s. u.).

2. Verständlichkeit des Therapeuten

Die Interventionen des Therapeuten sind sprachliche Aussagen, die vom Klienten verstanden werden müssen, damit sie wirksam werden können (der Therapeut muß den Klienten nicht nur verstehen, er muß auch vom Klienten verstanden werden).

Damit sie möglichst gut verstanden werden können, sollten sie bestimmten formalen Merkmalen genügen:

- *Länge*
  Interventionen sollten so kurz wie möglich und nur so lang wie nötig sein. Je mehr Ressourcen Klienten aufwenden müssen, um die Aussage des Thera-

peuten zu verarbeiten, desto weniger Ressourcen bleiben ihnen, um die
Bearbeitungsangebote des Therapeuten umzusetzen.
- *Punkt setzen*
Ein Therapeut sollte eine Intervention abschließen, nachdem er das Wesentliche gesagt hat. Ungünstig ist es z.B., aufwendige Selbstkorrekturen zu machen: Wenn ein Therapeut den Eindruck hat, die Intervention sei nicht »korrekt«, versucht er, sie zu korrigieren; die Korrektur ist immer noch nicht korrekt, und der korrigiert erneut und so lange, bis der Klient vollständig verwirrt ist oder zuverlässig den Faden verloren hat.
- *Zentrierung ist wichtiger als Vollständigkeit*
Ein Therapeut sollte immer nur eine oder sehr wenige Spuren gleichzeitig verfolgen und dem Klienten immer nur eine »Aufgabe« gleichzeitig geben. Ansonsten besteht in hohem Maße die Gefahr, den Klienten zu überfordern.
- *Konkretheit/Präzision*
Aussagen sind um so besser verständlich, je konkreter sie sind (vgl. Bock 1978). Daher sollten die Aussagen des Therapeuten möglichst konkret sein, sie sollten explizit deutlich machen, was der Therapeut meint, sie sollten sprachlich einfach sein (keine komplizierte Wortwahl, keine komplizierten Satzkonstruktionen enthalten), damit ein Klient keine Ressourcen für die »Übersetzung« der Therapeutenaussage benötigt.
- *Explizitheit*
Ein Therapeut sollte das, was er meint und das, was er dem Klienten als »Aufgabe« gibt, so explizit wie möglich machen. Dies ist auch bezüglich der Bearbeitungsangebote wesentlich: Ein Klient kann das Angebot um so leichter verstehen und um so besser umsetzen, je deutlicher es vom Therapeuten formuliert wurde.

3. Bearbeitungsangebote

Das Ziel der Explizierung wurde von uns als besonders wesentlich für die therapeutische Arbeit in der GT angesehen; wir haben vorgeschlagen (und unsere Ergebnisse bestätigen eine solche Sichtweise), daß ein Therapeut den Klienten im Hinblick auf dieses Ziel durch Bearbeitungsangebote aktiv unterstützen sollte. Es genügt für eine optimale Förderung des Klienten-Prozesses nicht, wenn der Therapeut den Klienten nur »verstehend begleitet« und sich darauf verläßt, daß der Klient seine Bearbeitungsweise von sich aus vertieft. Vielmehr sollte der Therapeut dem Klienten, wann immer möglich, vertiefende Bearbeitungsangebote machen, die den Explizierungsprozeß des Klienten gezielt fördern.
Geht man zunächst allgemein davon aus, daß der Therapeut das Bearbeitungsniveau des Klienten durch Bearbeitungsangebote vertiefen sollte, dann muß man jedoch explizit konzipieren, unter welchen Bedingungen der Therapeut vertiefende Bearbeitungsangebote machen kann/sollte bzw. unter welchen Bedingungen solche Angebote *nicht* günstig sind. Mit diesen *Bedingungen für den Einsatz vertiefender Bearbeitungsangebote* wollen wir uns nun beschäftigen.

a) »Verstehen geht vor Vertiefen«

Wie ausgeführt, sollte ein Therapeut vertiefende Bearbeitungsangebote nur machen, wenn er (nachvollziehbar, also so korrekt wie möglich) das vom Klienten zentral Gemeinte (den »Kern«) *verstanden* hat: Ansonsten macht er Bearbeitungsangebote an peripheren oder unzutreffenden Inhalten, die den Klienten nicht weiterbringen oder vom Klienten gar nicht umgesetzt werden *können*. In solchen Fällen muß sogar mit einer Störung des Explizierungsprozesses (einem Verflachen der Bearbeitungsweise) gerechnet werden. Dies bedeutet: *»Verstehen geht vor Vertiefen«*. Solange der Therapeut nichts Wesentliches (oder gar nichts!) versteht, kann er keine sinnvollen vertiefenden Bearbeitungsangebote machen. Er sollte daher eher gleichhaltende Bearbeitungsangebote machen, die auf eine Verbesserung der Verstehbarkeit der Inhalte abzielen.

b) Konkretheit

Die Konkretheit der Klientenaussage muß vom Therapeuten berücksichtigt werden: Eine Aussage kann sehr konkret sein (so daß der Therapeut sich die angesprochenen Aspekte gut und differenziert vorstellen kann) oder sehr abstrakt, allgemein und »nebelhaft« (so daß ein Therapeut im Extremfall nicht einmal versteht, worum es geht, was das »Thema« ist). Sehr wahrscheinlich ist es sinnvoll, vertiefende Bearbeitungsangebote erst dann zu machen, wenn die Aussage des Klienten konkret ist, und zwar aus zwei Gründen:
- Einmal muß ein Therapeut, wie ausgeführt, Inhalte und Bearbeitung des Klienten genau verstehen, um Bearbeitungsangebote gezielt und passend machen zu können; dies kann er aber wahrscheinlich um so weniger, je unkonkreter die Klientenaussage ist.
- Ein Klient, der seine Bearbeitungsweise vertieft, der z. B. ein Gefühl oder eine »gefühlte Bedeutung« entstehen lassen will, kann dies sehr wahrscheinlich nur, wenn er sich sehr konkret und plastisch gedanklich in eine Situation hineinversetzt o. ä.; unkonkrete Vorstellungen lösen eher keine Gefühle aus.

Aus dieser Überlegung folgt, daß bei unkonkreten (und auch bei unverständlichen) Klientenaussagen gilt, daß *erst* eine Konkretisierung oder Erläuterung (und damit im Sinne der Explizierungsstufe ein gleichhaltendes Bearbeitungsangebot) vom Therapeuten angestrebt werden muß, bevor sinnvoll die Bearbeitungsweise vertieft werden kann *(»Konkretisierung vor Vertiefung«)*.

c) Elaboration

Klienten müssen (am Anfang der Therapie, aber auch bei jedem neuen Thema) erst »in das Thema einsteigen«: Sie müssen etwas über das Thema erzählen, Hintergründe ausbreiten, relevante Personen benennen usw. (sie geben eine Einleitung in den Problembereich). Diese Einleitung ist sowohl für den Therapeuten als auch für den Klienten wesentlich:
- Der Therapeut muß ein Mindestmaß an Information und Hintergrundwissen zu dem Problem haben, um überhaupt verstehen zu können, worum es geht (es ist eine Illusion zu glauben, ein solches Wissen sei für empathisches Verstehen irrelevant).

- Für den Klienten ist es wichtig, das Problem auszubreiten, die einzelnen Aspekte in Ruhe zu betrachten, sich in das Problem hineinzuversetzen: Nur so kann er erkennen, welche wichtigen Fragen sich ergeben und an welchen Problemaspekten weitergearbeitet werden soll; d.h. der Klient muß erst einmal relevante von weniger relevanten Aspekten unterscheiden. In solchen Einleitungsphasen sind vertiefende Bearbeitungsangebote wenig sinnvoll; hier sollte der Therapeut sich primär um Verstehen bemühen und sein Verstehen kommunizieren, den Klienten auf der gleichen Ebene halten und eher eine Konkretisierung, Differenzierung o.ä. der Inhalte anregen.

Man macht auch oft die Erfahrung, daß Klienten vertiefende Bearbeitungsangebote so lange gar nicht annehmen, solange es für sie wichtig ist, das Problem zu elaborieren.

d) Zentrierung

Probleme sind komplex; dennoch ist es aus gedächtnispsychologischen Gründen nicht zu erwarten, daß Klienten die gesamte Komplexität der Probleme simultan bearbeiten können. Man muß im Gegenteil davon ausgehen, daß immer nur wenige Aspekte gleichzeitig fokal bearbeitet werden können: Die Komplexität muß sukzessiv und nicht simultan bewältigt werden.

Die Vorgehensweise, alle Problemaspekte gleichzeitig oder in ihrem komplexen Zusammenhang zu sehen, führt eher zu einem »kognitiven Chaos« und nicht zur Klärung. Es ist günstiger, nach einer »Übersicht« über das Problem zunächst relevante Aspekte auszuwählen, diese zu klären und zu verstehen und dann, in einem dritten Schritt, erneut die Zusammenhänge zwischen den nun besser verstandenen Aspekten zu betrachten.

Eine sinnvolle Strategie zur Bearbeitung von Problemen ist es damit, die *Aufmerksamkeit jeweils nur auf wenige zentrale Aspekte zu zentrieren* und das Problem so *sukzessiv* zu bearbeiten.

Dies ist auch für Vertiefungen der Bearbeitungsweise wichtig: Um zu vertiefen, stellt der Klient Fragen an bestimmte Inhaltsaspekte, d.h. er zentriert zunächst seine Aufmerksamkeit auf bestimmte Aspekte (»Spuren«) und *vertieft von diesen fokalen Aspekten ausgehend.*

e) »Tiefe der Spuren«

Ein Klient spricht in der Regel in einer Aussage mehrere unterschiedliche Aspekte an, auf die sich der Therapeut beziehen kann. In Kapitel 3.1 haben wir diese Aspekte als »Spuren« bezeichnet, die der Therapeut aufnehmen und auf die er die Aufmerksamkeit des Klienten fokalisieren kann. Ein Therapeut kann dabei »Spuren« aufnehmen, die bereits sehr »tief« sind, er kann sich also auf Inhalte des Klienten beziehen, die bereits auf der Bearbeitungs-Skala hohe Werte aufweisen, oder aber er kann »flache Spuren« aufgreifen. Um den Vertiefungsprozeß optimal zu fördern, ist es oft sinnvoll, daß Therapeuten die »tiefste Spur« aufgreifen (vorausgesetzt, diese ist zentral und bereits konkret genug!).

f) Prozeßempathie

Ein Therapeut muß auch berücksichtigen, wie weit ein Klient überhaupt in der Lage ist, Bearbeitungsangebote anzunehmen und umzusetzen (Prozeßempathie): Ist der Klient »selbstexplorativ«, bemüht er sich um Klärung, setzt er Bearbeitungsangebote des Therapeuten konstruktiv um, oder hat er Schwierigkeiten, sich Situationen vorzustellen, Inhalte konkret zu schildern, Gefühle entstehen zu lassen und ihnen seine Aufmerksamkeit zuzuwenden usw.?
Dieses zu beurteilen ist wesentlich, da Klienten mit Bearbeitungsangeboten auch überfordert werden können und daher die Angebote des Therapeuten nicht nur auf die Inhalte, sondern auch auf die Bearbeitungsmöglichkeiten des Klienten *passen* müssen.
Ein Therapeut muß aber nicht nur die »prinzipiellen Möglichkeiten« des Klienten verstehen, sondern immer auch wahrnehmen, auf welcher Stufe ein Klient gerade arbeitet: Dies ist die *Grundvoraussetzung* dafür, dem Klienten überhaupt ein vertiefendes, den Prozeß förderndes Bearbeitungsangebot machen zu können.
Ein anderer Aspekt, der aus der »Prozeßempathie« folgt, ist der, daß Therapeuten auch wahrnehmen müssen, ob Klienten überhaupt Unterstützung *brauchen*: Insbesondere bei hoch selbstexplorativen Klienten kann es immer wieder Therapiephasen geben, in denen Klienten »optimal arbeiten«: Sie stellen von sich aus relevante Fragen, vertiefen ihre Bearbeitungsweise usw. In diesen Fällen kann sich der Therapeut auf ein »Begleiten« beschränken, kann Bearbeitungsangebote machen, die das Ziel haben, Verstehen und Akzeptieren zu vermitteln: Den Klienten zu »fördern« heißt oft auch, nicht mehr zu tun als notwendig ist.
Ein Therapeut muß auch *Widerstände und Abwehr* beim Klienten wahrnehmen: Widerstände und Abwehr sind in jedem Klärungsprozeß zu erwarten, da Klärung für den Klienten immer ambivalent ist; einerseits wollen Klienten Problemaspekte verstehen und verändern, andererseits sind ihre Konzepte für sie auch bedeutsam, und eine Klärung und Veränderung kann Angst auslösen. Therapeuten sollten Widerstand akzeptieren und den Klienten anleiten, darüber zu sprechen, was ihnen die Bearbeitung eines Themas jetzt schwierig macht (»Widerstand thematisieren, aber nicht brechen«). Ohne eine solche Bearbeitung des Widerstands sind sehr wahrscheinlich vertiefende Bearbeitungsangebote wenig sinnvoll. Daher muß ein Therapeut in der Lage sein, Widerstand zu *erkennen*, und er muß hier die »Bearbeitungsebene« wechseln: Statt die Inhalte zu thematisieren, die Widerstand auslösen, sollte thematisiert werden, was es für den Klienten schwierig oder unmöglich macht, diese Inhalte in dieser Situation mit diesem Therapeuten anzusprechen.

g) Bearbeitungstempo und Passung

Die Vertiefung des Explizierungsprozesses, so haben wir gezeigt, ist für den Klienten ein schwieriges Unternehmen, das Zeit braucht: Klienten müssen die durch eine Vertiefung neu fokalisierten Aspekte erst betrachten, elaborieren, verstehen, bevor sie in der Lage und bereit sind, von diesem Bearbeitungsstand aus erneut zu vertiefen. Daher ist es sehr wahrscheinlich günstig, dem Klienten nach einer »erfolgreichen Vertiefung« zunächst eine Möglichkeit zum Betrachten der Inhalte zu geben, das heißt: *auf vertiefende sollten wieder gleichhaltende Bearbeitungsangebote folgen.*

Geht ein Therapeut nicht so vor, macht er »ein vertiefendes Bearbeitungsangebot nach dem anderen«, dann muß man damit rechnen, daß das »Tempo« der Vertiefung für den Klienten zu hoch wird: Ohne daß der Klient Zeit hat, die neu auftauchenden Aspekte zu betrachten, zu verstehen und richtig zu fokalisieren, soll er erneut vertiefen. Dies kann Klienten schnell überfordern und den Prozeß blockieren.

Aus dem gleichen Grund erscheint es uns sinnvoll, daß Therapeuten in einer Intervention nicht »zu weit vertiefen«: Befindet sich ein Klient auf der Stufe »Bericht«, dann sollte er erst ein Gefühl oder eine gefühlte Bedeutung zu relevanten Situationsaspekten entwickeln (d.h. entsprechende Gedächtnisbestände aktivieren), bevor er die »motivationalen Propositionen«, die relevanten Bedeutungsstrukturen explizieren kann.

Zielt der Therapeut von »Bericht« sofort auf eine Klärung der Bedeutungsstrukturen ab, dann hat der Klient diese gar nicht aktiviert. Um der Intervention des Therapeuten zu folgen, bleibt ihm gar nichts anderes übrig, als über die Konstruktionen zu spekulieren: Der Therapeut erzeugt damit eine »Intellektualisierung« und verfehlt sein Vertiefungsziel völlig. Daher sollten Therapeuten dem »*Prinzip der Passung*« (Heckhausen 1969) folgen: Die Bearbeitungsangebote des Therapeuten sollten den Bearbeitungsstand des Klienten immer nur geringfügig überschreiten.

h) Beziehung und Beziehungsintention

Wie wir ausgeführt haben (Kapitel 2.2.4) setzt eine Bearbeitung von Inhalten, insbesondere eine Vertiefung der Bearbeitungsweise, eine vertrauensvolle Arbeitsbeziehung voraus. Eine solche Beziehung ist die Grundlage der therapeutischen Arbeit; das kann sie aber nur dann sein, wenn die Beziehung selbst nicht »Thema« der Interaktion ist, sondern wenn sie einen »tragfähigen Hintergrund« darstellt.

Aus diesen Gründen muß ein Therapeut immer berücksichtigen, ob bereits eine tragfähige und vertrauensvolle Arbeitsbeziehung besteht bzw. ob sie *im Augenblick* vorliegt: Vertiefende Bearbeitungsangebote, die an relevante und damit für den Klienten schwierige, peinliche und schmerzliche Problembereiche herangehen, können von Klienten nur umgesetzt werden, wenn eine Vertrauensbasis zum Therapeuten hergestellt ist. Daraus folgt, daß zu Beginn einer Therapie das primäre Ziel in der Etablierung einer Arbeitsbeziehung besteht und vertiefende Bearbeitungsangebote noch kaum sinnvoll sein werden. Weiter folgt daraus, daß Bearbeitungsangebote nicht sinnvoll sind, wenn die therapeutische Beziehung aktuell gestört ist; wenn ein Klient ein neues, peinliches Thema aufgreift und zunächst »testet«, ob der Therapeut dies akzeptieren kann; wenn die therapeutische Beziehung selbst Thema des Gesprächs ist u. a.

In diesem Fall muß »an und mit der Beziehung gearbeitet werden«, das Ziel der Explizierung tritt (vorübergehend) in den Hintergrund. Beziehung oder Beziehungsaspekte müssen zum Thema werden, oder aber ein Therapeut muß dem Klienten (durch Realisierung der Basisvariablen, insbesondere durch Akzeptierung) korrigierende Beziehungserfahrungen ermöglichen.

Ein wesentlicher, vom Therapeuten zu beachtender Aspekt sind auch »interaktionelle Ziele« des Klienten: Der Klient kann im wesentlichen die Intention haben, an seinen Problemen zu arbeiten und sie zu klären (bei und trotz der damit verbundenen Ambivalenz): In diesem Fall ist das Ziel der Explizierung ein für diesen Klienten sinnvolles Ziel.

Der Klient kann jedoch primär andere Intentionen haben (u. U. auch vorübergehend), wie z. B. vom Therapeuten als kompetent eingeschätzt zu werden, einen »guten Eindruck« zu machen usw. (vgl. Grawe 1982). In solchen Fällen sind vertiefende Bearbeitungsangebote wenig sinnvoll, da sie an den Intentionen des Klienten vorbeigehen und der Klient sie deshalb auch nicht umsetzen wird.

Ein anderes Ziel des Klienten kann darin liegen, seinen Zustand mit Hilfe des Therapeuten so weit zu stabilisieren, daß eine Veränderung *nicht* nötig ist: Der Therapeut wird hier zu einem »Stabilisator«, der hilft, den Status quo aufrechtzuerhalten. Auch in diesem Fall werden Klienten vertiefende Angebote nicht annehmen können. Vielmehr müssen die Intentionen des Klienten selbst transparent gemacht werden; hier sind z. T. konfrontative Strategien notwendig (zu therapeutischen Möglichkeiten siehe Sachse 1987a).

8.2 Fallbeispiele

Um unsere Konzepte und die daraus ableitbaren Regeln an konkreten Fallbeispielen demonstrieren zu können, haben wir kurze Ausschnitte aus vier Therapien ausgewählt, an denen einige Aspekte unserer Konzeption exemplarisch deutlich gemacht werden können. Wir haben die Fälle danach ausgesucht, daß sie die Explizierung möglichst vieler Prinzipien ermöglichen: Die Auswahl geschah nicht, um »besonders schwere Fälle« zu demonstrieren. Wir haben auch »durchschnittliche« Therapeuten und Stunden ausgewählt, also keine »Star-Therapien«, da man unseres Erachtens an *Fehlern* wichtige Prinzipien deutlicher demonstrieren kann als an »reibungslos laufenden« Therapien. (Dadurch, daß die Ausschnitte in der Mitte der jeweiligen Stunde beginnen, fehlt zu Beginn etwas Vorinformation; soweit dies nötig ist, ergänzen wir sie).

Zunächst werden die Texte der Therapieausschnitte im Zusammenhang dargestellt, um einen Überblick über den jeweiligen Prozeß zu geben, im Anschluß daran erfolgt eine genaue Analyse und Kommentierung jeder einzelnen Einheit. Unsere Absicht dabei ist, einige unserer Überlegungen *exemplarisch* deutlich zu machen; wir sind uns dessen bewußt, daß es im Rahmen dieser Darstellung *nicht* möglich ist, *alle* möglichen Ableitungen aus unserer Konzeption darzustellen; auch kann ein Buch keine Therapieausbildung ersetzen. Wir hoffen jedoch, daß wir einen *Einblick* in die praktische Anwendung unserer Überlegungen geben können.

Wir werden die Aussagen von Therapeut und Klient nach den jeweils realisierten Bearbeitungsangeboten und Bearbeitungsweisen analysieren. Für jede Klientenaussage werden wir versuchen, einige der jeweils möglichen therapeutischen

Handlungen herauszuarbeiten und zu diskutieren. Hier zeigt sich, daß es in manchen Fällen mehrere gleich »gute« Interventionsmöglichkeiten gibt, dem Therapeuten also verschiedene Möglichkeiten zur Verfügung stehen. In anderen Fällen gibt es aber eindeutige Präferenzen für *bestimmte* Interventionen, zu denen es keine gleich gute Alternative gibt. Diese Empfehlungen werden wir jeweils zu begründen versuchen.

Zentral ist in unserer Analyse die Annahme, daß ein Therapeut die Aufmerksamkeit des Klienten durch seine Aussage stark lenkt: Nimmt man dies an, so kann man für jeden Interventionsvorschlag Hypothesen darüber finden, welche Effekte beim Klienten zu erwarten sind und im nächsten Schritt überlegen, ob diese Effekte konstruktiv sind oder nicht. Dies werden wir versuchen.

An einigen Aspekten, die besonders illustrativ sind, werden wir auch allgemeinere Prinzipien erörtern; die Darstellung dieser eher übergreifenden Überlegungen ist leichter nachvollziehbar, wenn sie an einem konkreten Beispiel »verankert« werden. (Auf eine Einteilung der Texte in Idee-Einheiten soll hier aus Gründen der Übersichtlichkeit verzichtet werden.)

8.2.1 Fall 1

Der folgende Fallausschnitt stammt aus der Therapie einer 29jährigen Klientin, die wegen Beziehungsschwierigkeiten und depressiver Verstimmungen einen Therapeuten aufgesucht hat. Der Therapeut, 38 Jahre, ist ein zertifizierter Gesprächspsychotherapeut. Der Ausschnitt stammt aus der 15. Sitzung einer 31 Sitzungen umfassenden Therapie. Er beginnt ca. 8 Minuten nach Beginn der Stunde.

- *Fallausschnitt*

KL 1: Ja, es erinnert mich an viele Sperren, Sperren, die mir bewußt sind, und wo ich denk, die krieg ich nicht weg.
TH 1: Was wäre das Gefährliche daran für Dich – mir da was zu zeigen?
KL 2: Ja, das wär überhaupt nicht – gefährlich.
TH 2: Was wär's? Oder wie wäre es für Dich?
KL 3: Ja, ich komm mir dann so nackig vor, so ausgezogen, so bloßgestellt irgendwie ...
TH 3: Da ist offensichtlich so'n Schutz, der dann weg ist. Und wie wär das für Dich, so bloßgestellt zu sein? Wärst Du da verletzlich oder verletzbar?
KL 4: Ja, irgendwo hab ich da Hemmungen. Ich weiß nicht, ob das Verletzlichkeit ist – wahrscheinlich ja. Ja irgendwie – weiß ich auch nicht – es ist mir irgendwie zu viel Gefühl, es ist keine Kontrolle mehr da, das ist alles so –
TH 4: Du siehst das so –
KL 5: Ja, so seh ich das: ich komm mir ausgeliefert vor ...
TH 5: Du könntest weggerissen werden von diesem Gefühl ...
KL 6: Ja.

TH 6: Und das ist was, was du nicht so gerne hast? –
KL 7: Ich empfinde das als sehr schön, aber danach möchte ich das alles wieder zurücknehmen.
TH 7: Weil es erst gut tut, so losgelöst, aber hinterher hast Du ein ungutes Gefühl.
KL 8: Da möcht ich das wieder rückgängig machen.
TH 8: Ist es Dir dann peinlich, was passiert ist, oder kommt es Dir so vor, als hättest Du ein schlechtes Bild abgegeben, wie jemand, der sich nicht in der Gewalt hätte oder so ...
KL 9: Ne, das gar nicht. – Kann ich schlecht benennen ...
TH 9: Also auf der einen Seite weißt Du, daß es so ganz gut für Dich tut, aber Du weißt auch, daß es Dir hinterher leid tut oder Dich ärgert, oder daß Du es auf jeden Fall ungeschehen machen möchtest oder 's wär Dir lieber, wenn es nicht gekommen wär.
KL 10: Ja, aber gleichzeitig tu ich mir damit wieder weh. Ich möchte das ja zulassen – und es ist immer frustrierend, wenn ich seh, daß das nicht geht, weil ich immer versuche, wieder darüber zu stehen. Das ist enttäuschend für mich.
TH 10: Das ist so was: wo ich genau weiß, wenn ich das zulasse, dann geht es mir eigentlich ganz gut. Aber das kannst Du nicht ...
KL 11: Ja, oder ich lasse es zu, und anschließend mach ich's mir wieder kaputt. Stell Fragen, ironisier' ...

- *Analyse/Kommentar*

KL 1: Ja, es erinnert mich an viele Sperren, an Sperren, die mir bewußt sind, und wo ich denk, die krieg ich nicht weg ...

Analyse:
Allgemein:

Die Klientin hat vor diesem Abschnitt bei der Bearbeitung eines Themas geweint. Dieses Weinen und »Gefühle zeigen« in der Therapie macht sie nun zum Thema. Das »es« im ersten Satz bezieht sich darauf.
Kernaussage: Ich kann nicht problemlos weinen, das erinnert mich an Sperren, die krieg ich nicht weg.
Die Bearbeitungsweise ist Bericht: Die Klientin erzählt eine Erinnerung, es ist noch nicht deutlich, daß sie Sperren spürt; über diese Sperren sagt sie dann etwas aus.

Therapeutische Möglichkeiten:

Allgemein:

Man muß hier sehen, daß die Analyse mitten im Prozeß »einsteigt« und daher Fragen auftauchen, die der Therapeut nicht stellt, da er über mehr Vorinformationen verfügt. Grundsätzlich ist aber eine wesentliche Frage im Therapieprozeß, ob die Klienten-Aussage verständlich ist oder ob ein Therapeut noch mehr Informationen benötigt, um die Aussage zu verstehen.

Synthetisch:
»Das erinnert Dich an Sperren«.
Eine solche Aussage akzentuiert die »Spur der Sperren«: Der Therapeut lenkt die Aufmerksamkeit der Klientin auf diesen Aspekt. Das Bearbeitungsangebot (BA) ist »Bericht«: Jedoch kann ein Therapeut hier eine längere Strategie verfolgen, indem er im ersten Schritt das Thema auf »Sperren« reduziert und dann eine Vertiefung anregt (z. B. »Wie spürst Du die?«).
Eine Spur akzentuieren kann man auch durch ein einzelnes Wort z. B. »Sperren?« Unseres Erachtens ist eine *Akzentuierung*, eine Zentrierung auf wesentliche Inhalte, wichtiger als »Vollständigkeit«: Ein Klient sollte sich auf *zentrale* Inhaltsaspekte konzentrieren und nicht auf alles, was noch damit verbunden ist.

Analytisch:
»Was sind Sperren?« oder »Was meinst Du mit Sperren?«
Auch dies zentriert die Aufmerksamkeit auf den Aspekt »Sperren«; darüber hinaus regt es Klärung/Konkretisierung an: Was meint die Klientin genau damit?
Das Bearbeitungsangebot ist Bericht; auch hier kann dieses Bearbeitungsangebot aber im Kontext einer längeren Intervention gesehen werden, die auf Explizierung abzielt.

Beziehungsebene:
Die Klientin thematisiert vorher, daß ihr »das Weinen in der Therapie« unangenehm ist: Damit spricht sie eine Beziehungsebene an, die der Therapeut aufgreifen und explizit thematisieren kann: »Was macht das Weinen hier für Dich unangenehm?«.

TH 1: *Was wäre das Gefährliche daran für Dich – mir da was zeigen?*

Analyse:

Der Therapeut geht auf den Beziehungsaspekt ein: Hat das Problem des Weinens etwas mit ihm zu tun?
Das Bearbeitungsangebot (BA) ist eine Explizierung, eine Frage nach »inneren Determinanten«: Was macht das Weinen gefährlich?
Das Problem ist dabei, daß der Therapeut mit dem »Gefährlichen« eine Interpretation einführt, eine Spekulation, die sich nicht aus dem Klienten-Text ableiten läßt.
Auch der zweite Teil (»Mir etwas zu zeigen?«) ist eine Spekulation: Deutlich ist nur, daß das Weinen für sie in dieser Situation unangenehm ist. Damit ist jedoch keinesfalls gesagt
- daß das »gefährlich« ist,
- daß es um die Person des Therapeuten geht,
- daß es um »zeigen« geht.

Das *kann* sein, *muß* aber nicht sein: Der Therapeut »interpretiert hier etwas in die Klienten-Aussage hinein«.
Die »Klärungsintention« und die Intention, den Beziehungsaspekt zu thematisieren, erscheinen uns sinnvoll; die Spekulationen (und damit auch Unterstellungen) sind jedoch problematisch: Der Informationsstand erlaubt hier nur eine Frage.

Spekulationen sind vor allem deshalb problematisch, da man aus einem bestimmten Informationsstand immer sehr viele, sehr unterschiedliche Spekulationen entwickeln kann (man kann viele Kontexte erfinden, die die Inhalte »sinnvoll machen«). Damit ist die Wahrscheinlichkeit »ins Schwarze zu treffen« aber sehr gering. Trifft man aber das *nicht*, was der Klient meint, muß dieser den Therapeuten korrigieren und wird dadurch (vorübergehend) von einer Klärung seiner Inhalte abgelenkt. Der Therapeut ignoriert auch völlig die vorhergehende Klienten-Aussage: Diese Aussage enthält jedoch relevante Spuren, so daß es unseres Erachtens nicht gerechtfertigt ist, sie völlig zu ignorieren.

KL 2: Ja, das wär überhaupt nicht – gefährlich.

Analyse:
Allgemein:

Die Klientin korrigiert den Therapeuten: Sie macht deutlich, daß sie die Spekulation des Therapeuten (»gefährlich«) nicht akzeptiert: Diese Reaktion war zu erwarten. (Dennoch regt der Therapeut die Klientin hier zum Nachdenken an: Wenn es nicht gefährlich ist, was ist es dann?).
Bearbeitungsweise: Die Klientin arbeitet damit auf Stufe 5: Sie versucht, die Bedeutung für sich zu fassen.
Was die Klientin hier meint ist (Kernaussage): »Dir etwas zu zeigen, wäre nicht gefährlich, aber es könnte ›etwas anderes sein‹. Sie nimmt das Beziehungsthema wieder auf. In der Aussage der Klientin ist das Beziehungsthema aber »implizit«: Der Focus liegt auf: »Was ist da für mich, was wird da bei mir ausgelöst«.
Unklar ist jedoch
- was es denn ist, wenn nicht gefährlich: Die Klientin sagt noch nichts darüber;
- was das »etwas« überhaupt ist: (Es geht nicht nur um das »Weinen an sich«, sondern darum, daß das Weinen »etwas« zeigt: aber was?);
- ob die Schwierigkeit ausgelöst wird durch die Therapiesituation, einen Therapeuten (d.h.: durch die »Rolle« des Therapeuten), durch eine andere Person (das Problem könnte u.U. mit jeder anderen Person auch auftreten) oder durch diese spezifische Person des Therapeuten.

Therapeutische Möglichkeiten:

Analytisch:
»Was ist es dann? Was wird bei Dir ausgelöst?«
Damit geht der Therapeut auf den Focus der Klientin ein und regt eine Klärung an, das Bearbeitungsangebot (BA) ist persönliche Bewertung (5).
Eine synthetische Intervention ist unseres Erachtens nicht sinnvoll, da hier zu viel unklar ist.

TH 2: Was wär's? Oder wie wäre es für Dich?

Analyse:

Der Therapeut realisiert eine analytische Intervention (Bearbeitungsangebot: Persönliche Bewertung), die klären soll. Die Klientin soll deutlicher machen, was bei ihr ausgelöst wird. Die Aussage ist inhaltlich sinnvoll, sprachlich allerdings nicht gut realisiert.

KL 3: Ja, ich komm mir dann so nackig vor, so ausgezogen, so bloßgestellt irgendwie ...

Analyse:
Allgemein:

Die Klientin vollzieht hier eine Klärung/Präzisierung (was passiert bei ihr) und vertieft gleichzeitig (auf persönliche Bedeutung, 6). Die Aussage ist prägnant (sie besteht praktisch nur aus einem Kern).

Therapeutische Möglichkeiten:

Synthetisch:
»Du kommst Dir dann völlig nackt, bloßgestellt vor.«
Diese Aussage akzentuiert diese zentralen Aspekte (BA: 6), hält die Aufmerksamkeit der Klientin dort.

Analytisch:
»Was heißt bloßgestellt?« Die Aussage zielt auf eine Konkretisierung/Präzisierung (das BA ist gleichhaltend, Stufe 6): »Was meint die Klientin damit, was heißt das für sie?«
»Wie fühlst Du Dich dabei, bloßgestellt zu sein?« Diese Intervention (ebenfalls BA 6) zielt eher auf eine Klärung der emotionalen Aspekte ab: Welche Gefühle werden bei ihr ausgelöst?
Eine synthetische Intervention ist hier unseres Erachtens am sinnvollsten: Die Klientin thematisiert hier wesentliche Aspekte, die sie selbst erst einmal betrachten, »auf sich wirken lassen« sollte. Eine analytische Intervention »macht ein zu hohes Tempo«.

Beziehungsaspekt:
Man sollte hier einen thematischen Aspekt beachten: Ein Aspekt der Problematik ist immer noch, daß das Weinen in der Therapiestunde »vor dem Therapeuten« aufgetreten ist, und daß sich das Thema an dieser Situation »entzündet« hat. Die »therapeutische Situation« ist immer noch ein impliziter Aspekt des Themas, und es ist immer noch unklar, welcher Aspekt der Situation relevant ist und wie relevant das für die Klientin ist.
Wenn es mehr Anhaltspunkte dafür gibt, daß ein Beziehungsthema implizit relevant ist, dann sollte es vom Therapeuten explizit angesprochen werden: Wenn nicht klar ist, ob im Augenblick eine tragfähige Arbeitsbeziehung

existiert, dann muß dies vorrangig geklärt werden. Denn wenn das nicht der Fall ist, ist eine Klärungsarbeit auch nicht mehr möglich.

TH 3: Da ist offensichtlich so'n Schutz, der dann weg ist. Und wie wär das für Dich, so bloßgestellt zu sein? Wärst Du da verletzlich oder verletzbar?

Analyse:

Der zweite Satz der Therapeuten-Aussage entspricht weitgehend einer analytischen Intervention, ist jedoch sprachlich zu unpräzise. Der erste Satz kann als eine Explizierung aufgefaßt werden: Wenn man sich nackt fühlt, hat man keinen Schutz mehr. Dennoch ist unklar, ob die Explizierung gerade *dieses* Aspektes das zentrale Anliegen der Klientin trifft.
Der dritte Satz ist eine Spekulation; daß der zentrale Aspekt »Verletzlichkeit« ist, ist nicht aus der Klienten-Aussage ableitbar, der Therapeut gibt der Klientin hier wieder Inhalte vor, er arbeitet für die Klientin (nach Art einer »multiple-choice-Frage«: Ist es Verletzlichkeit? Ja/Nein). Diese Aussage ist unseres Erachtens nicht sinnvoll: Die Klientin kann wiederum veranlaßt werden, sich mit der Spekulation auseinanderzusetzen.

KL 4: Ja, irgendwo hab ich da Hemmungen. Ich weiß nicht, ob das Verletzlichkeit ist – wahrscheinlich ja. Ja irgendwie – weiß ich auch nicht – es ist mir irgendwie zu viel Gefühl, es ist keine Kontrolle mehr da, das ist alles so –

Analyse:
Allgemein:

Das geschieht auch: Die Klientin zieht in Zweifel, ob es Verletzlichkeit ist, gelangt bei der Abwägung aber schließlich zu einem ganz anderen Aspekt: Kontrollverlust. Der Therapeut hat bei ihr einen »Umweg« im Klärungsprozeß erzeugt.
Kernaussage: Das »es« bezieht sich auf das Weinen; damit heißt der Kern: »Weinen ist mir zuviel Gefühl, ich verliere die Kontrolle«. Diese Aussage ist eine »persönliche Bewertung« (BW: 5).

Therapeutische Möglichkeiten:

Synthetisch:
»Das Weinen ist Dir sehr unangenehm.«
Die Intervention zielt auf eine weitere Klärung der Bewertungsaspekte (BA: 5):
»Was heißt: Zuviel Gefühl?«
Möglich wäre auch ein Aufgreifen der »Kontrolle«: »Das Schlimme ist, keine Kontrolle mehr zu haben.«
Dies regt die Klientin an, den Aspekt des »Kontrollverlustes« näher zu betrachten, zu klären.

Analytisch:
»Was ist so schlimm daran, keine Kontrolle über Gefühle zu haben?« Diese Intervention (BA: 7) regt die Klientin an, sich mit ihren Konstruktionen, diesen

»inneren Determinanten« zu beschäftigen, die »Kontrollverlust« überhaupt erst zu etwas Schlimmem machen.

Diese analytische Intervention ist hier unseres Erachtens sehr sinnvoll: Das ist die »tiefste Spur«, die zu einer Erweiterung des Problemverständnisses führen kann. Es gibt auch keine Hinweise, die dafür sprechen, daß diese Intervention zu schwierig ist oder zu schnell vorgeht.

TH 4: Du siehst das so –

Analyse:

Der Therapeut unterbricht hier die Klientin in ihren Ausführungen und wird daher auch von ihr wieder unterbrochen; sie möchte ihre Aussage fortsetzen.

KL 5: Ja, so seh ich das: ich komm mir ausgeliefert vor ...

Analyse:
Allgemein:

Die Klientin spezifiziert den relevanten Aspekt: »Wenn ich Gefühle zeige, die Kontrolle verliere, fühle ich mich ausgeliefert« (BW: 6).

Therapeutische Möglichkeiten:

Synthetisch:
»Ausgeliefert!«
Der Therapeut akzentuiert hier den zentralsten Aspekt, die zentrale Spur, und regt die Klientin damit an, dabei zu bleiben und *hier* weiterzumachen (BW: 6). Auch hier genügt das »saying back« des zentralen Aspekts, um den Prozeß der Klientin konstruktiv zu fördern (wesentlich mehr als eine lange, »vollständige« Aussage dies könnte!).

Analytisch:
»Was bedeutet das für Dich: Ausgeliefert?«
Dies zielt auf eine Klärung dessen, was die Klientin mit »ausgeliefert sein« verbindet (BA: 6): Es ist durchaus nicht klar, was die Klientin hier genau meint, was es für sie bedeutet.

Synthetische und analytische Interventionen haben hier das gleiche Ziel: Eine weitere Klärung anzuregen. Dabei ist die analytische Intervention »direktiver«. Eine Klärung ist aber unseres Erachtens notwendig, denn es ist unklar, was »ausgeliefert« heißt, wem oder was die Klientin sich ausgeliefert fühlt, was das mit Gefühlen zu tun hat usw.

TH 5: Du könntest weggerissen werden von diesem Gefühl ...

Analyse:

Der Therapeut ist noch »einen Aspekt zurück«, er ist noch bei »Kontrollverlust« und hat das »Ausgeliefertsein« nicht aufgenommen, obwohl dies für die

Klientin wesentlich ist: Er geht damit zwar auf die Klientin ein, jedoch nicht auf den fokalen Inhalt. Damit fördert er den Prozeß der Klientin nicht.

KL 6: Ja.

Analyse:

Dies wird auch an der Antwort deutlich: Die Klientin stimmt zu, arbeitet aber nicht weiter.

TH 6: Und das ist was, was du nicht so gerne hast? –

Analyse:

Daraufhin übernimmt der Therapeut die Initiative wieder, seine Intention ist, die Klientin anzuregen, das »Schlimme« daran zu klären, herauszuarbeiten, was das *für sie* Schlimme am Kontrollverlust und Ausgeliefertsein ist.
Die Idee ist gut: Eine solche Klärung kann auf die »inneren Determinanten« führen, die »hinter« einer solchen Bewertung stehen.
Die *Realisation* der Intention ist jedoch ziemlich verfehlt: Die Klientin spricht von »ausgeliefert«; impliziert also *starke* Bewertungen/Gefühle, der Therapeut aber spricht von »nicht so gerne haben«: Damit verfehlt er die Intensität der Klientin völlig. Ein solcher »Realisierungsfehler« kann die an sich gute Intention wirkungslos machen und Klienten dazu veranlassen, die Abschwächung zu korrigieren. Zumindest ist es wahrscheinlich, daß der Prozeß dadurch nicht gefördert wird.

KL 7: Ich empfinde das als sehr schön, aber danach möchte ich das alles wieder zurücknehmen.

Analyse:
Allgemein:

Die Klientin geht nicht auf die Frage des Therapeuten ein, sie sagt *nicht*, was das Schlimme daran ist, spezifiziert/konkretisiert also nicht: Die Intention des Therapeuten »geht nicht durch«.
Die Klientin wirft jedoch einen wesentlichen neuen Aspekt auf: Die Ambivalenz bezüglich des »Gefühlezeigens«. »Einerseits ist es sehr schön, aber danach ist es unangenehm, und ich möchte es zurücknehmen.«
Es wird hier aber auch die Frage relevant, ob es der Klientin immer noch ums Weinen geht (bzw. *nur* darum), oder ob sie über das Ausdrücken von Gefühlen *allgemein* spricht. Es ist durchaus möglich, daß das Weinen nur ein *Beispiel* für ein allgemeines Problem, das »Zeigen/Herauslassen von Gefühlen» ist.

Therapeutische Möglichkeiten:

Synthetisch:
»Erst findest Du das Gefühl sehr schön, aber danach ist es Dir sehr unangenehm.«

Mit dieser Aussage (BA: 5) zielt der Therapeut auf eine Akzentuierung der Ambivalenz: Diese soll von der Klientin näher betrachtet werden.

Analytisch:
»Welche Gefühle meinst Du jetzt?«
oder
»Was ist angenehm daran?«
»Was ist das Schöne?« (BA: 6)
»Was passiert danach? Was geht in dir vor?« (BA: 6)
Die erste Intervention zielt nur auf eine Klärung des Themas ab: Der Therapeut stellt sicher, ob er noch weiß, was das Thema genau ist (ein Thema kann sich immer »unter der Hand« verändern). Dies scheint uns als erste Frage sinnvoll zu sein.
Die beiden folgenden Interventionen haben das Ziel, die Aspekte der Ambivalenz genauer zu klären, herauszuarbeiten, was genau angenehm ist und was unangenehm. Eine solche Klärung von Einzelaspekten ist unseres Erachtens wesentlich, um den Konflikt, die Ambivalenz genauer zu verstehen, um »die Dimensionen herauszuarbeiten«.

TH 7: Weil es erst gut tut, so losgelöst, aber hinterher hast Du ein ungutes Gefühl.

Analyse:

Der Therapeut interveniert synthetisch, gibt jedoch wieder Inhalte vor, die der Aussage der Klientin nicht zu entnehmen sind: Daß »losgelöst« das Wesentliche ist, ist eine Spekulation. Auch »ungutes Gefühl« ist unpräzise, die Klientin ist bereits spezifischer gewesen als der Therapeut. Dies fördert aber den Prozeß der Klienten nur wenig.

KL 8: Da möchte ich das wieder rückgängig machen.

Analyse:
Allgemein:

Die Klientin macht deutlich, wie sie verstanden werden möchte; diese Wiederholung zeigt auch, daß sie mit der Aussage des Therapeuten nicht zufrieden ist. Sie bietet dem Therapeuten noch einmal das an, was ihr wesentlich ist (BW: 5).

Therapeutische Möglichkeiten:

Wie oben: »Was passiert in Ihnen, wie fühlen sie sich dann?« (BW: 6)

TH 8: Ist es Dir dann peinlich, was passiert ist, oder kommt es Dir so vor, als hättest Du ein schlechtes Bild abgegeben, wie jemand, der sich nicht in der Gewalt hätte oder so ...

Analyse:

Der Therapeut arbeitet wieder für die Klientin, indem er ihr zwei spekulative Hypothesen anbietet: Peinlich oder schlechtes Bild? Beide Inhalte sind keineswegs aus den Inhalten der Klientin ableitbar, sie sind abgehobene Spekulationen; eine davon wäre ungünstig, aber zwei genügen sicher, um den Prozeß zu sabotieren: Die Klientin muß sich mit den Ideen des Therapeuten auseinandersetzen, sei es nur, um sie abzulehnen, und wird damit von ihren Klärungsprozessen abgelenkt.

KL 9: *Ne, das gar nicht. – Kann ich schlecht benennen ...*

Analyse:
Allgemein:

Der Effekt ist deutlich: Die Klientin lehnt die Idee des Therapeuten ab und steckt damit erst mal fest. Sie ist aber in Gedanken noch beim Thema.

Therapeutische Möglichkeiten:

Was man hier tun kann (wenn einem das als Therapeut passiert ist), ist den Ansatz, den die Klientin noch hat, zu fördern: »Versuch mal, hast du eine Idee, was es ist?« (Analytisch). Damit akzentuiert der Therapeut wieder die Klärungsfrage, die Frage nach den Gefühlen, die die Klientin hat, nachdem sie »Gefühle gezeigt hat« (BW: 5 oder 6).
Auf keinen Fall sollte der Therapeut hier seine Hypothese weiter verfolgen bzw. der Klientin erneut anbieten.

TH 9: *Also auf der einen Seite weißt Du, daß es so ganz gut für Dich tut, aber Du weißt auch, daß es Dir hinterher leid tut oder dich ärgert, oder daß Du es auf jeden Fall ungeschehen machen möchtest oder's wär Dir lieber, wenn es nicht gekommen wär.*

Analyse:

Bis »leid tun« ist die Intervention des Therapeuten eine Paraphrase dessen, worum es der Klientin zuletzt ging: Dies ist ein Versuch, wieder an das Thema anzuknüpfen. Der Versuch ist zu umständlich, denn die Therapie ist noch beim Thema und *kann* wieder gefördert werden, ein Rückgriff ist nicht nötig.
Der zweite Teil der Therapeuten-Aussage ist wieder ein »Arbeiten für die Klientin«: Könnte es x sein, oder y oder z? Länge, Komplexität und Spekulationen dieser Aussage bergen die Gefahr, die Klientin zu verwirren, zu veranlassen, sich mit den Inhalten des Therapeuten auseinanderzusetzen o. ä.

KL 10: *Ja, aber gleichzeitig tu ich mir damit wieder weh. Ich möchte das ja zulassen – und es ist immer frustrierend, wenn ich seh, daß das nicht geht, weil ich immer versuche, wieder darüber zu stehen. Das ist enttäuschend für mich.*

Analyse:
Allgemein:

Die Klientin nimmt von allen Aspekten, die der Therapeut thematisiert, nur den auf, bei dem sie selbst gerade ist: das Gefühl wieder zurückzunehmen. Alle anderen Aspekte der Therapeuten-Aussage ignoriert sie und das, so meinen wir, macht es ihr überhaupt möglich, bei diesem Thema zu bleiben (Schön, daß Klienten zuweilen *trotz* des Therapeuten konstruktiv sind).
Der Kern der Aussage ist hier: »Ich tu mir selbst weh, wenn ich es rückgängig mache, ich möchte das Gefühl zulassen können.«

Therapeutische Möglichkeiten:

Synthetisch:
»Du kannst das Gefühl nicht zulassen.« (BW: 5)
Die Intention ist, den Aspekt des »Nichtzulassenkönnens« zu akzentuieren, die Aufmerksamkeit darauf zu lenken, um dann die dafür relevanten »inneren Determinanten« klären zu können: Diese Intervention macht unseres Erachtens nur als *erster* Schritt eines Klärungsprozesses Sinn.

Analytisch:
»Was macht es so wichtig für Dich, über dem Gefühl zu stehen?« (BW: 7) Diese Intervention zielt »direkt« auf eine Klärung der »inneren Determinanten«.
Wir würden die erste Lösung bevorzugen, zuerst den zentralen Aspekt zu akzentuieren und dann eine vertiefende Frage zu stellen.
Die Klientin hat hier eher den Focus »Ich tu mir weh, wenn ich meine Gefühle kontrolliere«. Dennoch ist es unseres Erachtens nicht so günstig, *diese* Spur zu verfolgen: Denn das einzige, was man daraus erfährt, ist, daß es für die Klientin wichtig ist, das Problem zu lösen, die Kontrolle »sein zu lassen«. Wenn man aber weiß, daß das wichtig ist, dann sollte man sich auch dem Problem zuwenden und es zu klären versuchen und nicht dabei verweilen, zu betonen, wie wichtig eine Klärung wäre.

TH 10: *Das ist so was: wo ich genau weiß, wenn ich das zulasse, dann geht es mir eigentlich ganz gut. Aber das kannst Du nicht ..*

Analyse:

Der Therapeut akzentuiert das Problem zwar, aber er läßt die »zweite Stufe« aus: Er lenkt die Aufmerksamkeit der Klientin nicht auf die Frage, was »darüberstehen« so wichtig macht, oder was es so schwer macht, Gefühle einfach »rauszulassen«.
Die Klientin braucht aber unseres Erachtens solche Hilfestellungen, um an dieser Stelle im Prozeß weiterzukommen: Sie arbeitet von sich aus eine solche Fragestellung nicht heraus, ist aber wohl in der Lage, sie anzunehmen.

KL 11: *Ja, oder ich lasse es zu, und anschließend mach ich's mir wieder kaputt Stell Fragen, ironisier' ...*

Analyse:
Allgemein:

Dies wird hier deutlich: Die Klientin stellt nicht von sich aus eine vertiefende Frage, sondern bleibt auf der erreichten Explizierungsebene stehen. Dies muß der Therapeut erkennen (»Prozeßempathie«) und hier genau *diese* Hilfestellung anbieten.

Allgemeiner Kommentar:

Unser Eindruck ist, daß der Therapeut hier sehr viel »für die Klientin arbeitet«; er greift vor, macht »oder -Angebote« u.ä. Die Klientin arbeitet recht gut, wenn auch etwas unkonkret. Insgesamt beschleunigt der Therapeut durch seine Interventionen die Therapie sehr stark; dadurch bleibt der Klientin etwas zu wenig Zeit, sich in die jeweiligen Aspekte hineinzuversetzen.

8.2.2 Fall 2

Die Klientin, 41 Jahre, hat wegen massiver Eheprobleme um Therapie nachgesucht. Der Ausschnitt stammt aus dem 19. von insgesamt 28 Kontakten und beginnt ca. 15 Minuten nach Anfang der Stunde. Die Therapeutin, 31 Jahre, befindet sich in der Zusatzausbildung zur Gesprächspsychotherapeutin.
Was an diesem Fall besonders deutlich wird, ist, daß ein oberflächliches Lesen des Textes zu anderen Schlußfolgerungen führt als eine intensive Analyse. Liest man den Text, hat man zunächst den Eindruck, daß die Interaktion harmonisch und die Therapeutin verständnisvoll ist. Eine genauere Analyse macht jedoch das Gegenteil deutlich: Die Therapeutin versteht im wesentlichen *nicht*, worum es der Klientin geht.

- *Fallausschnitt*

KL 1: Und dann auch, kommt noch dazu, daß, wenn mein Mann sich aufregt, dann quellen die Augen so richtig aus und dann sieht er furchterregend aus.
TH 1: Was geht dann so in Ihnen vor?
KL 2: Ja, da hab ich oft nackte Angst ...
TH 2: Wovor?
KL 3: Ja, daß er weitergehen könnte, daß es nicht nur beim Wortwechsel bleibt, daß es auch – daß er auch handgreiflich wird oder noch was Schlimmeres passieren könnte.
TH 3: Hm. Sie sind jetzt so mit Ihren Befürchtungen mehr bei Ihrem Mann, ne? Und Sie, Sie sind selber so verletzt, sagen Sie, durch diese Worte, die da, die dann fallen.

KL 4: Ja, und es fallen auch bei mir dann im Endeffekt Worte, die ich gar nicht sagen wollte, die mir hinterher leid tun und ...
TH 4: Hinterher tut's Ihnen leid. Ist da noch mehr, außer dieses – leid tun ...?
KL 5: Wie meinen Sie das?
TH 5: Ob das nur dieses, daß es Ihnen leid tut, daß Sie das gesagt haben, das bezieht sich jetzt mehr darauf, daß Sie es nicht gut haben können, daß Sie diese Worte gesagt haben, so kommt das bei mir an, ne?
KL 6: Na, überhaupt, der ganze Streit, der tut mir leid, daß es überhaupt zu einem Streit gekommen ist.
TH 6: Hm. Ja, was ist denn daran so schlimm, am Streit? Da sind wir nochmal, also, das reicht nicht aus, das reicht mir nicht aus, was Sie sagen, was am Streit so schlimm ist.
KL 7: Ich kann's nicht so ausdrücken, aber es ist ... Ich hab, bevor ich meinen Mann kennengelernt habe, kaum Streit kennengelernt.
TH 7: Hm. Und wie haben Sie das empfunden?
KL 8: Als nett, na – nett, ja, hm, ich hab halt auch Gedächtnislücken ...
TH 9: Hm, das macht nichts.
KL 9: Irgendwie war das eine, ein glückliches Zusammenleben, so, so friedlich.
TH 9: Das Zusammenleben mit Menschen sollte immer friedlich sein ...
KL 10: Nein, das muß nicht immer friedlich sein, aber es muß nicht immer zu einem Streit kommen.
TH 10: Und bei Ihrem – mit Ihrem Mann kommt's immer zum Streit in solchen Situationen?
KL 11: Ja, überwiegend, überwiegend

- *Analyse/Kommentar*

KL 1: Und dann auch, kommt noch dazu, daß, wenn mein Mann sich aufregt, dann quellen die Augen so richtig raus und dann sieht er furchterregend aus.

Analyse:
Allgemeines:

Die Klientin berichtet hier über ihren Mann und seine Reaktionen (BW: 3). Die Beschreibung ist plastisch und konkret und endet in einer Bewertung (BW: 4). Dies zeigt, daß die Klientin »dran« ist, sich die Situation konkret vorstellen kann.

Therapeutische Möglichkeiten:

Ziel ist es, die Klientin auf *ihre* Empfindungen zu lenken.

Synthetisch:
Dies kann man prinzipiell im synthetischen Modus realisieren, indem man die von der Klientin *implizit* angesprochene Emotionalität *explizit* anspricht, also das, was die Klientin meint, aber nicht direkt sagt, deutlich macht.

Analytisch:
Dies setzt aber notwendigerweise voraus, daß man die Implikation *erfassen* kann: z.B. durch Stimmlage, Zittern der Stimme, Sitzhaltungen usw. oder durch den Gesamtkontext der Aussage. Hat man derartige Hinweise *nicht* oder sind diese zu unsicher, dann kann man nicht explizieren. Alles, was man dann (über den Klienten-Text hinaus) aussagt, ist Spekulation. In einem solchen Fall erscheint es uns günstiger, anstatt zu spekulieren, die Klientin zu *fragen*, was in ihr vorgeht, wie etwas auf sie wirkt o.ä.
Das ist auch in diesem Fall so: Sinnvoll ist daher hier ein analytischer Modus: »Was löst das in Ihnen aus, wenn Sie Ihren Mann so sehen?«

TH 1: Was geht dann so in Ihnen vor?

Analyse:
Allgemein:

Die Therapeutin realisiert genau diese Intention, in etwas anderen Worten (BA: 6). Überhaupt kann ein und dieselbe Intention immer verschieden sprachlich realisiert werden, deshalb muß man grundsätzlich unterscheiden zwischen dem Ziel, das die Therapeutin anstrebt, ihrer *Intention* im Hinblick auf den Klientenprozeß und der Realisierung, also der Art, wie sie diese Intention sprachlich realisiert.

KL 2: Ja, da hab ich oft nackte Angst ...

Analyse:
Allgemein:

Die Klientin geht auf die Intention ein und macht ihr Gefühl deutlich (BW: 6). Man muß sehen, daß die Annahme, die Klientin sei auf BW-Stufe 6, stark durch den paraverbalen Ausdruck mitbestimmt wird: Man »hört«, daß die Angst zumindest ansatzweise aktualisiert ist.

Therapeutische Möglichkeiten:

Analytisch:
Man kann nun vertiefen und zu klären versuchen, was die Grundlage der Angst ist. Dabei muß man grundsätzlich deutlich machen: Angst ist ein »Interaktionsprodukt« aus bestimmten externen Stimuli und bestimmten internen Interpretationen. Ohne diese Interpretationen entsteht keine Angst: Die Stimuli müssen in bestimmter Weise verarbeitet werden, um Angst auszulösen. Die Stimuli treffen damit auf Konstruktionen, auf Schemata, die ihnen eine bestimmte »emotionale Bedeutung« erst verleihen:
Ein Stimulus ist nicht »an sich« bedeutsam, sondern er »erhält« Bedeutung erst durch die Verarbeitung. Dies bedeutet, daß es beim Auftreten von Emotionen auch »internale Determinanten« geben muß. Die »Klärung einer Emotion« kann damit mindestens in drei Richtungen erfolgen:

1. Man kann die Reaktion als solche betrachten und differenzieren: Wie zeigt sich die Angst (physiologisch usw.); ist »Angst« ein treffendes Wort dafür; gibt es gleichzeitig noch anderen Emotionen usw.?
2. Man kann die Stimulus-Bedingungen klären: Was genau ist angstauslösend, welche Situationskomponenten sind relevant und welche nicht usw.
3. Man kann die »internen Determinanten« der Angst klären: Warum löst diese Situation x überhaupt Angst bei mir aus? Welche Katastrophen befürchte ich? Wie schätze ich meine eigenen »Coping-Ressourcen« ein? usw.

Alle diese Aspekte können weiter geklärt, konkretisiert, herausgearbeitet werden.
Bezüglich des Ziels der Explizierung der »internen Determinanten« ist besonders die Klärung des dritten Fragenkomplexes wesentlich. Dies ist aber häufig erst dann möglich, nachdem die beiden anderen hinreichend geklärt sind: Klienten sind mit ihrer Aufmerksamkeit häufig auf externe Ereignisse fixiert. Dies muß die Therapeutin erkennen: Für die Klientin kann es zunächst wichtig sein, *diese* Aspekte mitzuteilen und zu klären. Erst danach ist sie bereit und in der Lage, die Aufmerksamkeit auf »innere Determinanten« zu lenken.
Die Therapeutin kann versuchen, die Aufmerksamkeit der Klientin auf internale Aspekte zu lenken und sehen, ob sie bereit und in der Lage ist, dieses Angebot anzunehmen; folgt sie dieser Richtung nicht, dann kann dies bedeuten, daß sie noch bei der Schilderung externer Ereignisse bleiben möchte: Wie die Klientin mit vertiefenden Bearbeitungsangeboten der Therapeutin umgeht, ist häufig sehr aufschlußreich.
Auch taucht an dieser Stelle häufig ein Verständnisproblem auf. Fragt die Therapeutin z.B.: »Was macht Ihnen da Angst?« dann ist es häufig, daß die Klientin daraufhin mit *Situationsaspekten* antwortet, weil das ihrer »normalen« Aufmerksamkeitszentrierung entspricht (z.B.: »Daß mein Mann dann so wütend ist«).
Möchte die Therapeutin die Aufmerksamkeit auf *interne Prozesse* lenken, dann ist es häufig wesentlich, spezifischer zu fragen und deutlicher zu machen, was gemeint ist, z.B.: »Was geht Ihnen in dem Augenblick durch den Kopf?« oder »Was ist das Schlimmste, was dann passieren könnte?« So kann man hier fragen: »Was befürchten Sie dann, was glauben Sie, kann passieren«? (analytisch)

TH 2: Wovor?

Analyse:

Die Therapeutin wählt hier eine unspezifizierte Frage: Die Klientin kann diese in Richtung auf Situationsaspekte (BW: 3) oder in Richtung auf »interne Determinanten« interpretieren (BW: 7).

KL 3: *Ja, daß er weitergehen könnte, daß es nicht nur beim Wortwechsel bleibt, daß es auch – daß er auch handgreiflich wird oder noch was Schlimmeres passieren könnte.*

Analyse:
Allgemein:

Die Klientin äußert hier eine »Katastrophenphantasie«: daß ihr Mann sie schlagen könnte.

Diese Antwort ist sehr interessant: Nimmt man die Aussage als solche, dann scheint es so, als *berichte* die Klientin über mögliche Ereignisse: »X könnte passieren.«

Man muß aber berücksichtigen, daß es hier immer noch um »Angst« geht: Die Klientin differenziert hier antizipierte »Stimulusbedingungen« für Angst. Damit geht sie zwar *nicht* auf die Stufe der Klärung »innerer Determinanten«; sie befindet sich aber auch nicht auf »Berichtsebene«: Das Thema ist »Angst« und in diesem Thema differenziert sie Aspekte, die für *sie* angstauslösend sind. Ihre BW ist damit Stufe 6.

Sie bleibt bei »*ihren*« Ängsten und differenziert deren Bedingungen, sie geht nicht mit ihrer Aufmerksamkeit auf eine »reine Beschreibung« von Situationsaspekten (Daher muß man der Therapeutin in TH 3 widersprechen: Zwar spielen ihr Mann und sein Verhalten als »Auslöser« eine Rolle; sie geht aber keineswegs »von sich weg«, wie die Therapeutin hier unterstellt). Man muß auch sehen, daß es hier um Phantasien geht und nicht um Beschreibungen von Realsituationen: Auch daran wird deutlich, daß es um »*Anteile der Klientin*« geht.

Therapeutische Möglichkeiten:

Analytisch:
Dies wirft weiterführende Fragen auf, z. B.:
- Was würde das für Sie bedeuten, wenn ihr Mann »handgreiflich« würde?
  (Hier darf der Therapeut nicht über die »Plausibilität stolpern«, daß das »selbstverständlich« schlimm ist: Es gilt zu klären, *was das für die Klientin* bedeutet und nicht, ›was das in der Gesellschaft im allgemeinen heißt‹!).
- Was für eine Einschätzung von der Beziehung hat die Klientin?

Diese Fragen könnte die Therapeutin nun aufwerfen. Sie kann aber auch entscheiden, daß die Aussage selbst noch nicht klar genug ist und erst noch weiter konkretisiert werden sollte, bevor vertiefenden Fragen nachgegangen wird:
- Was bedeutet »handgreiflich«: Was befürchten Sie, was ihr Mann tut?

oder
- »Was bedeutet das: »Noch Schlimmeres«? »Was könnte passieren?«

TH 3: *Hm. Sie sind jetzt so mit Ihren Befürchtungen mehr bei Ihrem Mann, ne? Und Sie, Sie sind selber so verletzt, sagen Sie, durch diese Worte, die da, die dann fallen.*

Analyse:

Die Therapeutin geht nicht auf die fokalen Aspekte der Klientin ein (die Klientin war schon »über die Worte hinaus«). Sie regt statt dessen die Klientin an, sich mit ihrer »Verletzung« zu beschäftigen (BA: 6).

Das *Niveau* der BA ist gut, es setzt aber an der falschen Stelle an, nicht da, wo die Klientin mit ihrer Aufmerksamkeit ist: Wir nehmen an, daß ein solcher ungünstiger inhaltlicher Ansatz die Steuerungswirkung reduziert, das heißt, die Interventionen von Therapeuten »erreichen« die Klienten schlechter.

KL 4:   Ja, und es fallen auch bei mir dann im Endeffekt Worte, die ich gar nicht sagen wollte, die mir hinterher leid tun und ...

Analyse:
Allgemein:
Die Klientin geht nicht auf die Intention der Therapeutin ein, ihre Verletzung zu betrachten; sie geht statt dessen auf ihre eigenen Reaktionen und deren Bewertungen ein (BW: 3/4). Die Klientin hat damit gegenüber ihrer vorherigen Aussage ihr »Explizierungsniveau« verflacht.

Therapeutische Möglichkeiten:

Synthetisch:
Die Therapeutin kann hier zweierlei tun:
1. Sie kann versuchen, die »Umzentrierung« der Klientin auf eigene Inhalte (der Therapeutin) wieder rückgängig zu machen und zu der Katastrophenphantasie und deren Implikationen zurückzukehren, da diese Spur »heißer« ist als die nun aufgeworfene, z.B.: »In dem ganzen Geschehen haben sie Angst, daß etwas ganz Schlimmes passieren könnte«.
2. Die Therapeutin geht auf die neue Zentrierung ein. In diesem Fall kann sie einen synthetischen Modus realisieren, z.B. eine Explizierung: »Sie werden dann auch so wütend, daß sie sich nicht mehr kontrollieren können.«

TH 4:   Hinterher tut's Ihnen leid ... Ist da noch mehr, außer dieses – leid tun ...?

KL 5:   Wie meinen Sie das?

TH 5:   Ob das nur dieses, daß es Ihnen leid tut, daß Sie das gesagt haben, das bezieht sich jetzt mehr darauf, daß Sie es nicht gut haben können, daß Sie diese Worte gesagt haben, so kommt das bei mir an, ne?

Analyse:
Diese Frage »Ist da noch mehr?« ist sicher schwierig für die Klientin: Sie ist nicht darauf fokussiert, daß da noch mehr ist. Daher ist die Gegenfrage verständlich. Die Gegenfrage bringt die Therapeutin aus dem Konzept; sie erläutert nicht ihre Intention, sondern das, was die Klientin gesagt hat und das auch wortreich und umständlich.
Die Therapeutin macht bis hierher den Eindruck, sich nicht sehr an den fokalen Inhalten der Klientin zu orientieren; dies wird unseres Erachtens therapeutische Schwierigkeiten aufwerfen.

KL 6:   Na, überhaupt, der ganze Streit, der tut mir leid, daß es überhaupt zu einem Streit gekommen ist.

Analyse:
Allgemein:
Die Klientin macht noch einmal deutlich, was sie gemeint hat: Der ganze Streit tut ihr leid. Sie geht hier im Grunde zum Ausgangspunkt zurück; dies ist unseres

Erachtens die Folge der ungünstigen Interventionen. Auch ist bei ihr Ungeduld spürbar: Die Therapeutin soll endlich mitbekommen, was die Klientin will! Ständiges Mißverstehen erzeugt Beziehungsstörungen.

Therapeutische Möglichkeiten:

Synthetisch:

Darauf kann die Therapeutin synthetisch eingehen: »Der ganze Streit tut ihnen leid.«

Eine solche Aussage ist jedoch gemessen am Explizierungsstand der Klientin *zu trivial*: Die Inhalte sind klar und zentriert, die Kommunikation ist gut, es gibt keinen Anlaß für eine synthetische Intervention.

Analytisch:

Sinnvoll ist aber eine analytische, da sie weiterführt, z. B.:
- »Was tut Ihnen davon leid, was bedauern Sie«?

oder
- »Was ist so besonders schlimm am Streit«?

Die beiden Fragen »führen in unterschiedliche Richtungen« und die Therapeutin sollte sich für eine entscheiden (wir würden die zweite wählen).

Überhaupt erscheint es uns sinnvoll, immer nur wenige, unter Umständen nur einen Aspekt gleichzeitig zu bearbeiten, um den Prozeß nicht zu »verwuseln«, unübersichtlich zu machen. In 30 oder 50 Therapiestunden kann man nicht alle Probleme, nicht das ganze Leben aufarbeiten; man muß sich notwendigerweise für einige zentrale Aspekte entscheiden.

TH 6: *Hm. Ja, was ist denn daran so schlimm, am Streit? Da sind wir nochmal, also, das reicht nicht aus, das reicht mir nicht aus, was Sie sagen, was am Streit so schlimm ist.*

Analyse:

Die Therapeutin entscheidet sich für einen analytischen Modus. Die Sätze nach dem Fragezeichen sind unseres Erachtens überflüssig: Sie verwässern lediglich die Zentrierung wieder, die durch die erste Frage erzeugt wird.

Problematisch ist jedoch die Art der Formulierung, zusammen mit einem eher »schnippisch-vorwurfsvollen« Tonfall: Was damit überkommt ist eher ein »Nicht-ernst-nehmen«, wie: »Das soll ein Problem sein?« Die Therapeutin verletzt hier die Basisvariablen der Wärme und Akzeptierung und könnte damit deutliche Beziehungsprobleme zur Klientin erzeugen.

Die Therapeutin ist hier unseres Erachtens auch etwas unverschämt: Sie hat selbst den Prozeß durch ungünstige Interventionen sabotiert und macht der Klientin einen impliziten Vorwurf, nicht genug zu arbeiten.

KL 7: *Ich kann's nicht so ausdrücken, aber es ist .. Ich hab, bevor ich meinen Mann kennengelernt habe, kaum Streit kennengelernt.*

Analyse:
Allgemein:

Die Klientin kann die Frage nicht direkt beantworten. Sie ist hier durch die Intervention abgelenkt (fast in der Defensive); sie bemüht sich aber trotzdem um eine Fortsetzung des Themas.

Therapeutische Möglichkeiten:

Synthetisch:
Die Klientin antwortet mit einem Bericht. Dieser besagt etwas, das man explizieren kann, z.B. »Streit ist etwas für Sie Fremdes, Bedrohliches?«.

Analytisch:
Man kann auch analytisch vorgehen und die Klientin selbst anregen, die Klärung weiterzuführen, z.B.: »Was bedeutet das für Sie, Sie kennen keinen Streit?«
Allgemein ist es therapeutisch wichtig, Klienten an Punkten, die für sie selbst unklar sind, Zeit zu lassen: Der Klient muß Aspekte »auf sich wirken lassen können«, Spuren in Ruhe folgen können. Die unklaren Aspekte sind besonders wesentlich (das Neue beginnt da, wo die bisherige Erkenntnis aufhört), sie sind aber für Klienten auch besonders schwierig.

TH 7: *Hm. Und wie haben Sie das empfunden?*

Analyse:

Die Frage der Therapeutin ist sehr unspezifisch: Uns ist nicht klar, was sie hier eigentlich meint: Wie hat die Klientin es empfunden, *keinen* Streit zu haben oder: den *seltenen* Streit?

KL 8: *Als nett, na – nett, ja, hm, ich hab halt auch Gedächtnislücken ...*

Analyse:
Allgemein:

Auch die Antwort der Klientin ist nicht klar: Wahrscheinlich meint sie, es sei nett gewesen, *keinen* Streit zu haben; das ist aber nicht völlig klar und müßte von der Therapeutin geklärt werden.
Dieses Beispiel zeigt auch, wie wesentlich es ist, daß die Therapeutin das, was sie meint, auch deutlich macht, der Klientin verständlich macht. Ansonsten kann eine Situation entstehen, in der Therapeutin und Klientin nicht wissen, worüber sie sprechen; dies könnte sich im Verlauf der Therapie als ungünstig erweisen.
Daß die Klientin sagt, »ich hab Gedächtnislücken« bedeutet unseres Erachtens, daß sie der Therapeutin hier eine Überforderung deutlich macht: So schnell geht's nicht. Die Klientin macht damit leider die Fehler der Therapeutin zu ihrem Problem.

Therapeutische Möglichkeiten:

Um beim Thema zu bleiben, das heißt »was ist so schlimm an Streit«, würden wir auch nicht auf den Aspekt der »Gedächtnislücken« eingehen: Das könnte ein »neues Thema aufmachen«, wodurch man dieses verliert, obwohl es wichtig erscheint und ungeklärt ist.
Sinnvoll wäre eine Intervention wie: »Versetzen Sie sich noch einmal in diese Situation: Sie haben Streit. Wie wirkt das auf Sie?« Wichtig ist, der Klientin dann Zeit zu lassen, sich die Situation vorzustellen und »auf sich wirken zu lassen«.

TH 8: Hm, das macht nichts.

Analyse:

Die Therapeutin tröstet: Das ist unseres Erachtens ebenso nett wie überflüssig. Die Klientin macht an keiner Stelle deutlich, daß sie einer solchen Zusprache bedürfte. Die Aussage entspricht damit eher dem Bedürfnis der Therapeutin als dem Bedürfnis der Klientin (sie ist, anders gesagt, therapeutenzentriert). Dementsprechend wird das Statement von der Klientin auch völlig ignoriert. (Was sicher angenehmer ist, als wenn die Klientin gesagt hätte: »Es ist nett, daß sie mir das gestatten.«)
Die Aussage der Therapeutin hat auch noch einen anderen Aspekt: Die Therapeutin akzeptiert implizit, daß die Klientin die Verantwortung für die Stagnation des Prozesses übernimmt und gibt damit ihre Verantwortung ab, die sie unseres Erachtens jedoch eindeutig hat. Sie verhält sich damit hochgradig »therapeutenzentriert«. Die auf den ersten Blick »akzeptierend« erscheinende Aussage erweist sich bei genauerer Betrachtung als eine Unverschämtheit.

KL 9: Irgendwie war das eine, ein glückliches Zusammenleben, so, so friedlich.

Analyse:
Allgemein:

Die Klientin geht nun in eine angenehme Erinnerung: Dies verschafft eine »Pause«. Dennoch sollte man nicht aus den Augen verlieren, daß es immer noch um die Frage geht, »was Streit schlimm macht«.

Therapeutische Möglichkeiten:

Und darauf kann die Therapeutin die Klientin wieder führen, z.B. durch eine synthetische Intervention: »Verglichen mit diesem glücklichen Zusammenleben ist Streit besonders schlimm.«
Die Klientin ist immer noch im Prozeß und könnte ohne Schwierigkeiten wieder zu einer relevanten Klärung zurückkehren.

TH 9: Das Zusammenleben mit Menschen sollte immer friedlich sein.

Analyse:

Was die Therapeutin hier tut, ist unseres Erachtens schlechterdings nicht mehr als sinnvolle Intervention zu bezeichnen: Sie geht auf die angenehmen Aspekte ein und verliert das zentrale Thema aus dem Blick. Und darüber hinaus hebt sie das Angenehme auch noch auf ein allgemein-galaktisches Niveau, weg von der Klientin. Sie erhält daraufhin auch gleich die Quittung von der Klientin.

KL 10: *Nein, das muß nicht immer friedlich sein, aber es muß nicht immer zu einem Streit kommen.*

Analyse:
Allgemein:

Diese fühlt sich deutlich mißverstanden und korrigiert die Therapeutin: Sie macht noch einmal deutlich, worum es ihr geht.

Therapeutische Möglichkeiten:

Hier müßte die Therapeutin wieder ansetzen: Die Frage ist immer noch: »Was ist so schlimm an dem Streit?«

TH 10: *Und bei Ihrem – mit Ihrem Mann kommt's immer zum Streit in solchen Situationen?*

Analyse:

Die Therapeutin bleibt hinter dem zurück, was sie hier an Klärung anbieten könnte: Was sie sagt, ist längst klar und somit überflüssig. Bemerkenswert ist die »Tiefe« des Verstehens, die die Therapeutin hier realisiert.

Allgemeiner Kommentar:

Die Klientin arbeitet von sich aus recht gut: Sie schildert Inhalte konkret und anschaulich. Die Therapeutin hindert die Klientin hier eher daran, weiter zu vertiefen. Die Interventionen sind wenig durchdacht, was auch in den Formulierungen deutlich wird. Die Interventionen machen insgesamt einen hektischen Eindruck, der wenig dazu angetan ist, eine Explizierung zu fördern.

8.2.3 Fall 3

Der Klient, 29 Jahre, hat den Therapeuten wegen seiner Partnerprobleme, sexueller Schwierigkeiten, sozialer Probleme (Kontaktaufnahme, Aufrechterhalten von Freundschaften) und leichter psychosomatischer Symptome aufgesucht. Der Ausschnitt stammt aus dem 11. von insgesamt 28 Kontakten; er beginnt ca. 20 Minuten nach Anfang der Stunde.
Der Therapeut, 31 Jahre, befindet sich am Ende der Zusatzausbildung zum Gesprächspsychotherapeuten.
An diesem Fall wird deutlich, mit welchen Schwierigkeiten ein Therapeut konfrontiert wird, wenn ein Klient relativ viel, sehr schnell und relativ unklar redet.

- *Fallausschnitt*

KL 1: Es kam auch relativ häufig vor, daß, wenn ich so – hm, ja, wenn wir halt mehrere Tage hintereinander zusammen waren, z. B. am Wochenende oder auch in der Woche und ich dann so irgendwann gesagt habe, jetzt geh ich, weil ich entweder noch einen Termin hatte oder allein sein wollte – hm, daß sie dann einfach so sagte, ja, dann geh mal, du warst ja schon lange genug hier, ja, lange genug hier. Bin ich dann total baff im Moment und kann dann auch über den Kopf da absolut gar nichts mehr machen, weil – ich hab sie mal daraufhin angesprochen, hm, und sagt so, sie wollte im Grunde das Gegenteil ausdrücken, daß sie's eben schade fände, daß ich jetzt gehen würde und hätte das aber einfach nicht fertiggebracht und ja, dann hätt'se aber das Gefühl gehabt, etwas sagen zu müssen und so hat sich das dann ins Gegenteil umgeschlagen, ja, und dann eben so'ne Bemerkung.

TH 1: Aber was hat denn diese Bemerkung bei Ihnen ausgelöst? Sie sagten so, Sie waren baff, was war so für ein Gefühl bei Ihnen?

KL 2: Hm, ja, erst mal war so ein Gefühl der Unsicherheit, wie das jetzt gemeint war.

TH 2: Ah ja, Sie wußten in dem Augenblick nicht, ob es ernst ist oder nicht.

KL 3: Nein, das war dann eben so die Unsicherheit, daß – na ja, bei vielen Leuten, oder bei den meisten, merkt man's, entweder durch die Art des Tonfalls oder ja, durch so'n beiläufiges Lächeln, aber das kam wirklich so todernst, und ja, ich hatte eigentlich nicht so'n negatives Gefühl, was unsere Beziehung angeht, wo ich zwar im ersten Moment sprachlos war und unsicher war, ich mir aber dann später über den Kopf oder eben auch durch ein Gespräch klar machen konnte, daß es nicht so gemeint war, wie's gesagt wurde, sondern eher im Gegenteil.

TH 3: Hinterher sind Sie sich eigentlich darüber klar geworden, als Sie sich's noch mal durchdacht haben, hm. Das hat die Sache für Sie wieder so einigermaßen bereinigt.

KL 4: Ja, obwohl ich weiß, in der nächsten Situation werd ich genauso reagieren, aber werd sie in der konkreten Situation sofort ansprechen und auch später..., aber, vielleicht kann man das als Kleinigkeit abtun, aber das sind dann so unheimlich viele Kleinigkeiten und ja, die so gehäuft, naja, die machen es ganz schön schwierig, weil ... schwieriger wird's, oder für mich uneinsichtiger, wenn ich so über mich erzähle, über meine Erfahrungen, Vorstellungen, Ansprüche, Wünsche, ah, wenn dann lediglich von der Ursula kommt, manchmal läßt Du aber ganz schön komische Sachen los, aber dann ist dieses Gefühl, daß sie nicht auf mich eingeht oder auf das, was ich sage, unheimlich stark und ich hab dann keine Lust mehr, weiter zu reden, weil ich es einfach für sinnlos halte in dem Moment.

TH 4: Wie ist das denn, wenn Sie so ganz frisch – wenn sie das so sagt: Du läßt komische Sachen los?

KL 5: Ich hab – das ist zweimal vorgekommen – ich hab gelacht.

TH 5: Gelacht? War Ihnen denn da auch wirklich zum Lachen zumute?

KL 6: Es war im Grunde ein Lachen verbunden mit so'ner Überheblichkeit, daß ich also doch im Grunde, klar ausgelöst durch ihren Satz, daß ich halt komische Sachen sage manchmal, hm, ja, daß ich mich so, ja, daß ich sie nicht für ernst genommen habe in diesem Moment und, ja durch diese Überheblichkeit so eben dieses Gefühl auch dann hatte oder kriegte, irgendwie steh ich da drüber, irgendwie tangiert mich das nicht so, auch dieser Satz oder hm, Ursulas Auffassung von manchen Dingen.

TH 6: Sie haben sich auch darüber gestellt irgendwo so, so'ne Stellung eingenommen, dies kann mich eigentlich gar nicht kratzen, dieses ...

KL 7 Ja, kann man sagen, weil, ja, ich hatte zumindest in der, in den verschiedenen Situationen, ja, irgendwie kam es, daß ich so abwägen konnte, inwieweit das jetzt meinen Kopf betrifft oder inwieweit das auch meinen Bauch ankratzt und ja, es war dann eben so, wenn's nur meinen Kopf anging, dann, ja dann kommt auch diese Überheblichkeit raus und wenn es den Bauch angeht, ja, dann kommen eben die Gefühle der Unsicherheit, ja, der Sprachlosigkeit auch.

● *Analyse/Kommentar*

Allgemein:

Der Klient bereitet dem Therapeuten große Schwierigkeiten, und zwar durch sein vieles und schnelles Sprechen und durch die Menge der produzierten Details.
Wir meinen, daß ein Therapeut in einem solchen Fall *nicht* versuchen sollte, allen Details und Verästelungen zu folgen:
Dies ist sehr wahrscheinlich gedächtnismäßig unmöglich, es führt zu einer Verwirrung des Therapeuten. Der Therapeut muß hier selektiv wahrnehmen, versuchen, das Wichtigste (und nur das) herauszuhören: Worum geht es dem Klienten zentral, was beschäftigt ihn, was ist das Wesentliche?
Dieses Wesentliche muß dann expliziert, »auf den Punkt gebracht« werden, um dem Klienten eine Zentrierung seiner Aufmerksamkeit zu ermöglichen.
Wir meinen, daß hier »Explizierungen des Kerns« besonders wichtig sind: Sie schaffen eine Zentrierung auf das zentral Gemeinte und verhindern es, daß Klient und Therapeut »in Details ertrinken«.

KL 1: *Es kam auch relativ häufig vor, daß, wenn ich so – hm, ja, wenn wir halt mehrere Tage hintereinander zusammen waren, z.B. am Wochenende oder auch in der Woche und ich dann so irgendwann gesagt habe, jetzt geh ich, weil ich entweder noch einen Termin hatte oder allein sein wollte – hm, daß sie dann einfach so sagte, ja, dann geh mal, du warst ja schon lange genug hier, ja, lange genug hier. Bin ich dann total baff im Moment und kann da auch über den Kopf da absolut gar nichts mehr machen, weil – ich hab sie mal daraufhin angesprochen, hm, und sagt so, sie wollte im Grunde das Gegenteil ausdrücken, daß sie's eben schade fände, daß ich jetzt gehen würde und hätte das aber einfach nicht fertiggebracht und ja, dann hätt'se aber das Gefühl gehabt, etwas sagen zu müssen und so hat sich das dann ins Gegenteil umgeschlagen, ja, und dann eben so'ne Bemerkung.*

Analyse:
Allgemein:

Der Klient zentriert seine Aussage wenig, schildert viele Details und Situationsaspekte. Dennoch vermittelt er den Eindruck, vom Thema »betroffen« zu sein. Was ihn tangiert, ist die Aussage der Freundin »Geh mal, Du warst lange genug hier«. Dies scheint uns der »Kern« der Aussage zu sein.

Therapeutische Möglichkeiten:

Synthetisch/explizierend:
»Im Grunde waren Sie sehr enttäuscht, daß ihre Freundin das gesagt hat.«
Dies zentriert die (lange) Aussage auf den emotionalen Kernpunkt. Alle Details (»Wochenende«, »Termin« usw.) werden als periphere Aspekte verlassen. Dies ermöglicht dem Klienten eine Konzentration auf das, was *ihm selbst* das Wesentliche ist, er kann die Details verlassen.

Analytisch:
»Was hat die Bemerkung Ihrer Freundin in Ihnen ausgelöst?«
Eine solche Frage zentriert die Aufmerksamkeit ebenfalls auf den »zentralen Kern«. Sie gibt nun dem *Klienten* die »Aufgabe«, zu klären und zu beschreiben, was bei ihm passiert ist. Auch dadurch werden die Details verlassen und das Problem wird zentriert.

Unserer Ansicht nach sollte ein Therapeut möglichst keine Interventionen verwenden, die zur Produktion von noch mehr Details führen: Allenfalls konkretisierende Fragen sind sinnvoll, wenn der Therapeut nicht versteht, was der Klient sagt.

TH 1: *Aber was hat denn diese Bemerkung bei Ihnen ausgelöst? Sie sagten so, Sie waren baff, was war so für ein Gefühl bei Ihnen?*

Analyse:

Der Therapeut realisiert hier einen zentrierenden analytischen Modus, gefolgt von einer kurzen Erläuterung (die wahrscheinlich überflüssig ist).
Die Reaktion des Klienten *ist* ein kurzes Statement: Der Klient nimmt eine Zentrierung vor, er verläßt die Details und geht mit seiner Aufmerksamkeit auf sein Gefühl. Dies illustriert unsere Annahme, daß ein Klient seine Aufmerksamkeit zentrieren kann, wenn der Therapeut »den zentralen Kern trifft«.

KL 2: *Hm, ja, erst mal war so ein Gefühl der Unsicherheit, wie das jetzt gemeint war.*

Analyse:
Allgemein:

Der Klient hat seine Aufmerksamkeit zentriert, und zwar auf einen gefühlsmäßigen Aspekt. Man kann nun mit dieser Zentrierung arbeiten, ihn »an diesem Aspekt halten«.

Therapeutische Möglichkeiten:

Analytisch:
»Unsicherheit« ist sehr unkonkret, daher kann man analytisch intervenieren: »Unsicherheit! Was war das für ein Gefühl? Was ging da so in Ihnen vor?«
Der Klient soll sich so konkret wie möglich erinnern, um das Gefühl möglichst jetzt wieder (zumindest ansatzweise) spüren zu können.
Die erste Klienten-Aussage läßt schon vermuten, daß es dem Klienten schwerfällt, zentriert zu sprechen, also das deutlich zu machen, was zentral ist und unwesentliche Details wegzulassen.
Wenn dies so ist, dann benötigt der Klient hierin Hilfe: Die Interventionen sollten dann eine Zentrierung anstreben. »Offene Interventionen«, die eine Rückkehr in einen ausführlichen Erzählmodus zulassen, sind wahrscheinlich eher ungünstig.

TH 2: *Ah ja, Sie wußten in dem Augenblick nicht, ob es ernst ist oder nicht.*

Analyse:

Genau eine solche Intervention wählt der Therapeut: Die Paraphrase ist inhaltlich zutreffend, jedoch nur wenig zentrierend (wie unsere Ergebnisse gezeigt haben).
Als Folge davon verläßt der Klient in KL 3 die Zentrierung wieder und »verbreitert« seine Erzählung.

KL 3: *Nein, das war eben so die Unsicherheit, daß – na ja, bei vielen Leuten, oder bei den meisten, merkt man's, entweder durch die Art des Tonfalls oder ja, durch so'n beiläufiges Lächeln, aber das kann wirklich so todernst, und ja, ich hatte eigentlich nicht so'n negatives Gefühl, was unsere Beziehung angeht, wo ich zwar im ersten Moment sprachlos war und unsicher war, ich mir aber dann später über den Kopf oder eben auch durch ein Gespräch klar machen konnte, daß es nicht so gemeint war, wie's gesagt wurde, sondern eher im Gegenteil.*

Analyse:
Allgemein:
Der Klient hebt die Zentrierung auf, und die emotionalen Aspekte treten wieder in den Hintergrund. Alle ausgeführten Aspekte »kreisen« aber um das Thema, das heißt, der Klient verläßt das Thema nicht, und die gefühlsmäßigen Aspekte sind implizit auch noch vorhanden.

Therapeutische Möglichkeiten:

Synthetisch:
»Die Äußerung ihrer Freundin hat sie zunächst ganz unsicher gemacht, wie gut die Beziehung wirklich ist.«
Diese Aussage zentriert die Aufmerksamkeit auf die »Spur«, daß der Klient die Beziehung nicht einschätzen kann, daß er sie nicht als völlig verläßlich

empfindet. Dies muß man unseres Erachtens aus den bisherigen Aussagen schließen: Der Klient beginnt aufgrund einer einzelnen Aussage an der Intention seiner Freundin zu zweifeln. Dies erscheint uns als die »heißeste Spur«, die zu einer Klärung der Unsicherheit führen kann.

Unseres Erachtens bietet sich ein analytischer Modus hier noch nicht an: Ein analytischer Modus, das heißt das Aufwerfen und Verfolgen einer konkretisierenden oder vertiefenden Frage (oder einer Prozeßdirektive), ist sinnvoll, wenn vorher eine »thematische Zentrierung« erreicht wurde: Es muß klar sein, welcher Aspekt wesentlich ist und behandelt werden soll. Eine solche Zentrierung erleichtert zumindest die Bearbeitung einer weiterführenden Frage. Weist der Klient eine geringe Zentrierung auf, d.h, behandelt er viele Aspekte, ohne dabei einen als den wesentlichsten deutlich zu machen bzw. zu fokusieren, dann erscheint uns eine »zweistufige Intervention« sinnvoll: In der ersten Intervention wird der zentrale Aspekt herausgearbeitet, verdeutlicht, expliziert. Akzeptiert der Klient dies als korrekt, kann dann eine weiterführende Frage bezüglich dieses zentralen Aspektes angeschlossen werden.

Der Sinn des Vorgehens besteht prinzipiell darin, die Aufmerksamkeit des Klienten so »zu verschieben«, so zu zentrieren, daß der Klient *seine eigenen Problemanteile in den Blick nehmen kann*. Dazu ist es nötig, seine Aufmerksamkeit von »externalen Problemursachen« abzuziehen.

In diesem Fall wäre eine zentrale Frage nicht danach, welche Ausdrucksformen der Freundin Unsicherheit erzeugen (die Art ihres Lächelns oder Nicht-Lächelns, die Stimmlage usw.), sondern wieso derartige Cues ihn überhaupt verunsichern *können*. Was ist es *bei ihm*, was ihn (aufgrund dieser Cues) unsicher werden läßt? Es ist nicht zwangsläufig, unsicher zu sein, es gibt alternative Interpretations- und Reaktionsweisen, und das bedeutet: *Daß er so und nicht anders reagiert, ist auch durch ihn persönlich determiniert, geht auch auf seine eigenen »Konstruktionen« (Annahmen, Erwartungen usw.) zurück, auf seine »internen Problemdeterminanten«. Und dieses aufzudecken, zu klären, zu explizieren, wäre unseres Erachtens ein wesentliches Ziel der therapeutischen Arbeit.*

TH 3: *Hinterher sind Sie sich eigentlich darüber klar geworden, als Sie sich's noch mal durchdacht haben, hm. Das hat die Sache für Sie wieder so einigermaßen bereinigt.*

Analyse:

Leider geht der Therapeut hier nicht auf den zentralen Aspekt der Klientenaussage ein. Damit »verschenkt« er unseres Erachtens wesentliches therapeutisches Klärungspotential.

KL 4: *Ja, obwohl ich weiß, in der nächsten Situation werd ich genauso reagieren, aber werd sie in der konkreten Situation sofort ansprechen und auch später ..., aber, vielleicht kann man das als Kleinigkeit abtun, aber das sind dann so unheimlich viele Kleinigkeiten und ja, die so gehäuft, naja, die machen es ganz schön schwierig, weil ... schwieriger wird's, oder für mich uneinsichtiger, wenn ich so über mich erzähle, über meine Erfah-*

rungen, Vorstellungen, Ansprüche, Wünsche, ah, wenn dann lediglich von der Ursula kommt, manchmal läßt Du aber ganz schön komische Sachen los, aber dann ist dieses Gefühl, daß sie nicht auf mich eingeht oder auf das, was ich sage, unheimlich stark und ich hab dann keine Lust mehr, weiter zu reden, weil ich es einfach für sinnlos halte in dem Moment.

Analyse:
Allgemein:

Der Klient geht in seiner Aussage auf einen neuen Aspekt über, der bisher noch nicht thematisiert worden ist: das Gefühl, daß seine Freundin oft nicht genug auf ihn eingeht. Dies, so haben wir den Eindruck, ist die »zentrale Spur« der Aussage, die der Therapeut aufgreifen sollte.

Therapeutische Möglichkeiten:

Synthetisch:
»Sie haben manchmal den Eindruck, daß ihre Freundin gar nicht auf Sie eingeht und sind dann völlig blockiert.«
Diese Aussage dient wieder in erster Linie einer Zentrierung: Es wird herausgearbeitet, worum es geht, was der zentrale Aspekt ist, woran weitergearbeitet werden kann.
Ist eine Zentrierung erreicht, dann kann analytisch fortgesetzt werden: »Was läuft da in Ihnen ab, was für Gefühle löst das aus, wenn Ihre Freundin nicht auf Sie eingeht?«

TH 4: *Wie ist das denn, wenn Sie so ganz frisch – wenn sie das so sagt: Du läßt komische Sachen los?*

Analyse:

Der Therapeut versucht hier eine Zentrierung auf einen Aspekt zu schaffen (Die Freundin sagte: »Du läßt komische Sachen los«) und schließt daran eine vertiefende Frage an. Er realisiert damit Zentrierung und Frage in einer Intervention. Wenn man dies tut, muß man abwägen, ob man damit einen Klienten nicht überfordert.

KL 5: *Ich hab – das ist zweimal vorgekommen – ich hab gelacht.*

Analyse:
Allgemein:

Der Klient nimmt eine Zentrierung vor und gibt auch eine emotionale Reaktion an: Die Intention des Therapeuten »geht durch«.

Therapeutische Möglichkeiten:

Analytisch:
Wesentlich scheint uns hier, zu klären, was ihn zum Lachen veranlaßt hat, denn

nach allem, was er bisher gesagt hat, ist diese Reaktion überraschend: »Sie haben gelacht: Was bedeutet das für sie in dem Augenblick?«

TH 5: Gelacht? War Ihnen denn da auch wirklich zum Lachen zumute?
Analyse:

Der Therapeut verfolgt eine ähnliche Intention, macht aber in seiner Aussage eine zusätzliche Implikation: daß es dem Klienten gar nicht zum Lachen zumute war. Das ist nach allem, was man bis hierhin weiß, wahrscheinlich, erzeugt aber eine weniger deutliche Zentrierung.

KL 6: Es war im Grunde ein Lachen verbunden mit so'ner Überheblichkeit, daß ich also doch im Grunde, klar ausgelöst durch ihren Satz, daß ich halt komische Sachen sage manchmal, hm ja, daß ich mich so, ja, daß ich sie nicht für ernst genommen habe in diesem Moment und, ja durch diese Überheblichkeit so eben dieses Gefühl auch dann hatte oder kriegte, irgendwie steh ich da drüber, irgendwie tangiert mich das nicht so, auch dieser Satz oder hm, Ursulas Auffassung von manchen Dingen.

Analyse:
Allgemein:

Der Klient macht hier einen Aspekt deutlich, der sich aus dem bisherigen nicht ergab: Ein »darüber stehen, nicht tangiert sein«. Dies ist unseres Erachtens nach den bisherigen Aussagen überraschend und zunächst nicht völlig mit dem bisher Gesagten in Einklang zu bringen. Eine solche Diskrepanz sollte unseres Erachtens geklärt werden: Das bedeutet nicht, daß ein Klient nicht diskrepant sein darf, sondern daß Diskrepanzen wichtige Spuren für weitere Klärungen aufwerfen.

Therapeutische Möglichkeiten:

Der Therapeut kann diese Aussage zu vorigen Aussagen in Relation setzen: »Irgendwie stehen sie darüber, aber trotzdem verunsichert sie das?«
Dies soll den Klienten veranlassen, zu klären, was diese Diskrepanz bedeutet, worauf sie hinweist.

TH 6: Sie haben sich auch darüber gestellt, irgendwo so, so'ne Stellung eingenommen, dies kann mich eigentlich gar nicht kratzen, dieses ...
Analyse:

Der Therapeut macht hier eine synthetische Aussage und spricht die Diskrepanz nicht an. Er folgt der augenblicklichen Akzentuierung des Klienten. Dies ist sicher nicht falsch, insbesondere dann nicht, wenn man darauf vertrauen kann, daß der Klient die Klärung selbst weiterführt.

KL 7: *Ja, kann man sagen, weil, ja, ich hatte zumindest in der, in den verschiedenen Situationen, ja, irgendwie kam es, daß ich so abwägen konnte, inwieweit das jetzt meinen Kopf betrifft, oder inwieweit das auch meinen Bauch ankratzt und ja, es war, dann eben so, wenn's nur meinen Kopf anging, dann, ja dann kommt auch diese Überheblichkeit raus und wenn es den Bauch angeht, ja, dann kommen eben die Gefühle der Unsicherheit, ja, der Sprachlosigkeit auch.*

Analyse:

Dem Klienten wird die Diskrepanz selbst deutlich: Er kann sich »einreden«, daß ihn die Aussage seiner Freundin gar nicht tangiert, aber er *spürt* doch, daß er verunsichert ist.
Trotz der geringen Zentrierung der Inhalte hat der Klient Zugang zu seinem Erleben: Dies macht deutlich, daß man aus der »Sprachform« des Klienten, wie auch aus dem »Sprachschichtniveau« keinesfalls schließen kann, daß der Klient nicht explizieren kann oder für Gesprächspsychotherapie ungeeignet ist. Selbst wenn diese Aspekte dem *Therapeuten* das Verstehen erschweren, kann der Klient konstruktiv gefördert werden, *falls* der Therapeut sich nicht »irritieren« läßt.

8.3 Ausblick

Es war unser Ziel, innerhalb der klientenzentrierten Psychotherapie eine Konzeption zu entwickeln, die es Therapeuten gestattet, die Prozesse von Klienten besser zu verstehen und einzuordnen, Ziele des therapeutischen Handelns explizit zu machen und in Interventionen zu verfolgen. Diese Konzeption soll insbesondere dem Therapeuten Handlungsmöglichkeiten eröffnen, durch die Klienten, insbesondere in ihren Klärungsprozessen, gefördert werden können. Unser primäres Ziel war demnach, zu einer Verbesserung therapeutischen Handelns beizutragen, und zwar über eine Erweiterung des Verstehens relevanter therapeutischer Prozesse und über eine Entwicklung von Konzepten »zielorientierten Handelns«.
Wir haben diese Konzepte in unserer eigenen therapeutischen Arbeit und in der Ausbildung von Therapeutinnen und Therapeuten erprobt und damit gute Erfahrungen gemacht: Konkrete Konzepte erleichtern die Verarbeitung, ein Verstehen dessen, was in der Therapie passiert. Auch erleichtern sie die Handlungsplanung und erlauben es, die Angemessenheit therapeutischer Handlungen zu diskutieren und zu beurteilen. Dies hilft denen, die Psychotherapie lernen, da sie nun erfahren, was sie tun *können* und ermöglicht Supervision, da man Handlungsmöglichkeiten entwickeln kann, die auch in schwierigen Situationen weiterhelfen. Konzepte und Handlungsregeln erhöhen die *Verarbeitungs- und Handlungsflexibilität* und erleichtern es dem Therapeuten, Klienten wirklich da »abzuholen, wo sie sind«, ihnen das Angebot zu machen, das sie benötigen. Sie stehen daher einer Klientenzentrierung nicht entgegen, sondern ermöglichen sie erst.

Wesentlich war uns auch eine stärkere psychologische Fundierung der GT: Für uns ist Psychotherapie eine Teildisziplin der *Psychologie*, nicht der Anthropologie, Philosophie oder der Theologie (vgl. Cain 1989; Lietaer 1989; Sachse 1989; Thorne 1989). Die GT hat einmal die »Wissenschaftlichkeit« betont (auch im Namen »Gesellschaft für wissenschaftliche Gesprächspsychotherapie«); geht der Anschluß an die Psychologie verloren, dann ist GT aber nicht mehr als eine »Psychosekte«; selbst Rogers erschien diese Vorstellung problematisch (Rogers 1987).
Bei einer kritischen Betrachtung der vorgestellten Konzeption werden Aspekte deutlich, die *verbessert* und *weiterentwickelt* werden müssen. Was die *theoretische Ebene* betrifft, so sind die Konzepte über den Explizierungsprozeß des Klienten, über den Verarbeitungsprozeß des Therapeuten, über die Handlungsplanung, die Bildung von konkreten Interventionen u. a. noch sehr unzureichend. Was deutlich wird, ist die *Komplexität* von Psychotherapie, aber das Problem ist wesentlich deutlicher als die Lösung: Man benötigt differenziertere und elaboriertere Konzepte, um zu verstehen, was in einer Psychotherapie passiert.
Hier muß man wohl eingestehen, daß die Erkenntnis zutreffend ist, daß »gemessen an der Pfütze unseres Wissens unsere Unkenntnis ozeanisch ist«. Dennoch: jeder Tropfen zählt.
Auf der Ebene der Handlungskonzepte erscheint es notwendig,
- die existierenden Handlungsregeln weiter zu präzisieren, zu konkretisieren und ihre »Indikation« zu spezifizieren (wann sind bestimmte therapeutische Handlungen sinnvoll);
- die existierenden Regeln stärker zu systematisieren; herauszuarbeiten, was übergeordnete Ziele und Prinzipien sind und was nachgeordnete;
- neue Handlungskonzepte zu entwickeln, damit auch Klienten, für die der GT-Ansatz prinzipiell sinnvoll ist, die aber bisher nicht gut »erreicht« werden können, von der Therapie stärker profitieren (z. B. Klienten mit psychosomatischen Störungen).

Was die Forschung betrifft, so sind einige Weiterentwicklungen notwendig und wahrscheinlich auch möglich; verschiedene in diesem Buch behauptete Zusammenhänge können weiter empirisch untersucht werden. An Folgendem soll in Zukunft in unserer Forschungsgruppe gearbeitet werden:
- Bei der Erforschung therapeutischer Interaktionen besteht ein Grundproblem darin, was als »Aussageneinheit« in einer therapeutischen Interaktion betrachtet werden soll. Das von uns verwendete Konzept der »Idee-Einheiten« ist nicht optimal.
Günstiger ist hier eine stark textpsychologische »Aufbereitung« der Klienten- und Therapeutentexte, um deutlicher zu machen, was eine Person »zentral meint« (vgl. van Dijk u. Kintsch 1983).
- Damit kann es auch möglich werden, genauer zu erfassen, ob sich ein Therapeut tatsächlich auf das vom Klienten zentral Gemeinte bezieht oder nicht, und die Konsequenzen dieser Möglichkeiten können erforscht werden.
- Stärker erforscht werden können auch die Bedingungen, unter denen Klienten Bearbeitungsangebote umsetzen können; hier können die Hypothesen getestet werden, daß die Konkretheit/Einfachheit der Interventionen wesent-

lich ist; daß Bearbeitungsangebote nicht angenommen werden können, wenn »Beziehung Thema ist« usw.
- Es kann auch stärker erforscht werden, welche spezifischen Probleme bei bestimmten Klientengruppen vorliegen und wie diese Klienten besser gefördert werden können.

Man kann so dem Resümee von Tomlinson u. Hart (1962) zustimmen: »Much remains to be done.«

Literatur

Ajzen, I, Fishbein, M (1972) Attitudes and normative beliefs as factors influencing behavioral intentions. Journal of Personality and Psychology, 21, 1–9
Anderson, W (1974) Personal growth and client-centered therapy: An information-processing view. In: Wexler, DA, Rice, LN (Eds.) Innovations in client-centered therapy (21–48). New York: Wiley
Arend, B, Ludwig, G (1978) Zur Problematik therapiezielorientierter Tests. Kiel: unveröffentlichte Diplomarbeit
Arend, B, Ludwig, G (1980) Zur Problematik von Therapiezielen. In: Schulz, W, Hautzinger, M (Hrsg.) Klinische Psychologie und Psychotherapie, Bd. 2: Indikation, Diagnostik, Psychotherapieforschung (41–54). Tübingen: Steinbauer & Rau
Auckenthaler, A (1983 a) Klientenzentrierte Psychotherapie mit Paaren. Stuttgart: Kohlhammer
Auckenthaler, A (1983 b) Psychotherapie ohne Strategien. Eine andere Sicht von differentieller Gesprächspsychotherapie und ihre Konsequenzen für den Therapeuten am Beispiel der Klientenzentrierten Psychotherapie. In: Tscheulin, D (Hrsg.) Beziehung und Technik in der Klientenzentrierten Therapie (33–44). Weinheim: Beltz
Auckenthaler, A (1983 c) Wider den Strategiezwang oder: über die Schwierigkeiten, eine Psychotherapie ohne Strategien zu akzeptieren. In: Tscheulin, D (Hrsg.), Beziehung und Technik in der Klientenzentrierten Therapie (50–52). Weinheim: Beltz
Austin, JL (1956/57) A plea for excuses. Proceedings of the Aristotelian Society, 57
Austin, JL (1962) How to do things with words. Oxford
Barclay, JR, Bransford, JD, Franks, JJ, McCarrell, NS, Nitsch, KE (1974) Comprehension and semantic flexibility. Journal of Verbal Learning and Verbal Behavior, 13, 471–481
Bastick, T (1979) Psychological Investigation of Intuitive Thought Processes and Creative Mathematic Problem-Solving. Uxbridge, England: Brunel University (PhD thesis)
Bastick, T (1982) Intuition. How we think and act. New York: Wiley
Bastine, R (1970 a) Forschungsmethoden in der Klinischen Psychologie. In: Schraml, WJ (Hrsg.) Klinische Psychologie I (523–562). Bern
Bastine, R (1970 b) Schwierige Situationen in der Gesprächstherapie (Unveröff. Vortrag vom 17.10.1970 in Utrecht). Hamburg: Psychologisches Institut
Bastine, R (1976) Ansätze zur Formulierung von Interventionsstrategien in der Psychotherapie. In: Jankowski, P, Tscheulin, D, Fietkau, HJ, Mann, F (Hrsg.) Gesprächspsychotherapie heute (193–207). Göttingen: Hogrefe
Bastine, R (1981) Adaptive Indikationen in der zielorientierten Psychotherapie. In: Baumann, U (Hrsg.) Indikation zur Psychotherapie (158–168). München: Urban & Schwarzenberg
Bastine, R (1982) Auf dem Wege zu einer integrativen Psychotherapie. In: Psychologie heute (Hrsg.) Neue Formen der Psychotherapie (13–18). Weinheim: Beltz
Baumann, U, Hecht, Ch, Mackinger, H (1984) Psychotherapieforschung: Unterschiedliche Perspektiven. In: Baumann, U (Hrsg.), Makro-/Mikroperspektive (3–28). Göttingen: Hogrefe

Baumann, U, Wedel, B von (1981) Stellenwert der Indikationsfrage im Psychotherapiebereich. In: Baumann, U (Hrsg.) Indikation zur Psychotherapie (1–36). München: Urban & Schwarzenberg

Beck, AT (1979) Wahrnehmung der Wirklichkeit und Neurose. München: Pfeiffer

Beck, AT, Greenberg, RL (1979) Kognitive Therapie bei der Behandlung von Depressionen. In: Hoffmann, N (Hrsg.) Grundlagen kognitiver Therapie (177–203). Bern: Huber

Bense, A (1977a) Erleben in der Gesprächspsychotherapie. Die Experiencing-Theorie Gendlins in der klientenzentrierten Gesprächspsychotherapie. Weinheim: Beltz

Bense, A (1977b) Experiencing in der Gesprächspsychotherapie als mathematischer Prozeß. Zeitschrift für Klinische Psychologie, 6, 237–243

Bergin, AE (1966) Some implications of psychotherapy research for therapeutic practise. Journal of Abnormal Psychology, 71, 235–246

Bergin, AE (1971) The evaluation of therapeutic outcomes. In: Bergin, AE, Garfield, SL (Eds.) Psychotherapy and Behavior Change (217–270). New York: Wiley

Biermann-Ratjen, EM, Eckert, J (1982) Differentielle Indikation für Psychotherapie in der Praxis. In: Howe, J (Hrsg.) Therapieformen im Dialog (11–22). München: Kösel

Biermann-Ratjen, EM, Eckert, J, Schwartz, H-J (1989) Gesprächspsychotherapie. Verändern durch Verstehen (5. Auflage). Stuttgart: Kohlhammer

Biermann-Ratjen, EM, Eckert, J, Schwartz, H-J (1981) Zum Empathiebegriff in der Gesprächspsychotherapie. Fortsetzung der Diskussion mit W. Pfeiffer. GwG-Info, 43, 42–48

Binder, U, Binder, H-J (1979) Klientenzentrierte Psychotherapie bei schweren psychischen Störungen. Frankfurt/M.: Fachbuchhandlung für Psychologie

Bock, M (1978) Wort-, Satz-, Textverarbeitung. Stuttgart: Kohlhammer

Boeck-Singelmann, C (1978) Personenzentrierte Gesprächspsychotherapie in Form von Teamtherapie. Eine Untersuchung der Wirksamkeit und Prozesse. Hamburg: Universität Hamburg. Unveröffentlichte Dissertation

Bommert, H (1973) Zur Problematik der Lerntheorie als Bezugsrahmen Klientenzentrierter Verhaltensmodifikation. GwG-Info, 13, 1–9

Bommert, H (1975) Der therapeutische Prozeß unter dem Gesichtspunkt des Lernens. In: GwG (Hrsg.), Die klientenzentrierte Gesprächspsychotherapie (75–85). München: Kindler

Bommert, H (1976) Einige Gesichtspunkte zur empirischen Erfassung und Bedeutung des Experiencing-Konzeptes. In: Jankowski, P, Tscheulin, D, Fietkau, H-J, Mann, F (Hrsg) Klientenzentrierte Psychotherapie heute. Göttingen: Hogrefe

Bommert, H (1987) Grundlagen der Gesprächspsychotherapie (4. Auflage). Stuttgart: Kohlhammer

Bommert, H, Minsel, WR, Fittkau, B, Langer, I, Tausch, R (1972) Empirische Kontrolle der Effekte und Prozesse der klientenzentrierten Gesprächspsychotherapie bei psychoneurotischen Klienten. Zeitschrift für Klinische Psychologie, 1, 48–63

Bortz, J (1979) Lehrbuch der Statistik für Sozialwissenschaftler. Berlin: Springer

Bower, GH (1981) Mood and memory. American Psychologist, 36, 129–148

Bransford, JD, Barclay, JR, Franks, JJ (1972) Sentence memory: A constructive versus interpretative approach. Cognitive Psychology, 3, 193–202

Bransford, JD, McCarrell, NS (1975) A sketch of cognitive approach to comprehension. In: Weiner, W, Palermo, DS (Eds.), Cognition and the symbolic processes. Hillsdale, NJ: Erlbaum

Brecht, B (1968) Der kaukasische Kreidekreis (edition Suhrkamp). Frankfurt/M.: Suhrkamp

Brown, RW, McNeill, D (1966) The »tip-of-the-tongue« phenomenon. Journal of Verbal Learning and Verbal Behavior, 5, 325–337

Budner, S (1962) Intolerance of ambiguity as a personality variable. Journal of Personality, 30, 29–50

Cain, DJ (1989) Proposals for the future of client-centered and experiential psychotherapy. Person-Centered Review, 4 (1), 11–26
Carkhuff, RR (1969) Helping and human relations (1). New York: Holt, Rinehart & Winston
Caspar, F (1989) Plananalyse. Eine Einführung in Konzept und Methode. Im Druck
Caspar, F, Grawe, K (1982 a) Vertikale Verhaltensanalyse (VVA): Analyse des Interaktionsverhaltens als Grundlage der Problemanalyse und Therapieplanung. In: Bommert, H, Petermann, F (Hrsg.), Diagnostik und Praxiskontrolle in der klinischen Psychologie (25–29). München: Steinbauer & Rau
Caspar, F, Grawe, K (1982 b) Vertikale Verhaltensanalyse (VVA): Analyse des Interaktionsverhaltens als Grundlage der Problemanalyse und Therapieplanung. Bern: Universität Bern. Forschungsberichte aus dem Psychologischen Institut
Collins, AM, Quillian, MR (1969) Retrieval time from semantic memory. Journal of Verbal Learning and Verbal Behavior, 8, 241–248
Collins, AM, Quillian, MR (1972) Experiments on semantic memory and language comprehension. In: Gregg, LW (Eds.), Cognition in learning and memory (117–138). New York
Coulson, WR (1983 a) Über den instrumentalen Charakter der therapeutischen Situation. in: Tscheulin, D (Hrsg.), Beziehung und Technik in der klientenzentrierten Therapie (105–108). Weinheim: Beltz
Coulson, WR (1983 b) Über therapeutische Disziplin in der klientenzentrierten Therapie. In: Tscheulin, D (Hrsg.), Beziehung und Technik in der klientenzentrierten Therapie (15–29). Weinheim: Beltz
Cranach, M v, Kalbermatten, U, Indermühle, K, Gugler, B (1980) Zielgerichtetes Handeln. Stuttgart: Huber
Dahlhoff, H-D (1974) Experimentelle Untersuchung zu einer deutschen Fassung der Experiencing-Skala. Münster. Diplomarbeit
Dahlhoff, H-D, Bommert, H (1975) Eine deutsche Fassung der Experiencing-Skala. Beitrag zum 4. Symposium für Gesprächspsychotherapie. Zürich
Dahlhoff, H-D, Bommert, H (1976) Eine deutsche Fassung der Experiencing-Skala. GwG-Info, 25, 29–30
Dahlhoff, H-D, Bommert, H (1978) Forschungs- und Trainingsmanual zur deutschen Fassung der Experiencing-Skala. In: Bommert, H, Dahlhoff, H-D (Hrsg.) Das Selbsterleben (Experiencing) in der Psychotherapie (63–128). München: Urban & Schwarzenberg
Davison, GC, Robins, C, Johnson, MK (1983) Articulated thoughts during simulated situations: a paradigm for studying cognition in emotion and behavior. Cognitive Therapy and Research, 7, 17–40
Dennig, U (1984) Kognitives Therapeutenverhalten, die Person des Therapeuten und kognitive Wirkungen der GPT im Verhältnis zur gefühlszentrierten Konzeption und Praxis: Eine theoretische Analyse und ihre empirische Validierung. Münster: Universität. Unveröffentlichte Dissertation
Dicken, C, Fordham, M (1967) Effects of reinforcement of self-references in quasi-therapeutic interviews. Journal of Counseling Psychology, 14, 145–152
Dioszeghy, V (1984) Sekunden: Das Beiwort »non-direktiv« verabschiedet sich endgültig. GwG-Info, 57, 22–27
Eckert, J (1974) Prozesse in der Gesprächspsychotherapie. Die Bedeutung subjektiver Erfahrung von Klient und Therapeut im Hinblick auf den Therapieverlauf und Therapieerfolg. Hamburg. Dissertation
Eckert, J (1980) Empirische Befunde zum Verlauf des gesprächspsychotherapeutischen Geschehens. In: GwG (Hrsg.) Die klientenzentrierte Gesprächspsychotherapie (147–154). München: Kindler

Eckert, J, Biermann-Ratjen, EM, Blonski, D, Peters, W (1979) Zur Prädiktion der Effekte der Gesprächspsychotherapie anhand eines Indikations-Interviews. Zeitschrift für Klinische Psychologie und Psychotherapie, 27, 22–29

Eckert, J, Schwartz, HJ, Tausch, R (1977) Klientenerfahrungen und Zusammenhang mit psychischer Änderung in personenzentrierter Gesprächspsychotherapie. Zeitschrift für Klinische Psychologie, Forschung und Praxis, 6, 177–184

Engelkamp, J (1984 a) Einleitung. In: Engelkamp, J (Hrsg.) Psychologische Aspekte des Verstehens (1–11). Berlin: Springer

Engelkamp, J (1984 b) Verstehen als Informationsverarbeitung. In: Engelkamp, J (Hrsg.) Psychologische Aspekte des Verstehens (31–53). Berlin: Springer

Eysenck, HJ (1952) The effects of psychotherapy: an evaluation. Journal of Consulting Psychology, 16, 319–324

Feindt, K (1978) Überprüfung des Therapieerfolges und Untersuchung der Prozesse von Gesprächspsychotherapien mit Klienten geringer Schulbildung. Universität Hamburg: Fachbereich Psychologie. Unveröffentlichte Dissertation

Fenigstein, A (1979) Self-consciousness, self-attention, and social interaction. Journal of Personality and Social Psychology, 37, 75–86

Fenigstein, A, Scheier, MF, Buss, AH (1975) Public and private self-consciousness: Assessment and theory. Journal of Counseling and Clinical Psychology, 43, 522–527

Fietkau, HJ (1976) Notizen zum Arbeitskreis »Zielvorstellungen in der Therapie«. In: Jankowski, P, Tscheulin, D, Fietkau, H-J, Mann, F (Hrsg.) Klientenzentrierte Psychotherapie heute (438). Göttingen: Hogrefe

Fillbrandt, H (1976) Rechenprogramm zur Interaktionssequenzanalyse. Kiel. Unveröffentlichtes Manuskript

Fleur, de, M, Westie, F (1958) Verbal attitudes and overt acts: An experience on the salience of attitudes. American Sociological Review, 23, 667–673

Franke, A (1983) Klientenzentrierte Psychotherapie – Verändern durch Beziehung? In: Zimmer, D (Hrsg.) Die Therapeut–Klient Beziehung (63–82). Weinheim: Edition Psychologie

Frederiksen, CH (1975) Acquisition of semantic information from discourse: effects of repeated exposures. Journal of Verbal Learning and Verbal Behavior, 14, 158–169

Frenkel-Brunswik, E (1949) Intolerance of ambiguity as an emotional and perceptional personality variable. Journal of Personality, 18, 108–143

Gendlin, ET (1961) Experiencing: A variable in the process of psychotherapeutic change. American Journal of Psychotherapy, 15, 233–245

Gendlin, ET (1962) Experiencing and the creation of meaning. New York: The Free Press of Glencoe

Gendlin, ET (1964) A theory of personality change. In: Worchel, P, Byrne, D (Eds.) Personality change (102–148). New York: Wiley

Gendlin, ET (1968) The experiential response. In: Hammer, EF (Ed.) Use of Interpretation in Treatment (208–277). New York

Gendlin, ET (1969) Focusing. Psychotherapy, 6, 4–15

Gendlin, ET (1970 a) A short summary and some long predictions. In: Hart, YT, Tomlinson, TM (Eds.) New directions in client-centered psychotherapy (544–562). Boston: Houghton Mifflin

Gendlin, ET (1970 b) A theory of personality change. In: Hart, YT, Tomlinson, TM (Eds.) New directions in client-centered psychotherapy (129–173). Boston: Houghton Mifflin

Gendlin, ET (1970 c) Existentialism and experiential psychotherapy. In: Hart, YT, Tomlinson, TM (Eds.) New directions in client-centered therapy (70–94). Boston: Houghton Mifflin

Gendlin, ET (1970 d) The significance of felt meaning. In: Cornier, R et al. (Eds.) An introduction to philosophy. Glenview

Gendlin, ET (1974) Client-centered and experiential psychotherapy. In: Wexler, DA, Rice, LN (Eds.) Innovations in client-centered therapy (211–246). New York: Wiley

Gendlin, ET (1978 a) Eine Theorie der Persönlichkeitsveränderung. In: Bommert, H, Dahlhoff, H-D (Hrsg.) Das Selbsterleben (Experiencing) in der Psychotherapie (1–62). München: Urban & Schwarzenberg

Gendlin, ET (1978 b) Focusing. New York: Everest House

Gendlin, ET (1980) Client-centered therapy as a frame of reference for training: The use of focusing during psychotherapy. In: de Moor, W, Wijngaarden, HR (Eds.) Psychotherapy: Research and training (279–297). Amsterdam: Elsevier

Gendlin, ET (1981) Focusing. Technik der Selbsthilfe bei der Lösung persönlicher Probleme. Salzburg: Müller

Gendlin, ET (1984) The Client's Client: The Edge of Awareness. In: Levant, RF, Shlien, JM (Eds.) Client-centered therapy and the person-centered approach (76–107). New York: Praeger

Gendlin, ET, Tomlinson, TM (1969) The experiencing scale. In: Klein et al. (Eds.) The experiencing scale. A research and training manual. Wisconsin

Gendlin, ET, Tomlinson, TN (1962) The experiencing scale. Mimeographed paper. Wisconsin (University)

Gerl, W (1977) Auf dem Weg von der Tonband- zur klientenzentrierten Psychotherapie. GwG-Info, 28, 16–18

Gerl, W (1981) Zum Aspekt der »Lenkung« in der psychotherapeutischen Kommunikation. GwG-Info, 44, 15–22

Gerl, W (1982) Kombination von Gesprächspsychotherapie mit Focusing nach ET Gendlin. In: Howe, J (Hrsg.) Integratives Handeln in der Gesprächstherapie (221–248). Weinheim: Beltz.

Gesellschaft für wissenschaftliche Gesprächspsychotherapie (GwG) (1976). Ergebnisse der Mitgliederbefragung April/Mai 1976, GWG-Info 25, 91–97

Graessner, D, Heinerth, K (1975) Eine kommunikationstheoretische Möglichkeit der Operationalisierung der gesprächstherapeutischen Basisvariablen »Echtheit« und »Wärme«. Zeitschrift für Klinische Psychologie, 4, 153–159

Grawe, K (1976) Differentielle Psychotherapie I. Bern: Huber

Grawe, K (1982) Implikationen und Anwendungsmöglichkeiten der Vertikalen Verhaltensanalyse für die Sichtweise und Behandlung psychischer Störungen. Bern: Universität Bern. Forschungsberichte aus dem Psychologischen Institut

Grawe, K (1988) Der Weg entsteht im Gehen. Ein heuristisches Verständnis von Psychotherapie. Verhaltenstherapie und psychosoziale Praxis, 1, 39–49

Groeben, N, Scheele, B (1977) Argumente für eine Psychologie des reflexiven Subjekts. Darmstadt: Steinkopff

Haase, RF, Dimattia, DJ (1970) Proxemic behavior: Counselor, administrator and client preference for seating arrangement in dyadic interaction. Journal of Counseling Psychology, 17, 319–325

Hartmann, J (1985 a) Unbegrenzte Entwicklungsmöglichkeiten der Person- und Klientenzentrierung (Teil 1). GwG-Info, 60, 31–60

Hartmann, J (1985 b) Unbegrenzte Entwicklungsmöglichkeiten der Person- und Klientenzentrierung (Teil 2). GwG-Info, 61, 26–50

Hartmann, J (1986) Unbegrenzte Entwicklungsmöglichkeiten der Person- und Klientenzentrierung (Teil 3). GwG-Info, 63, 55–97

Heckhausen, H (1969) Förderung der Lernmotivierung und der intellektuellen Tüchtigkeiten. In: Roth, H (Hrsg.) Begabung und Lernen. Ergebnisse und Folgerungen neuer Forschungen. Stuttgart

Herrmann, T (1972) Einführung in die Psychologie: Sprache. Frankfurt/M.: Akademische Verlagsgesellschaft

Herrmann, T (1982) Sprechen und Situation. Berlin: Springer
Herrmann, T (1985) Allgemeine Sprachpsychologie. Grundlagen und Probleme. München: Urban & Schwarzenberg
Hildebrand, DK, Laing, JD, Rosenthal, H (1974 a) Prediction logic and quasi-independence in empirical evaluation of formal theory. Journal of Mathematical Sociology, 3, 197–209
Hildebrand, DK, Laing, JD, Rosenthal, H (1974 b) Predictionlogic. A method for empirical evaluation of formal theory. Journal of Mathematical Sociology, 3, 163–185
Hildebrand, DK, Laing, JD, Rosenthal, H (1976) Prediction analysis in political research. The American Political Science Review, 70, 509–535
Hildebrand, DK, Laing, JD, Rosenthal, H (1977a) Analysis of ordinal data. Beverly Hills: Sage. Series: Quantitative applications in the social science, 8
Hildebrand, DK, Laing, JD, Rosenthal, H (1977 b) Prediction analysis of cross classifications. New York: Wiley
Hörmann, H (1976) Meinen und Verstehen. Grundzüge einer sprachpsychologischen Semantik. Frankfurt/M.: Suhrkamp
Hörmann, H (1983) Was tun die Wörter miteinander im Satz?, oder: Wieviele sind einige, mehrere und ein paar? Göttingen: Hogrefe
Hornthal-Greve, V (1979) Einige Überlegungen zu expliziten und impliziten Annahmen der Gesprächspsychotherapie. GwG-Info, 34, 22–25
Howe, J (1980) Prozeßgeschehen in der Gesprächspsychotherapie. Versuch einer Klärung. Frankfurt/M.
Howe, J (1982) Integratives Handeln in der Gesprächstherapie. Weinheim: Beltz
Hubbertz, K-P (1983) Überlegungen zur Methodenintegration auf der Grundlage einer klientenzentrierten Psychotherapie. GwG-Info, 50, 21–33
Jörg, S (1975) Der Einfluß beschreibender Sätze auf das Behalten von Bildern. Bochum: Ruhr-Universität. Seminarvortrag
Jörg, S (1984) Möglichkeiten und Grenzen der Bewußtseinslenkung beim Hörer. In: Engelkamp, J (Hrsg.) Psychologische Aspekte des Verstehens (91–109). Berlin: Springer
Kahneman, D (1973) Attention and effort. Englewood Cliffs: Prentice Hall
Kendall, MG (1955) Rank correlation methods. New York: Hafner. 2nd Edition
Kessel, van, WHJ (1976) Der Psychotherapieprozeß – Abriß einer Beschreibung in Interaktionsbegriffen. In: Jankowski, P, Tscheulin, D, Fietkau, H-J, Mann, F (Hrsg.) Klientenzentrierte Psychotherapie heute (142–151). Göttingen: Hogrefe
Keupp, H, Bergold, JB (1973) Probleme der Macht in der Psychotherapie unter spezieller Berücksichtigung der Verhaltenstherapie. In: Bachmann, CH (Hrsg.) Psychoanalyse und Verhaltenstherapie (105–136). Frankfurt/M.: Fischer
Kiesler, DJ (1966) Some myths of psychotherapy research and the search for a paradigm. Psychological Bulletin, 65, 110–136
Kiesler, DJ (1969) A grid model for therapy and research in the psychotherapies. In: Eron, LD (Ed.) The relationship of theory and technique in psychotherapy. Chicago
Kiesler, DJ (1971) Experimental designs in psychotherapy research. In: Bergin, AE, Garfield, SL (Eds.) Handbook of psychotherapy and behavior change (36–74). New York: Wiley
Killian, L (1952) The significance of multiple-group membership in disaster. American Journal of Sociology, 57, 309–314
Kintsch, W (1988) The role of knowledge in discourse comprehension: a construction-integrated model. Psychological Review, 92, 2, 163–183
Kischkel, KH (1984) Skala zur Erfassung der Ambiguitätstoleranz. Diagnostika, 30 (2)
Klein, MH, Mathieu, PL, Gendlin, ET, Kiesler, DL (1969) The experiencing scale. A research and training manual. Vol. I and II. Madison: University of Wisconsin
Koch, U, Schöfer, G (1986) Sprachinhaltsanalyse in der psychosomatischen und psychiatrischen Forschung. Weinheim: PVU

Kothandapani, V (1971) Validation of feeling, belief and intention to act as three components of attitude and their contribution to prediction of contraceptive behavior. Journal of Personality and Social Psychology, 19, 321–333

Krauth, J, Lienert, GA (1973) Die Konfigurationsfrequenzanalyse und ihre Anwendung in Psychologie und Medizin. Freiburg

Kuhl, J (1983 a) Emotion, Kognition und Motivation: II. Die funktionale Bedeutung der Emotionen für das problemlösende Denken und für das konkrete Handeln. Sprache und Kognition, 2, 228–253

Kuhl, J (1983 b) Motivation, Konflikt und Handlungskontrolle. Berlin: Springer

Lang, PJ (1984) Cognition in emotion: Concept and action. In: Izard, CE, Kagan, J, Zajonc, RB (Eds.) Emotions, Cognitions and Behavior (192–226). Cambridge: Cambridge University Press

Lang, PJ, Kozak, MJ, Miller, GA, Levin, DN, McLean, A Jr. (1980) Emotional imagery: Conceptual structure and pattern of somato-visceral response. Psychophysiology, 17 (2), 179–192

Lang, PJ, Levin, DN, Miller, GA, Kozak, MJ (1983) Fear behavior, fear imagery and the psychophysiology of emotion: The problem of affective response integration. Journal of Abnormal Psychology, 92, 276–306

Lauth, G, Viehbahn, P (1987) Soziale Isolierung. Ursachen und Interventionsmöglichkeiten. München: Psychologie-Verlags-Union

Lietaer, G (1983) De client-centered benadering in de zeventiger jaren. Tijdschrift voor Psychotherapie, 9 (2) 76–89

Lietaer, G (1989) Proposals for the future of client-centered and experiential psychotherapy. Person-Centered Review, 4 (1), 15–20

Lietaer, G, Dierick, P, Neirinck, M (1985) Inhoud en proces in experientielle psychotherapie: een empirische Exploratie. Psychologica Belgica, XXV (2), 127–147

Lietaer, G, Neirinck, M (1985) Niet helpende en storende processen in experientielle psychotherapie. Tijdschrift voor Psychiatrie, 27 (4), 253–271

Lietaer, G, Neirinck, M (1986) Client and therapist perceptions of helping processes in client-centered/experiential psychotherapy. Person-Centered Review, 1 (4), 436–455

Linster, HW (1980) Gesprächspsychotherapie. In: Linster, HW, Wetzler, H (Hrsg.) Veränderung und Entwicklung der Person (170–229). Hamburg: Hoffmann & Campe

Linster, HW (1989) Wissenschaftliche Fundierung von Psychotherapie – Fundierung von Psychotherapie aus ihrem Selbstverständnis. In: Sachse, R, Howe, J (Hrsg.) Zur Zukunft der klientenzentrierten Psychotherapie. Heidelberg: Asanger

Loftus, EF, Palmer, JC (1974) Reconstruction of Automobile Destruction: An Example of the Interaction between Language and Memory. Journal of Verbal Learning and Verbal Behavior, 13, 585–589

Mahoney, MJ (1977) Kognitive Verhaltenstherapie. Neue Entwicklungen und Strategien. München: Pfeiffer

Maiwald, G, Fiedler, PA (1981) Therapeutische Funktion kooperativer Sprachformen. In: Fiedler, PA (Hrsg.) Psychotherapieziel Selbstbehandlung. Weinheim: Edition Psychologie

Martin, PG (1972) Learning-based client-centered therapy. Monterey

Mempel, S, Müller, E (1978) Empirische Überprüfung einer theoretischen Betrachtung des gesprächstherapeutischen Prozesses. Kiel: unveröffentlichte Diplomarbeit

Mempel, S, Müller, E, Zielke, M (1980) Konfliktnäherung in der Psychotherapie. In: Schulz, W, Hautzinger, M (Hrsg.) Klinische Psychologie und Psychotherapie. Tübingen, Köln: DGVT/GwG

Merbaum, M, Lukens, HC (1968) Effects of instructions, elicitations and reinforcements in the manipulation of affective behavior. Psychologie, 73, 376–380

Merbaum, M, Southwell, EA (1965) Conditioning of affective self-references as a function of the discriminative characteristic of experimenter intervention. Psychologie, 70, 180–187

Miller, GA, Galanter, E, Pribram, KH (1960) Plans and the Structure of Behavior (dt.: Strategien des Handelns. Stuttgart: Klett, 1973). New York: Holt, Rinehart and Winston
Minsel, W-R (1974) Praxis der Gesprächspsychotherapie. Graz: Böhlaus
Minsel, W-R (1975) Indikation und Kontraindikation der Gesprächspsychotherapie. In: GwG (Hrsg.) Die klientenzentrierte Gesprächspsychotherapie. München: Kindler
Minsel, W-R, Bommert, H, Pieritz, R (1972) Beziehungen zwischen sprachformalen Psychotherapeuten-Merkmalen und dem Erfolg von klientenzentrierter Gesprächspsychotherapie. Zeitschrift für Klinische Psychologie und Psychotherapie, 20, 303–310
Minsel, W-R, Langer, I (1974) Forschung in client-centered Gesprächspsychotherapie. In: Schraml, WJ, Baumann, U (Hrsg.), Klinische Psychologie II (209–243). Bern: Huber
Minsel, W-R, Langer, I, Peters, U, Tausch, R (1973) Bedeutsame weitere Variablen des Psychotherapeutenverhaltens. Zeitschrift für Klinische Psychologie und Psychotherapie, 2, 197–210
Mitchell, KM, Berenson, BG (1970) Differential use of confrontation by high and low facilitative therapists. Journal of Nervous and Mental Disease, 151, 303–309
Mittag, O (1985) Überlegungen zu einer inhaltlichen Präzisierung des klientenzentrierten Therapieansatzes. GwG-Info, 59, 122–131
Müller, E (1986) Abhängigkeit der zu realisierenden Passung vom augenblicklichen Bearbeitungsstand des Klienten. Bochum: Ruhr-Universität. Diplomarbeit
Murray, EJ (1956) A content-analysis method for studying psychotherapy. Psychological Monographs, 70 (13)
Olson, DR (1970) Language and thought. Aspects of a cognitive theory of semantics. Psychological Review, 77, 257–273
Pavel, FG (1985) Klientenzentrierte Therapie von Systemen. GwG-Info, 59, 34–54
Perrez, M (1975) Gesprächspsychotherapie als Therapie internal motivierter Konflikte. In: GwG (Hrsg.) Die Klientenzentrierte Gesprächspsychotherapie (4. Auflage). 1983. München: Kindler
Perrez, M (1980) Methodenintegration oder Differentielle Indikation? In: Schulz, W, Hautzinger, M (Hrsg.) Klinische Psychologie und Psychotherapie (Kongreßbericht Berlin) (51–56). Tübingen, Köln: Steinbauer & Rau
Pfeiffer, WM (1975) Carl Rogers und VEE. GwG-Info, 20, 11–12
Pfeiffer, WM (1976) Erlebnisaktivierendes Vorgehen in der Gesprächspsychotherapie und seine Erfassung durch die Erlebnis-Intensitäts-Skala. In: Jankowski, P, Tscheulin, D, Fietkau, H-J, Mann, F (Hrsg.) Klientenzentrierte Psychotherapie heute (127–134). Göttingen: Hogrefe
Pfeiffer, WM (1989) Klientenzentrierte Psychotherapie im Kontext von Kultur und Mode. In: Sachse, R, Howe, J (Hrsg.) Zur Zukunft der Klientenzentrierten Psychotherapie. Heidelberg: Asanger
Plog, U (1976) Differentielle Psychotherapie II. Stuttgart: Huber
Rogers, CR (1942) Counseling and psychotherapy. Boston: Houghton Mifflin
Rogers, CR (1951) Client centered psychotherapy. Boston: Houghton Mifflin
Rogers, CR (1957) The necessary and sufficient conditions of therapeutic personality change. Journal of Consultative Psychology, 21, 95–103
Rogers, CR (1958) A process conception of psychotherapy. American Psychologist, 13, 142–149
Rogers, CR (1959 a) A tentative scale for the measurement of process in psychotherapy. In: Rubinstein, EA, Parloff, UB (Hrsg.) Research on psychotherapy (96–107). Washington
Rogers, CR (1959 b) A theory of therapy, personality and interpersonal change. In: Koch, S (Ed.) Psychology: A study of science. Vol. 3. New York: McGraw-Hill
Rogers, CR (1972) Die nicht-direktive Beratung. München: Kindler
Rogers, CR (1973) Die klient-bezogene Gesprächstherapie. München: Kindler

Rogers, CR (1976) Eine neue Definition von Einfühlung. In: Jankowski, P, Tscheulin, D, Fietkau, H-J, Mann, F (Hrsg.) Klientenzentrierte Psychotherapie heute (33–51). Göttingen: Hogrefe

Rogers, CR (1977) Therapeut und Klient. München: Kindler

Rogers, CR (1980a) Empathie: eine unterschätzte Seinsweise. In: Rogers, CR, Rosenberg, L (Hrsg.) Die Person als Mittelpunkt der Wirklichkeit. Stuttgart: Klett-Cotta

Rogers, CR (1980b) Entwicklung und gegenwärtiger Stand meiner Ansichten über zwischenmenschliche Beziehungen. In: GwG (Hrsg.) Die klientenzentrierte Gesprächspsychotherapie (11–24). München: Kindler

Rogers, CR (1982) Meine Beschreibung einer personenzentrierten Haltung. Zeitschrift für Personenzentrierte Psychologie und Psychotherapie, 1, 75–77

Rogers, CR, Gendlin, GT, Kiesler, DV, Truax, CB (1967) The therapeutic relationship and its impacts: A study of psychotherapy with schizophrenics. Madison: University of Wisconsin Press

Rogers, CR, Wood, JK (1974) The changing theory of client-centered therapy. In: Burton, A (Ed.) Operational theories of personality. New York: Brunner/Mazel

Rogers, CR (1987) Was ist das Wesentliche? Über die Entwicklung des personenzentrierten Ansatzes. GwG-Zeitschrift, 67, 47–48

Rogers, JM (1960) Operant conditioning in a quasitherapy setting. Journal of Abnormal Psychology, 60, 247–252

Rokeach, M, Kliejunas, P (1972) Behavior as a function of attitude-toward-object and attitude-toward-situation. Journal of Personality and Social Psychology, 22, 194–201

Rudolph, J, Langer, I, Tausch, R (1980) Prüfung der psychischen Auswirkungen und Bedingungen von personenzentrierter Einzel-Psychotherapie. Zeitschrift für Klinische Psychologie, 9, 23–33

Sachse, R (1982) Der Begriff des ›klientenzentrierten Handelns‹ und seine therapeutischen Konsequenzen: Vier Thesen für ein erweitertes Verständnis. GwG-Info, 49, 1–10

Sachse, R (1983) Das Ein-Personen-Rollenspiel. Ein integratives Therapieverfahren. Partnerberatung, 4, 187–200

Sachse, R (1984) Vertiefende Interventionen in der klientenzentrierten Psychotherapie. Partnerberatung, 2, 106–113

Sachse, R (1985a) Focusing als prozeßzielorientiertes Therapieangebot. GwG-Info, 60, 14–30

Sachse, R (1985b) Anforderungen an den Therapeuten in der klientenzentrierten Psychotherapie und Begutachtung des Films »Die Kraft des Guten«. Gutachten für die Fern-Universität Hagen im Projekt »Wege zum Menschen«. Hagen

Sachse, R (1986a) Gesprächspsychotherapie (Kurseinheit zum Kurs »Formen der Psychotherapie im Projekt ›Wege zum Menschen‹ «). Hagen: Fernuniversität Hagen

Sachse, R (1986b) Selbstentfaltung in der Gesprächspsychotherapie mit vertiefenden Interventionen. Zeitschrift für Personenzentrierte Psychologie und Psychotherapie, 5, 183–193

Sachse, R (1986c) Was bedeutet »Selbstexploration« und wie kann ein Therapeut den Selbstklärungsprozeß des Klienten fördern? Versuch einer theoretischen Klärung mit Hilfe sprachpsychologischer Konzepte. GwG-Info, 64, 33–52

Sachse, R (1987a) Funktion und Gestaltung der therapeutischen Beziehung in der klientenzentrierten Psychotherapie bei interaktionellen Zielen und Interaktionsproblemen des Klienten. Zeitschrift für Klinische Psychologie, Psychopathologie und Psychotherapie, 3, 219–230

Sachse, R (1987b) Wat betekent »zelfexploratie« en hoe kan een therapeut het zelfexploratie-proces van de client bevorderen? Psychotherapeutisch Paasport, 4, 71–93

Sachse, R (1987c) Zur Bedeutung von Verarbeitungsschemata beim Circulus-Vitiosus-Prozeß der Herzneurose. Ruhr-Universität Bochum: Fakultät für Psychologie. Bochumer Berichte zur Klinischen Psychologie, 4

Sachse, R (1988 a) Das Konzept des empathischen Verstehens: Versuch einer sprachpsychologischen Klärung und Konsequenzen für das therapeutische Handeln. In: GwG (Hrsg.) Orientierung an der Person: Diesseits und Jenseits von Psychotherapie (2) (162–174)

Sachse, R (1988 b) From Attitude to Action: On the Necessity of an Action-Orientated Approach in Client-Centered Therapy. Bochum: Ruhr-Universität. Berichte aus der Arbeitseinheit Klinische Psychologie, Fakultät für Psychologie, 64

Sachse, R (1988 c) Steuerung des Explizierungsprozesses von Klienten durch zentrale Bearbeitungsangebote des Therapeuten. In: Schönpflug, W (Hrsg.) Bericht über den 36. Kongreß der Deutschen Gesellschaft für Psychologie in Berlin, Bd. 1. Göttingen: Hogrefe

Sachse, R (1989 a) Concrete interventions are crucial: The influence of therapist's processing proposals on the client's intra-personal exploration. In: Lietaer, G, Rombauts, J, Balen, van, R (Eds.) Client-centered and Experiential Psychotherapy towards the Nineties. Leuven, 295–308

Sachse, R (1989 b) Zur allgemeinpsychologischen Fundierung von Klientenzentrierter Therapie: Die Theorie zur »Konzeptgesteuerten Informationsverarbeitung« und ihre Bedeutung für den Verstehensprozeß. In: Sachse, R, Howe, J (Hrsg.) Zur Zukunft der klientenzentrierten Psychotherapie, 76–101. Heidelberg: Asanger

Sachse, R (1989 c) Proposals for the future of client-centered and experiential psychotherapy. Person-Centered Review, 4 (1), 20–24

Sachse, R (1989 d) Empathic understanding is essential but not enough: The influence of processing proposals on the explication-process of the client. Person-Centered Review. In press

Sachse, R, Atrops, A (1989) Focusing: Ein Beziehungs- oder Bearbeitungsangebot? In: Behr, M, Petermann, F, Pfeiffer, WM, Seewald, C (Hrsg.) Jahrbuch für personenzentrierte Psychologie und Psychotherapie, Bd. 1. Salzburg: Otto Müller Verlag

Sachse, R, Maus, C (1987) Einfluß differentieller Bearbeitungsangebote auf den Explizierungsprozeß von Klienten in der Klientenzentrierten Psychotherapie. Zeitschrift für Personenzentrierte Psychologie und Psychotherapie, 1, 75–86

Sachse, R, Musial, EM (1981) Kognitionsanalyse und Kognitive Therapie. Stuttgart: Kohlhammer

Sachse, R, Neumann, W (1983) Prozeßmodell zum Focusing unter Berücksichtigung spezifischer Probleme. GwG-Info, 53, 51–75

Sachse, R, Neumann, W (1986) Prognostische Indikation zum Focusing aufgrund von Selbstexploration und Selbsterleben von Klienten in Klientenzentrierter Psychotherapie. Zeitschrift für personenzentrierte Psychologie und Psychotherapie, 1, 79–85

Sachse, R, Neumann, W (1987a) Entwicklung und Überprüfung von Maßen zur Beurteilung von Erfolg im Focusing. Bochum: Ruhr-Universität. Bochumer Berichte zur Klinischen Psychologie, Fakultät für Psychologie, 3

Sachse, R, Neumann, W (1987 b) Prognostische Indikation zum Focusing aufgrund von Klienten-Prozeßerfahrungen in Klientenzentrierter Psychotherapie. Bochum: Ruhr-Universität. Bochumer Berichte zur Klinischen Psychologie, Fakultät für Psychologie, 2

Sander, K (1971) Alternierende Gesprächspsychotherapie. Durchführungsmöglichkeiten – Psychotherapeutische Effekte – und deren Bedingungen. Hamburg: Unveröffentlichte Dissertation

Sander, K, Langer, I, Bastine, R, Tausch, A, Tausch, R, Wieceskowski, W (1973) Gesprächspsychotherapie bei 73 psychoneurotischen Klienten mit alternierenden Psychotherapeuten ohne Abwahlmöglichkeit. Zeitschrift für Klinische Psychologie und Psychotherapie, 20, 218–229

Schnabel, M (1982) Beitrag zur Klärung des Begriffs klientenzentrierte Gesprächspsychotherapie. GwG-Info, 48, 116–120

Schulte-Wintrop, A (1986) Der Beitrag der Konversationsanalyse zur Forschung in der Gesprächspsychotherapie – dargestellt am Beispiel therapeutischer Paraphrasierungen. In: GwG (Hrsg.) Orientierung an der Person. Diesseits und jenseits von Psychotherapie (2) (153–161). Köln

Schulz von Thun, F (1983) Miteinander reden: Störungen und Klärungen. Psychologie der zwischenmenschlichen Kommunikation. Reinbek: Rowohlt

Schulz, W (1981) Klassifikation und Indikation in der Gesprächspsychotherapie. In: Minsel, W-R, Scheller, R (Hrsg.) Psychotherapie (184–207). München: Kösel

Schwab, R, Schulz, S, Eck, C (1978) Empirische Befragung von Gesprächspsychotherapeuten in der GwG. Theoretische Orientierungen und therapeutische Vorgehensweisen. Manuskript

Schwartz, H-J (1975) Prozeßforschung in klientenzentrierter Gesprächspsychotherapie: Bedingungen des Behandlungseffekts im Anfangsgespräch. Hamburg: Universität Hamburg. Unveröffentlichte Dissertation

Schwartz, H-J, Eckert, J (1976) Zwei Arbeiten zur Prozeßforschung: Ergebnisse und Implikationen. In: Jankowski, P, Tscheulin, D, Fietkau, H-J, Mann, F (Hrsg.) Klientenzentrierte Psychotherapie heute. Bericht Internationaler Kongreß für Gesprächspsychotherapie in Würzburg 1974 (110–116). Göttingen: Hogrefe

Scobel, W (1979) Sprache und Gesprächspsychotherapie. Eine inhaltsanalytische Untersuchung. GwG-Info, 35, 40–51

Scobel, W (1983) Kann Sprechen helfen? Weinheim: Beltz

Seidenstücker, G, Baumann, U (1978) Multimethodale Diagnostik (1). In: Baumann, U, Seidenstücker, G (Hrsg.) Klinische Psychologie – Trends in Forschung und Praxis (134–182). Bern: Huber

Seidenstücker, G, Baumann, U (1979) Zur Situation der Indikationsforschung, Kongreßbericht. Göttingen: Hogrefe

Siegel, S (1976) Nichtparametrische statistische Methoden. Frankfurt/M.: Fachbuchhandlung für Psychologie

Speierer, GW (1986 a) Selbstentfaltung in der Gesprächspsychotherapie. Zeitschrift für personenzentrierte Psychologie und Psychotherapie, 5 (2), 165–181

Speierer, GW (1986 b) Zum Stellenwert der Selbstentfaltung in der Theorie der klientenzentrierten Psychotherapie einschließlich ihrer Operationalisierungen. Zeitschrift für personenzentrierte Psychologie und Psychotherapie, 5 (2), 157–164

Strobel, H (1971) Über den Zusammenhang zwischen Intoleranz der Ambiguität und Emotionalität. In: Vorwerg, M (Hrsg.) Sozialpsychologisches Training. Jena: Friedrich-Schiller-Universität

Tausch, R (1973) Gesprächspsychotherapie. Göttingen: Hogrefe

Tausch, R, Eppel, H, Fittkau, B, Minsel, W-R (1969) Variablen und Zusammenhänge in der Gesprächspsychotherapie. Zeitschrift für Psychologie, 176, 93–102

Tausch, R, Kühne, A, Langer, I, Lück, U (1971) Merkmalszusammenhänge bei hilfreichen Gesprächen von Psychologen und Erziehern mit Jugendlichen. Zeitschrift für Entwicklungspsychologie und Pädagogische Psychologie, 3, 121–135

Tausch, R, Sander, K, Bastine, R, Freise, H, Nagel, K (1970) Variablen und Ergebnisse bei client-centered Psychotherapie mit alternierenden Psychotherapeuten. Psychologische Rundschau, 21, 29–38

Tausch, R, Tausch, A-M (1981) Gesprächspsychotherapie. Göttingen: Hogrefe

Tausch, R, Zehelein, H, Fittkau, B, Minsel, W-R (1969) Variablen und Zusammenhänge in psychotherapeutischen Gesprächen. Zeitschrift f. Psychologie, 176, 93–102

Tomlinson, TM, Hart, JT (1962) A validation study of the process scale. Journal of Consulting Psychology, 26, 74–78

Truax, CB (1961 a) A scale for the measurement of accurate empathy. Wisconsin. Psychiatric Institute Bulletin, 1 (12)

Truax, CB (1961 b) A tentative scale for the measurement of depth of intrapersonal exploration. Wisconsin: University Psychiatric Institute. Discussion Papers

Truax, CB (1962 a) A tentative scale for the measurement of therapist genuineness or self-congruence. Wisconsin Psychiatric Institute: University of Wisconsin. Discussion Papers, 35

Truax, CB (1962 b) A tentative scale for the measurement of unconditional positive regard. Wisconsin. Psychiatric Institute Bulletin

Truax, CB (1963) Effective ingredients in psychotherapy: An approach to unrevealing the patient-therapist-interaction. Journal of Counseling Psychology, 10, 256–263

Truax, CB (1966 a) Reinforcement and non-reinforcement in Rogerian psychotherapy. Journal of Abnormal Psychology, 71, 1–9

Truax, CB (1966 b) Therapist empathy, warmth and genuineness and patient personality change in group psychotherapy: a comparison between interaction unit measures, time sample measures, and patient perception measures. Journal of Clinical Psychology, 22 (2), 225–229

Truax, CB (1966 c) Therapist reinforcement of patient self-exploration and therapeutic outcome. Arcansas rehabilitation research and training Center. Arcansas: University

Truax, CB (1968 a) The evolving understanding of counseling and psychotherapy and the use of trained practical counselors or therapists. Amsterdam. Paper read at the International Congress of Applied Psychology

Truax, CB (1968 b) The use of practical counselors or therapists and the evolving understanding of counseling and psychotherapy. University of Wisconsin, Discussion Papers, 12

Truax, CB (1968 c) Therapist interpersonal reinforcement of client self-exploration and therapeutic outcome in grouppsychotherapy. Journal of Counseling Psychology, 15, 225–231

Truax, CB, Carkhuff, RR (1963) For better or for worse: The process of psychotherapeutic personality change. Montreal: McGill University. Paper read at Academic Assembly on Clinical Psychology

Truax, CB, Carkhuff, RR (1967) Toward effective counseling and psychotherapy: Training and practice. Chicago: Aldine

Truax, CB, Mitchell, K (1971) Research on certain therapist interpersonal skills in relation to process and outcome. In: Bergin, A, Garfield, S (Eds.) Psychotherapy and behavior change (299–344). New York: Wiley

Truax, CB, Mitchell, KM (1968) The psychotherapeutic and the psychonoxious: Human encounters that change behavior. In: Feldman, M (Ed.) Studies in psychotherapy and behavioral change Vol. 1. Research in individual psychotherapy (55–92). Buffalo: State University Press

Truax, CB, Wargo, DG (1966) Psychotherapeutic encounters that change behavior for better or for worse. American Journal of Psychotherapy, 20, 499–520

Truax, CB, Wargo, DG (1969) Antecedents to outcome in group psychotherapy with outpatients: Effects of therapeutic conditions, alternate sessions, vicarious therapy pretraining and patient-self-exploration. Journal of Consulting and Clinical Psychology, 33

Truax, CB, Wargo, DG, Frank, JD, Imber, SD, Battle, CC, Hoehn-Saric, R, Nash, EH, Stone, AR (1966 a) Therapist empathy, genuineness and warmth and patient therapeutic outcome. Journal of Consulting Psychology, 30, 395–401

Truax, CB, Wargo, DG, Frank, JD, Imber, SD, Battle, CC, Hoehn-Saric, R, Nash, EH, Stone, AR (1966 b) Therapists' contribution to accurate empathy, non-possessive warmth and genuineness in psychotherapy. Journal of Clinical Psychology, 22, 331–334

Truax, CB, Wargo, DG, Silber, LD (1966) Effects of group psychotherapy with high accurate empathy and nonpossessive warmth upon female institutionalized delinquents. Journal of Abnormal Psychology, 71, 267–274

Tscheulin, D (1975) Gesprächspsychotherapie als zwischenmenschlicher Prozeß. In: GwG (Hrsg.) Die Klientenzentrierte Gesprächspsychotherapie (⁴1983). München: Kindler

Tscheulin, D (1976) Ein Ansatz zur differentiellen Gesprächspsychotherapie als Beitrag zur Theorienbildung in der Klientenzentrierten Psychotherapie. In: Jankowski, P, Tscheulin, D, Fietkau, HJ, Mann, F (Hrsg.) Klientenzentrierte Psychotherapie heute (98–109). Göttingen: Hogrefe

Tscheulin, D (1980) Für und wider die Methodenintegration in der Psychotherapie. In: Schulz, W, Hautzinger, M (Hrsg.) Klinische Psychologie und Psychotherapie. Bd. 1, Kongreßbericht Berlin 1980 (57–65). Tübingen, Köln: DGVT, GwG

Tscheulin, D (1983 a) Einführende Gedanken über Beziehung und Technik in der Gesprächspsychotherapie. In: Tscheulin, D (Hrsg.) Beziehung und Technik in der klientenzentrierten Therapie (9–14). Weinheim: Beltz

Tscheulin, D (1983 b) Über differentielles therapeutisches Vorgehen in der klientenzentrierten Therapie. In: Tscheulin, D (Hrsg.) Beziehung und Technik in der klientenzentrierten Therapie (53–64). Weinheim: Beltz

Tulving, E (1972) Episodic and semantic memory. In: Tulving, E, Donaldson, W (Eds.) Organization of memory. New York: Academic Press

Van Dijk, TA, Kintsch, W (1983) Strategies of discourse comprehension. New York: Academic Press

Wegener, H (1985) Personenzentrierte Psychologie als Beschreibung eines Menschenbildes oder Psychotechnik. GwG-Info, 60, 61–67

Westermann, B (1981) Personenzentrierte Gesprächsgruppen – Auswirkungen und Prozesse bei Klienten einer Psychotherapeutischen Beratungsstelle. Universität Hamburg: Fachbereich Psychologie. Unveröffentlichte Dissertation

Westermann, B, Schwab, R, Tausch, R (1983) Auswirkungen und Prozesse personenzentrierter Gruppenpsychotherapie bei 164 Klienten einer Psychotherapeutischen Beratungsstelle. Zeitschrift für Klinische Psychologie, 12 (4), 273–292

Westmeyer, H (1978) Wissenschaftstheoretische Grundlagen Klinischer Psychologie. In: Baumann, E et al. (Hrsg.) Klinische Psychologie – Trends in Forschung und Praxis (1) (108–132). Bern: Huber

Wexler, DA (1974) A cognitive theory of experiencing, self-actualization, therapeutic process. In: Wexler, DA, Rice, LN (Eds.) Innovations in client-centered therapy (49–116). New York: Wiley

Wicker, A (1969) Attitudes versus actions: The relationship of verbal and overt behavioral responses to attitude objects. Journal of Social Issues, 25, 41–78

Wiedemann, P (1983) Alltags- und therapeutische Kommunikation im Vergleich. In: Zimmer, D (Hrsg.) Die therapeutische Beziehung (48–61). Weinheim: edition psychologie

Wild-Missong, A (1980) Training in Focusing. In: Schulz, W, Hautzinger, M (Hrsg.) Klinische Psychologie und Psychotherapie. Bd. 5. Kongreßbericht Berlin 1980 (367–374). Tübingen/Köln: DGVT/GwG

Wiltschko, J (1979) Zur Praxis des Focusing. GwG-Info, 37, 13–29

Wolpert, E (1980) Analytische Therapieverfahren. In: Wittling, E (Hrsg.) Handbuch der klinischen Psychologie (2) (288–365). Hamburg: Hoffmann & Campe

Zielke, M (1979) Indikation zur Gesprächspsychotherapie. Stuttgart: Kohlhammer

Zimmer, D (1983 a) Empirische Ergebnisse der Therapieforschung zur Therapeut-Klient-Beziehung. In: Zimmer, D (Hrsg.) Die therapeutische Beziehung (12–28). Weinheim: edition psychologie

Zimmer, D (1983 b) Methodische Fragen bei der empirischen Erforschung der Therapeut-Klient-Beziehung. In: Zimmer, D (Hrsg.) Die therapeutische Beziehung (5–11). Weinheim: edition psychologie

Zimmer, D (1983 c) Sozialpsychologische Modelle zur Analyse und Gestaltung der therapeutischen Beziehung. In: Zimmer, D (Hrsg.), Die therapeutische Beziehung (29–47). Weinheim: edition psychologie

Zurhorst, G (1988) Zu methodischen Fragen. GwG: Bericht und Materialien zur Kommission für ein neues Ausbildungskonzept, 52–61

Indikation zur Familientherapie

Von H. Bommert, Th. Henning und D. Wälte
1990. 210 Seiten mit 11 Abbildungen und 14 Tabellen
Kart. DM 48,–
ISBN 3-17-011035-7
Verhaltensmodifikation – Diagnostik, Beratung, Therapie

Dieses Buch erarbeitet systematisch und umfassend den derzeitigen Stand der Indikationsfrage zur Familientherapie. Aufbauend auf der Analyse der Grundkonzeption familientherapeutischer Ansätze und fundamentaler Aspekte der Indikation zur Psychotherapie erfolgt zum einen eine umfassende Darstellung und Bewertung handlungsleitender Aussagen aus den bisherigen Ergebnissen der Indikationsforschung, zum anderen werden die Erfahrungen und Bewertungen von Familientherapeuten aus der Praxis systematisch im Hinblick auf die Klärung der Indikationsfrage beleuchtet.

 Verlag W. Kohlhammer Postfach 80 04 30 7000 Stuttgart 80